AF635264

Wanderungen für Langschläfer
Saarland

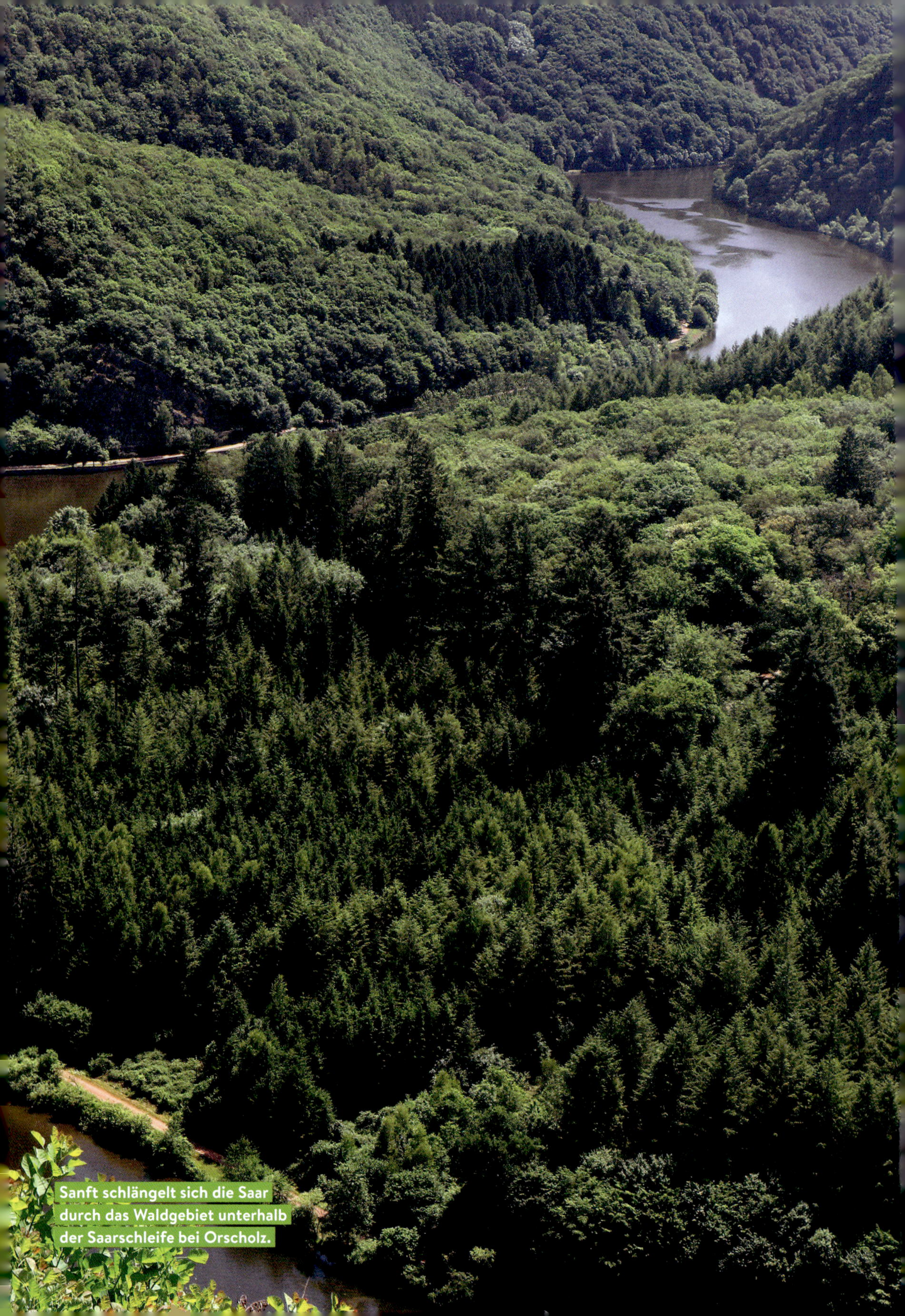

Sanft schlängelt sich die Saar durch das Waldgebiet unterhalb der Saarschleife bei Orscholz.

Udo Haafke

Wanderungen für Langschläfer SAARLAND

30 erlebnisreiche Halbtagstouren

BRUCKMANN

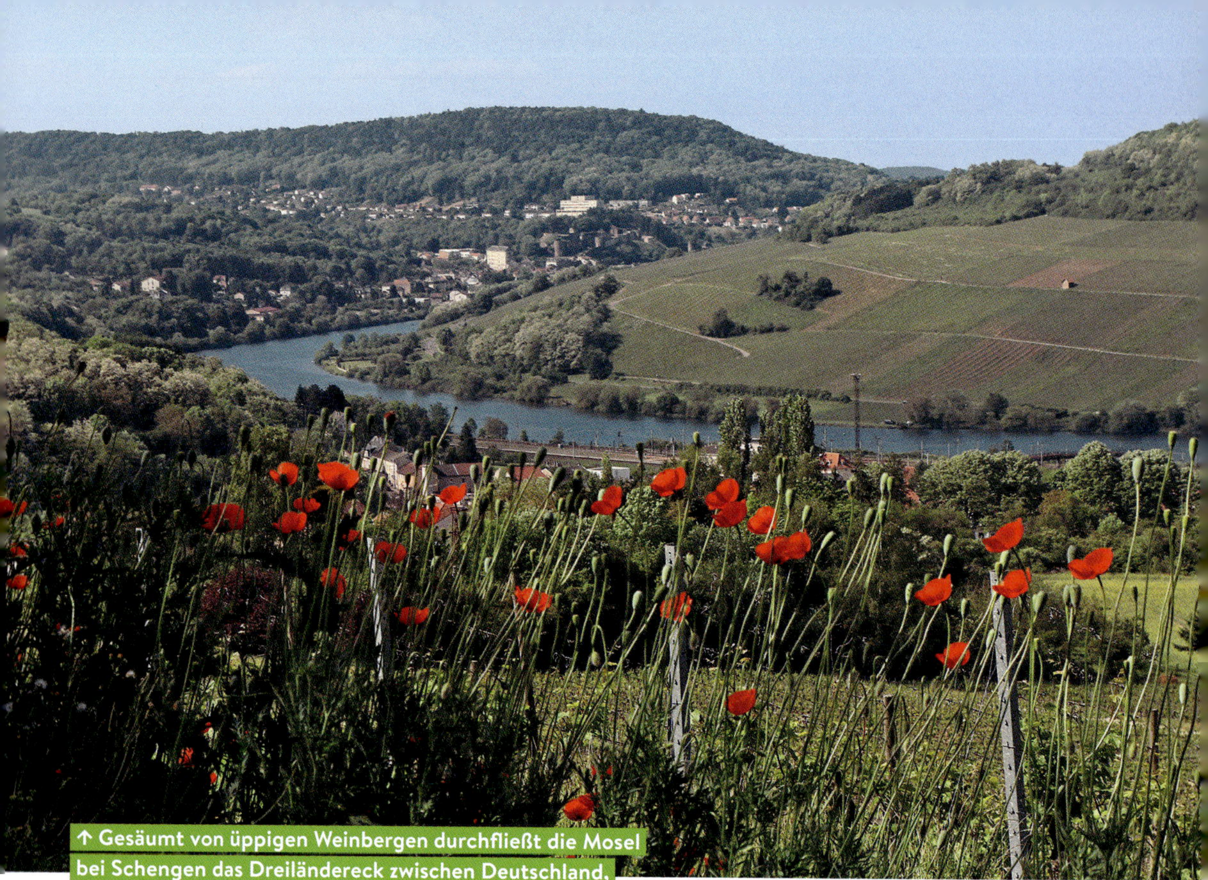

↑ Gesäumt von üppigen Weinbergen durchfließt die Mosel bei Schengen das Dreiländereck zwischen Deutschland, Frankreich und Luxemburg. ↘ Picknickplatz mit Aussicht am Erzgräberweg ↓ Schatten spendende Bäume

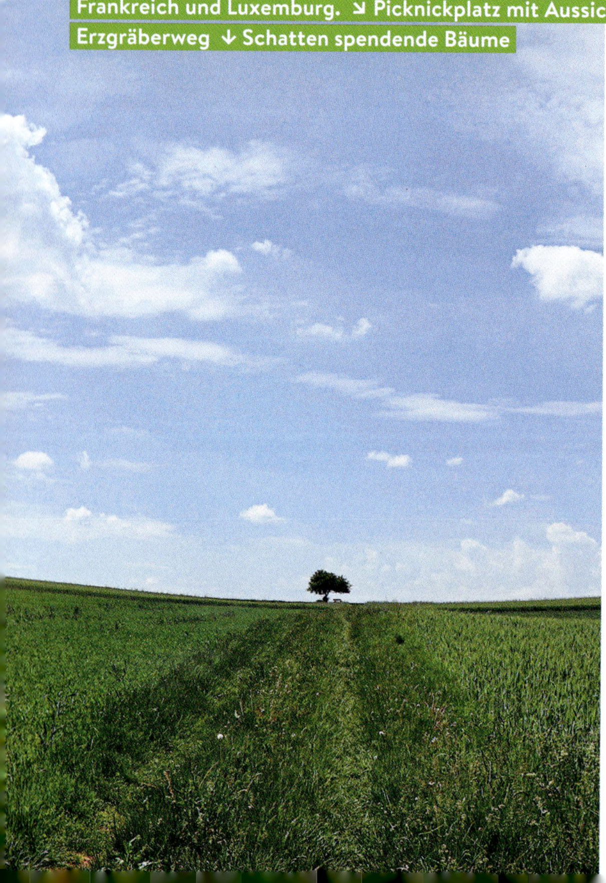

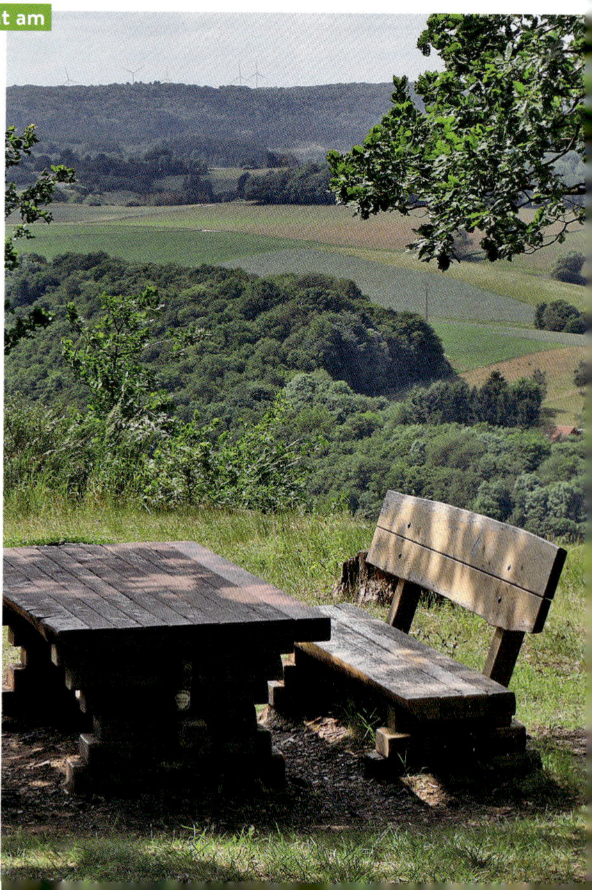

INHALT

UNTERWEGS IM SAARLAND

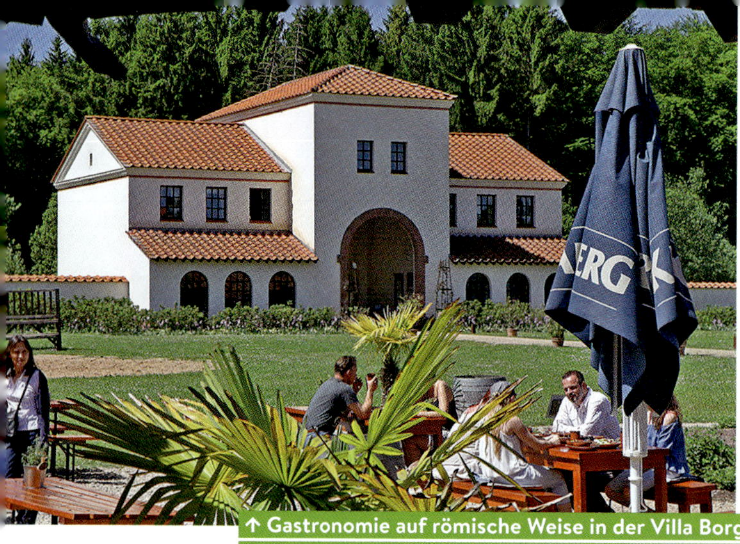
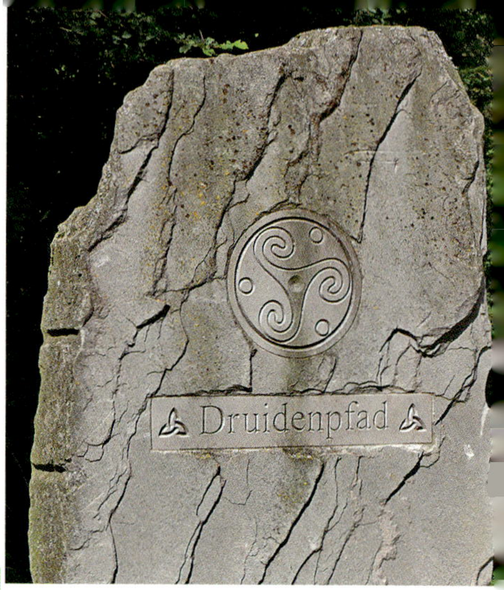

↑ Gastronomie auf römische Weise in der Villa Borg
↗ In Stein gemeißelt – das Logo des Druidenpfades

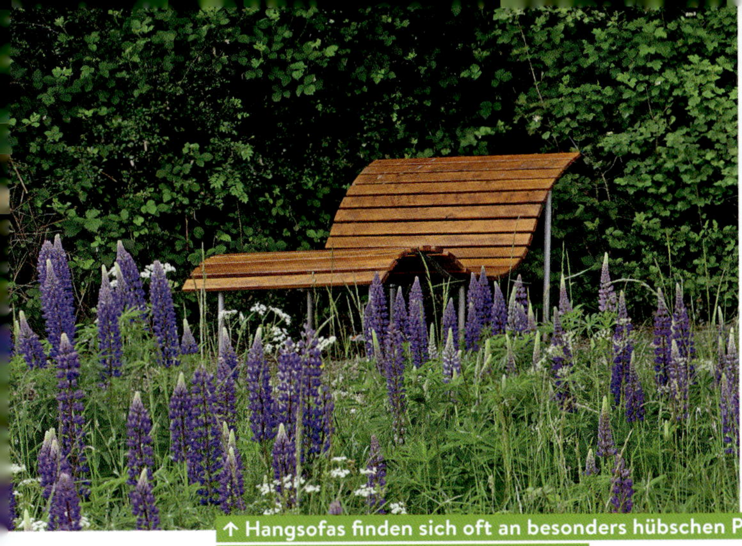

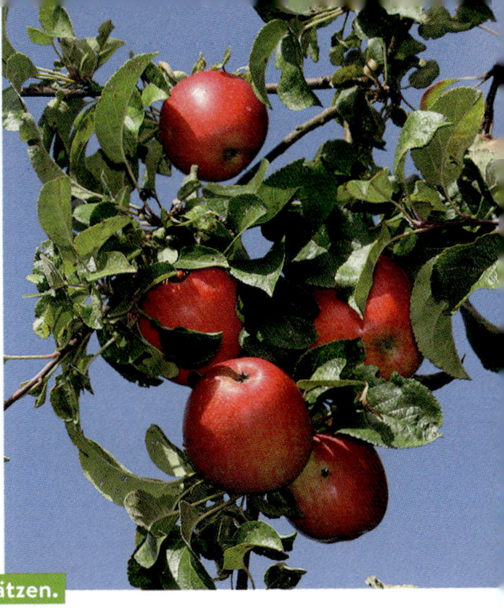

↑ Hangsofas finden sich oft an besonders hübschen Plätzen.
↗ Süße Versuchungen am Wegesrand

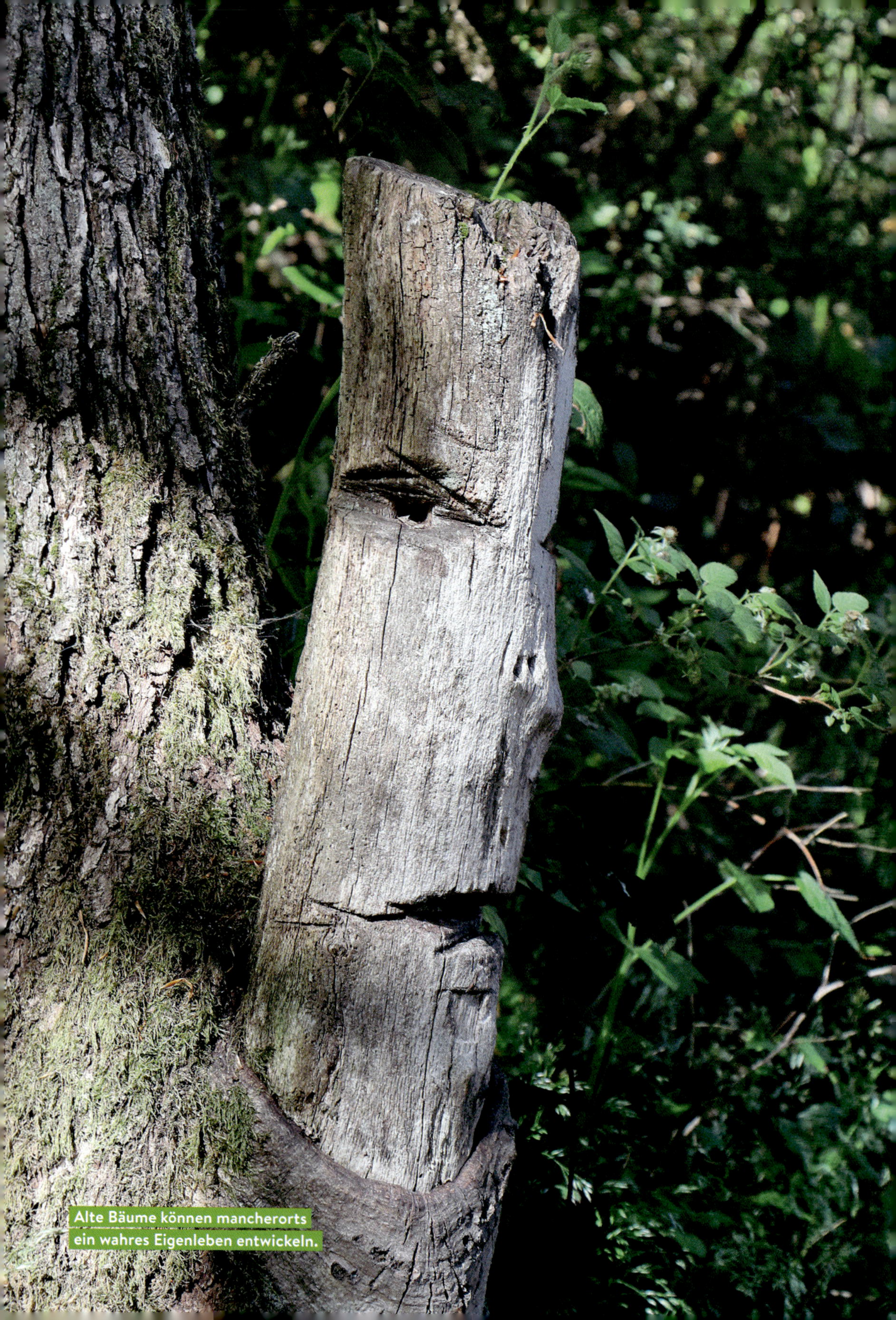

Alte Bäume können mancherorts ein wahres Eigenleben entwickeln.

Vorwort

LIEBE LANGSCHLÄFER*INNEN, kennen Sie das Saarland? Ja, Sie wissen, wo es liegt, aber dort gewesen sind Sie möglicherweise noch nicht. Schließlich liegt das kleinste Flächenland der Bundesrepublik nicht wirklich auf den Hauptverkehrsrouten. Dabei stellt es den geografischen Übergang zwischen Deutschland, Frankreich und Luxemburg dar und bildet auf seine ganz eigene Weise das, ja durchaus romantische Herz Mitteleuropas. Und es hat erstaunlich viel zu bieten; der Begriff »aussichtsreich« bekommt im Saarland eine ganz neue Interpretation.

Eine gefällige und abwechslungsreiche Mittelgebirgslandschaft mit beschaulichen Dörfern und Ortschaften prägt die Region um Mosel und Saar, die ich Ihnen auf 30 Wanderungen vorstellen möchte. Ich lade Sie ein zu entspannten Ausflügen, denn die Touren dauern maximal einen halben Tag. So geht es auf den Baumwipfelpfad hoch über die markante Saarschleife, zu eindrucksvollen römischen Stätten, in das für die jüngere Geschichte Europas bedeutsame Schengen oder zum saarländischen Wahrzeichen, dem Schaumberg. Felder und Wälder, Bäche und Seen sind stete Begleiter auf sanft gewellten Wegstrecken, die nur selten eine größere sportliche Herausforderung darstellen.

Kommen Sie doch einfach mit und sehen Sie selbst!

Bruckmann-Tourenfinder

Für jeden Tag die richtige Tour

			Std.	km	Hm							
1	**Litermont-Gipfeltour**	●	3–4	9,2	260	✓	✓	✓			✓	✓
2	**Ensheimer Brunnenweg**	●	2–3	10	202	✓	✓				✓	✓
3	**Karl-May-Pfad**	●	3–4	13,7	291	✓	✓			✓	✓	✓
4	**Der Gisinger**	●	3,5	11	197	✓	✓	✓		✓	✓	✓
5	**Beruser Tafeltour**	●	3	13,4	198	✓	✓		✓	✓	✓	✓
6	**Druidenpfad**	●	1–2	6	124		✓	✓	✓	✓	✓	
7	**Grenzblickweg**	●	4,5	13,5	239	✓	✓	✓	✓	✓	✓	✓
8	**Kirkeler Tafeltour**	●	2,5–3	8,4	192	✓		✓			✓	✓
9	**Homburger Schlossbergtour**	●	3,5–4,5	14,5	311	✓	✓	✓			✓	✓
10	**Urwaldtour**	●	2–3	8,3	156	✓	✓	✓	✓		✓	✓
11	**Frohn-Wald-Weg**	●	2–3	9,7	184		✓		✓		✓	
12	**Blies-Grenzweg**	●	4–5	14,9	321	✓	✓	✓		✓	✓	✓
13	**Erzgräberweg**	●	4,5	11,9	341	✓				✓	✓	✓

Nr.	Tour		Std.	km	Hm							
14	Der Weg des Wassers	🔴	4	13,1	348	✓		✓		✓	✓	✓
15	Der Mühlenpfad	🔵	2,5	11	209	✓	✓	✓			✓	✓
16	Primstaler Panoramapfad	🔴	5,5	14,3	382	✓				✓	✓	✓
17	Kaltensteinpfad	🔴	2,5	7,6	322	✓	✓	✓			✓	✓
18	Georgi-Panoramaweg	🔴	4	14	144	✓	✓			✓	✓	✓
19	Stausee Tafeltour	🔴	3	10,1	237	✓	✓	✓	✓	✓	✓	✓
20	Skulpturenweg Cerda & Celtoi	🔴	3	6,9	186			✓			✓	✓
21	Offizierspfad Imsbach	🔴	4	11,1	160	✓	✓	✓	✓	✓	✓	✓
22	Schaumberg Tafeltour	🔴	4,5	10,5	470	✓		✓		✓	✓	✓
23	Schmuggler-Pfad	🔴	4,5	12,7	328			✓		✓	✓	✓
24	Der Tiefenbach-Pfad	🔴	5,5	15,8	366	✓	✓	✓	✓	✓	✓	✓
25	Der Nahequelle-Pfad	🔵	2	5,3	82		✓	✓	✓	✓	✓	✓
26	Traumschleifchen Villa Borg Trail	🔵	2	7,2	41	✓	✓	✓	✓	✓	✓	✓
27	Traumschleife Almglück	🔵	2,5	6,5	193	✓	✓				✓	
28	Wadrill-Tafeltour	🔴	4	12,1	310	✓	✓	✓	✓	✓	✓	✓
29	Panoramapfad Perl	🔴	3	8,2	257	✓	✓	✓		✓	✓	✓
30	Rund um die Saarschleife	⚫	5–6	15,8	563	✓		✓			✓	✓

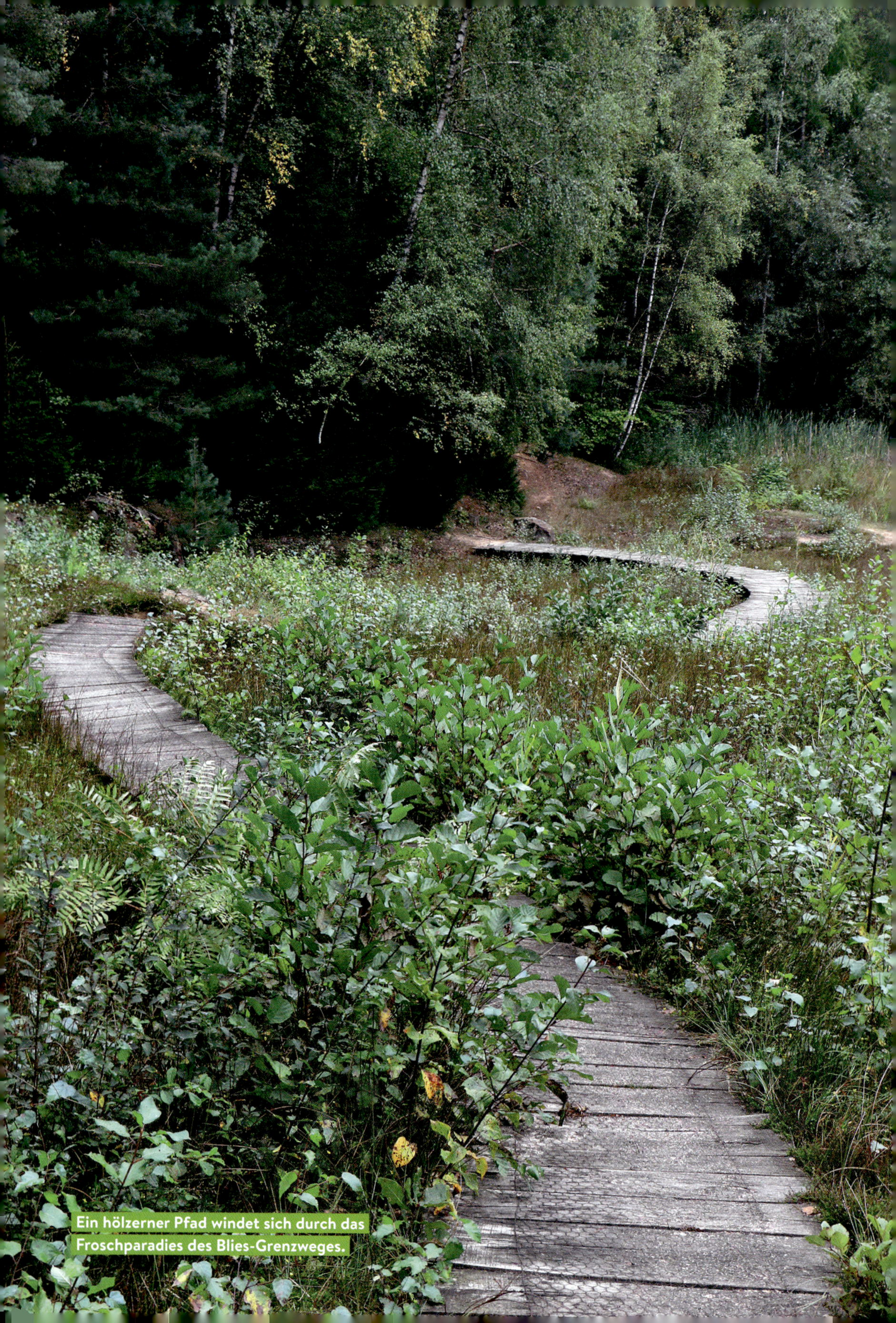

Ein hölzerner Pfad windet sich durch das Froschparadies des Blies-Grenzweges.

INFO

PIKTOGRAMME ERLEICHTERN DEN ÜBERBLICK

Gehzeit

Länge

Höhenunterschied

Einkehr

kindergeeignet

Sehenswürdigkeit

wintergeeignet

viel Sonne

schattiger Weg

ÖPNV

ANFORDERUNGEN

Die schwierigste Passage ist maßgebend für die Einstufung der jeweiligen Tour, auch wenn nur einzelne Komponenten aus den Angaben der Einstufungen zutreffen.

● LEICHT

Technisch einfache Wanderung auf guten Wegen und Pfaden ohne starke Steigungen, die aber ggf. auch einmal ohne Markierung sein können. Ausgesetzte oder schwierige Stellen sind hier nicht vorzufinden.

● MITTEL

Mittelschwere Wanderung auf Pfaden und Wegen, die aufgrund von Länge und Höhenunterschieden eine gewisse Kondition, Ausdauer und einen guten Orientierungssinn erfordert. Diese Wege können teilweise unmarkiert sein.

● SCHWER

Anspruchsvolle Wanderung auf teilweise steilen oder sehr langen Wegen mit hohen Anforderungen an die Kondition. Ein gutes Orientierungsvermögen ist unbedingt geboten.

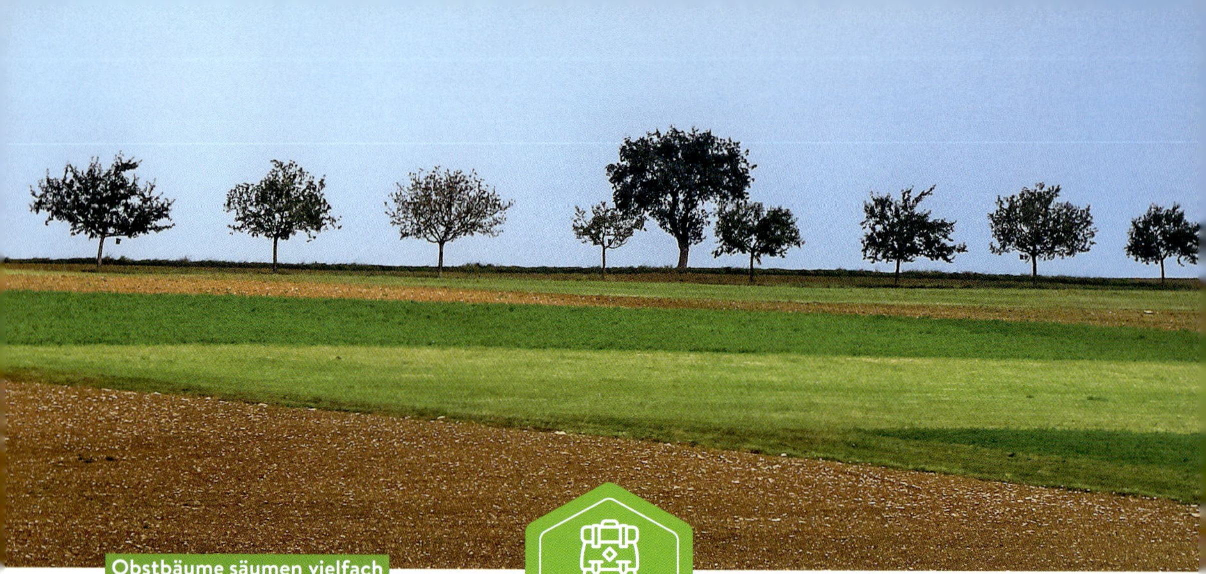

Obstbäume säumen vielfach die offenen Wege zwischen Wiesen und Feldern.

Unterwegs im Saarland

Erst seit dem 1. Januar 1957 gehört das Saarland offiziell wieder zur Bundesrepublik Deutschland. Die Saarländer hatten sich zwei Jahre zuvor in einer Volksabstimmung für die Wiedervereinigung ausgesprochen. Auf die D-Mark als Zahlungsmittel mussten sie jedoch noch bis Mitte 1959 warten.

Die Region Saarland ist politisch noch recht jung und entstand erst 1920 aus dem Zusammenschluss preußischer und bayrischer Herzog- und Fürstentümer, bezeichnet bis 1935 als Saargebiet. In den Jahrhunderten zuvor gab es ein stetiges Gezerre um Grenzverläufe und territoriale Demarkationen. Daran erinnern die Grenzsteine, denen wir auf unseren Wanderungen in wirklich großer Zahl begegnen.

GEHZEITEN UND HÖHENANGABEN

Da die individuelle Fortbewegung sehr unterschiedlich sein kann, stellen die Angaben zur zeitlichen Planung nur einen ungefähren Richtwert dar. Kurze Pausen und beschriebene Abstecher sind eingeschlossen, nicht jedoch eventuelle Museumsbesuche. Die Höhenmeter ergeben sich aus der GPS-Messung und beschreiben die Differenz zwischen höchstem und niedrigstem Punkt der Route. Bitte denken Sie daran: Ein geringer Wert kann manchmal täuschen. Dann nämlich, wenn es unterwegs häufig auf und ab geht.

WANDERKARTEN

Das Landesamt für Vermessung, Geoinformation und Landentwicklung Saarland, kurz LVGL, hat eine große Bandbreite an bestens geeigneten Freizeitkarten im Angebot. Üblicherweise sind alle offiziell ausgewiesenen Wanderwege darin verzeichnet. Von der Tourismus Zentrale Saarland gibt es eine Übersichtskarte der Premiumwanderwege, die thematisch in Tafeltouren oder Panoramapfade unterteilt sind. Hierzu gehören auch einige der 111 Traumschleifen in der Region Saar-Hunsrück. Die Beschilderung der jeweiligen Touren ist grundsätzlich hervorragend und die Orientierung auch ohne Karte oder Satelliten-Navigation möglich. www.wandern.saarland

AUSRÜSTUNG

Auf Equipment für Abenteuer-Expeditionen kann man getrost verzichten. Festes Schuhwerk gehört aber zur Grundausstattung, denn manch ein Pfad kann sich nach kräftigen Regengüssen als durchaus tückisch erweisen. Da wir uns viel in Wäldern und in der Nähe von Gewässern aufhalten, ist auch ein Mückenschutz, speziell im Sommer, ratsam. Gegen Zecken helfen dunkle Kleidung, Kniestrümpfe und lange Hosen. Sonnenschutz in Form von Brille, Creme und insbesondere Hut oder Kappe sind unbedingt empfehlenswert. Die Sonne entwickelt speziell auf den offenen Flächen eine schweißtreibende Intensität.

EINKEHR/VERPFLEGUNG

Der Wanderrucksack sollte immer mit einer Grundversorgung an Speis und Trank bestückt sein, auf den längeren Touren gern auch etwas umfangreicher. Unterwegs gibt es zwar tolle Rastmöglichkeiten, wie die charakteristischen Sinnenbänke, große wellenförmige, fest installierte Liegestühle, doch mangelt es häufig an Restaurants und Gasthäusern. Sie liegen oft abseits des Wegs und sind dann womöglich auch nur am Wochenende geöffnet. Gleichwohl kann man in den aufgeführten gastronomischen Betrieben kulinarisch voll auf seine Kosten kommen, gutbürgerlich ebenso wie modern und kreativ.

UNTERKUNFT

Hotels und Pensionen, Ferienhäuser und Campingplätze sind überall im Saarland zu finden. Apartments, wie jene in der Bosener Mühle (www.bosener-muehle.de) oder die Wohnung in Blieskastel (www.bliesgauferien.de), die mir während meiner Recherche zur Verfügung standen, sind hervorragende Ausgangspunkte für Wandertouren in den jeweiligen Regionen des Saarlandes. www.urlaub.saarland

ANFAHRT

Sämtliche Wanderungen nehmen ihren Ausgang an oder nahe bei einem Wanderparkplatz, wo es meist auch schon die entsprechenden Hinweistafeln auf die dort beginnende Tour gibt. Grundsätzlich weisen im Umfeld der Wanderungen große Schilder an den Straßen und in den Orten in die richtige Richtung. Mit Bus und Bahn gestaltet sich das Ganze schon etwas schwieriger, denn oft sind längere Fußwege bis zum Start notwendig. Auch die Taktung der Fahrzeiten sorgt oft für eine längere Anreisezeit. Mancherorts kann man aber dann an anderer Stelle in die Tour einsteigen.

Die Beschilderung ermöglicht beinahe überall eine problemlose und eindeutige Orientierung.

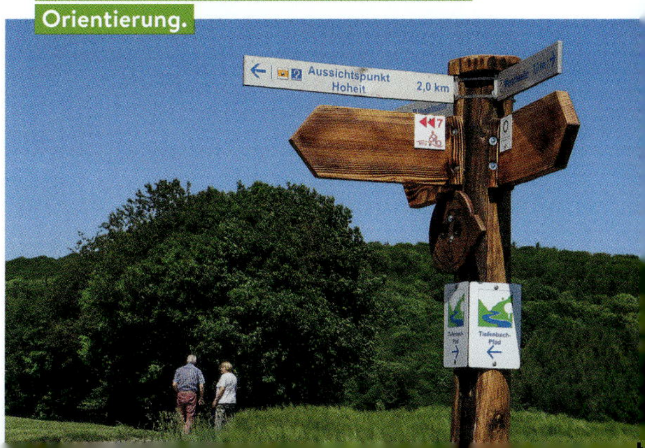

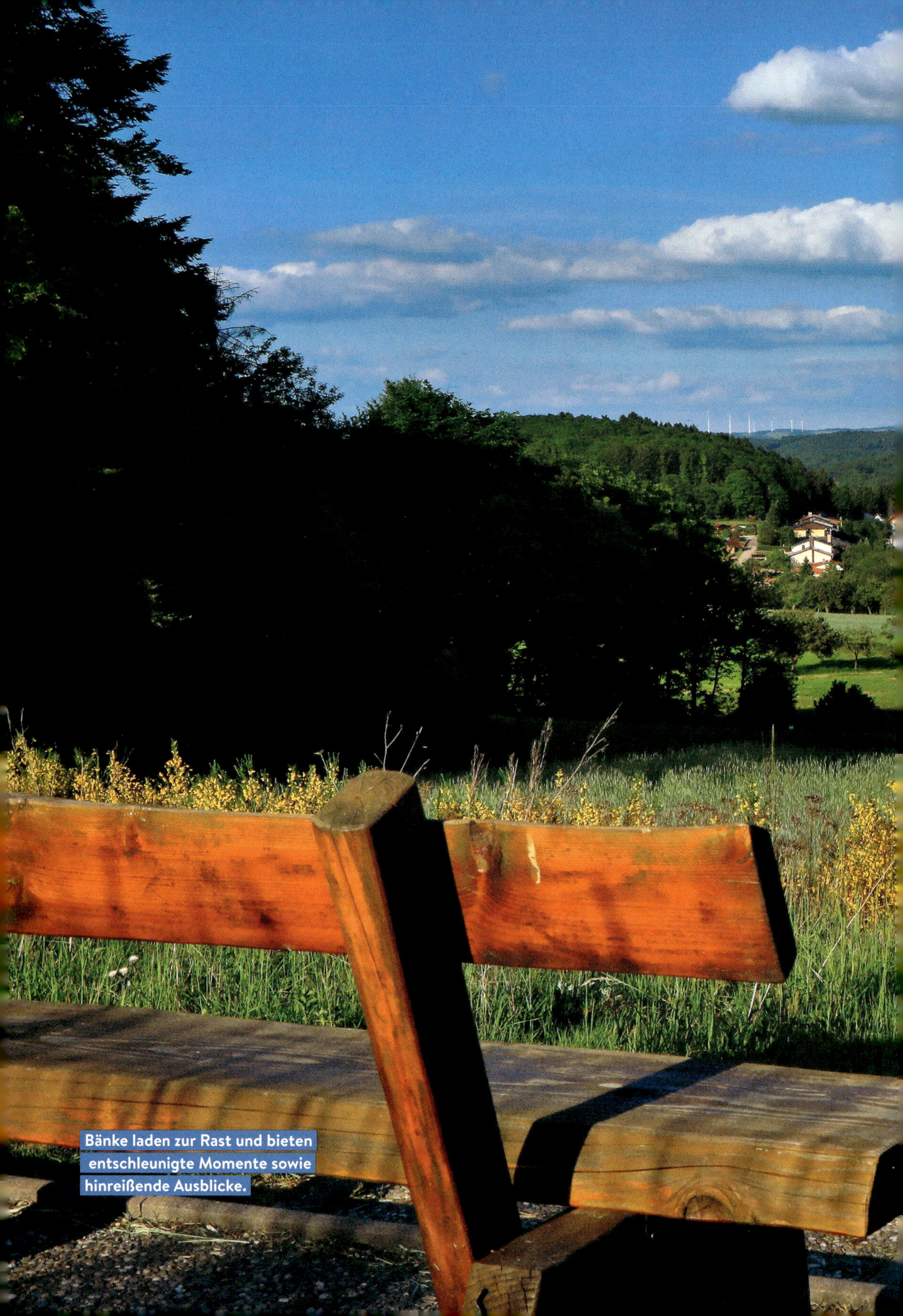

Bänke laden zur Rast und bieten entschleunigte Momente sowie hinreißende Ausblicke.

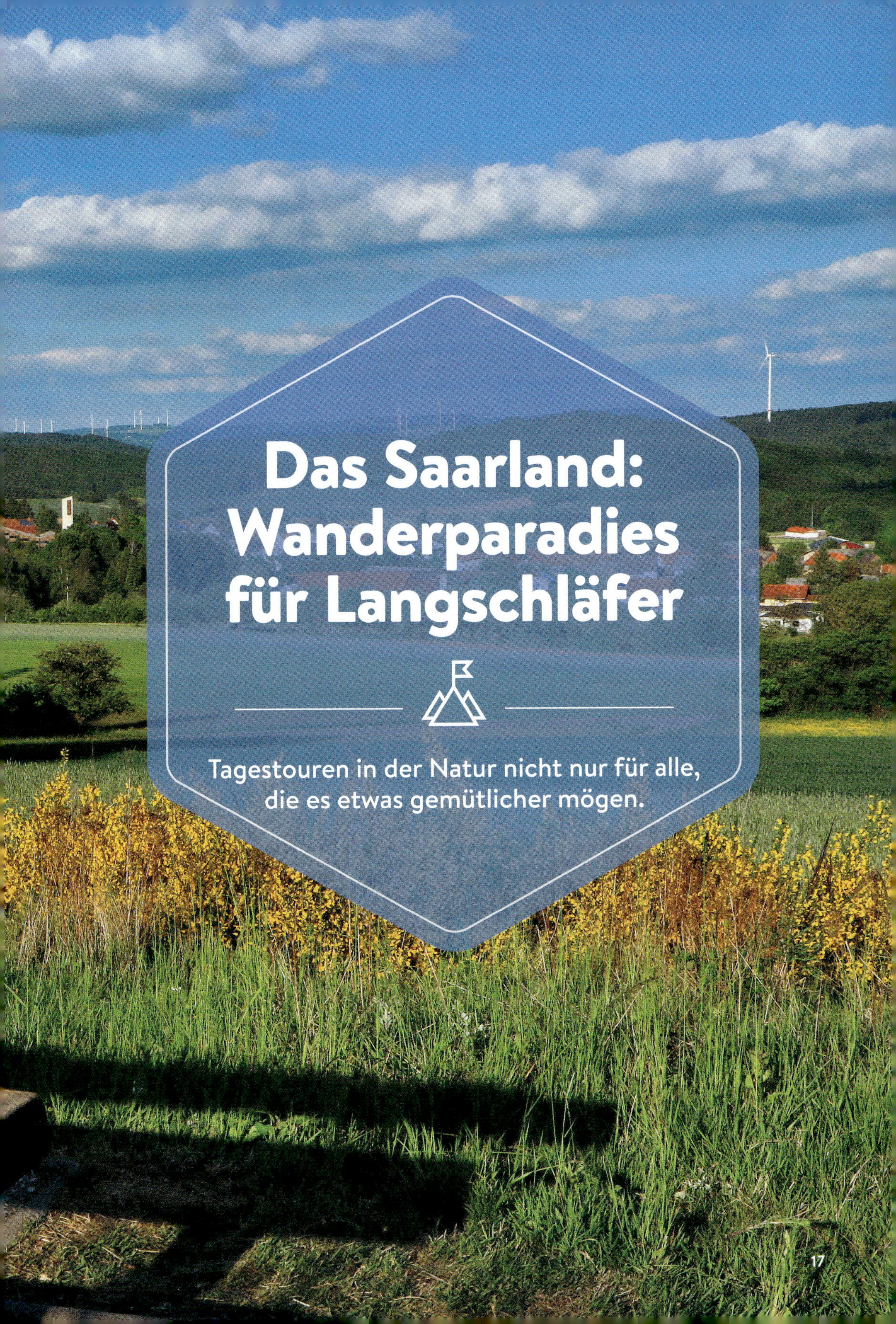

Das Saarland: Wanderparadies für Langschläfer

Tagestouren in der Natur nicht nur für alle, die es etwas gemütlicher mögen.

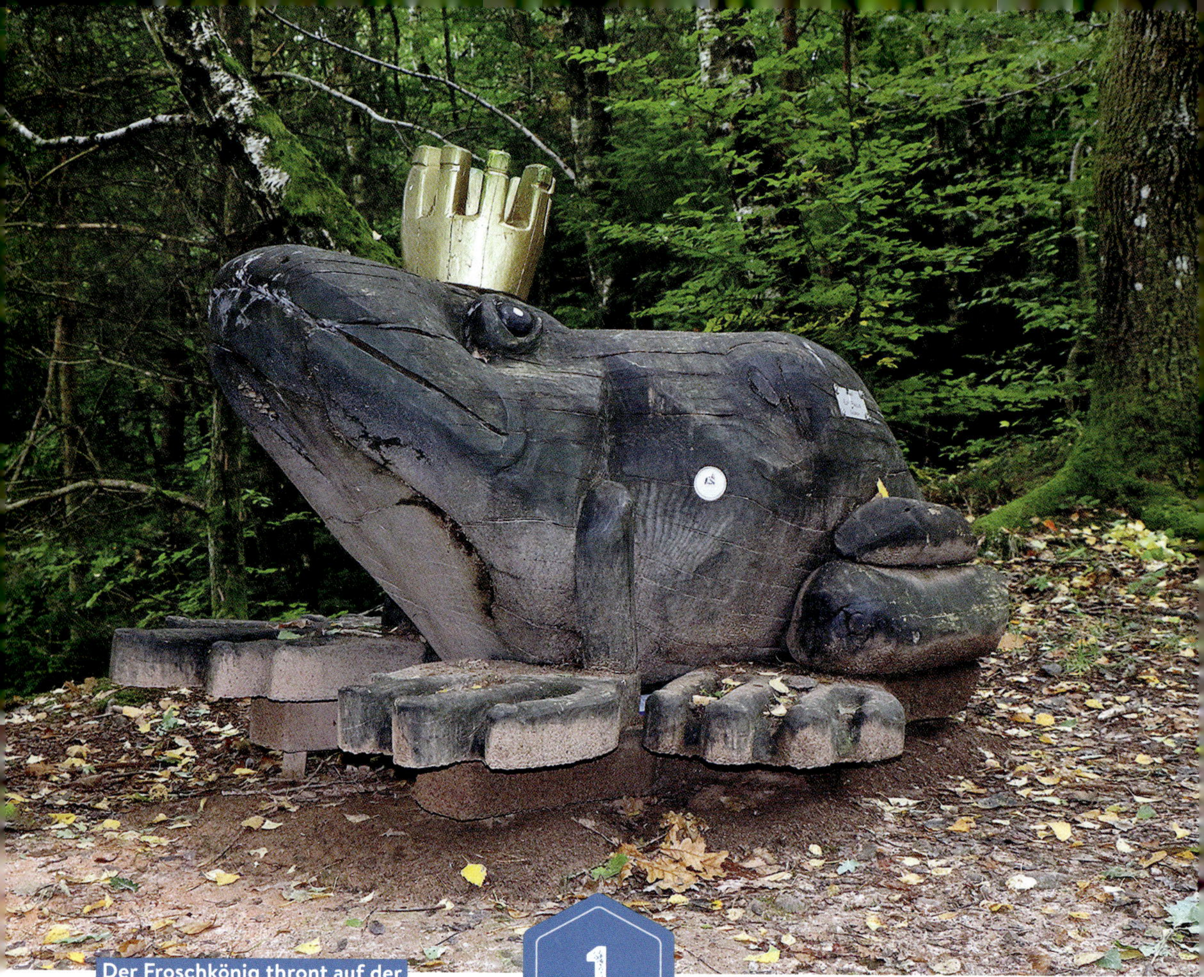

Der Froschkönig thront auf der Höhe oberhalb der Sandgrube Froschparadies.

1

Litermont-Gipfeltour

Auf den sagenhaften Höhen des Saar-Nahe-Berglandes

Hoch hinaus bis auf den 414 Meter hohen Litermont führt uns diese Tour, die schon einmal zu Deutschlands schönstem Wanderweg gekürt wurde. Mit steilen Felsen, weitläufigen Waldbereichen und attraktiven Sehenswürdigkeiten bietet sie ein abwechslungsreiches Wandervergnügen.

EIN KLEINES, URIGES FREILICHTMUSEUM befindet sich am Startpunkt der Tour zwischen Waldparkplatz Maldix im Nalbachtal und dem Restaurant Litermont. Die hölzerne Figur des Wandermonti, das Maskottchen Nalbachs, weist uns den Weg. Gleich neben den monströsen dunkelgrauen Betonwänden des 1938 angelegten Westwall-Bunkers sind landwirtschaftliche Gerätschaften aus den letzten Jahrhunderten im Geschichtsmuseum Litermont ausgestellt. Jeweils überdacht und liebevoll beschildert haben sie Patina angesetzt. Ihre Einfachheit und ihre teils skurrile Konstruktion faszinieren und man kann sich vorstellen, welche Mühen ihr Einsatz bereitet haben muss. Im Bunker selbst gibt es eine Dokumentation zu den traurigen Ereignissen und Folgen des Zweiten Weltkriegs für die regionale Bevölkerung. Aber auch die vielfältige heimische Sagenwelt kommt auf Schautafeln zu ihrem Recht.

Tipp

STIMMEN DER NATUR

Der Standpunkt des Froschkönigs ist mit Bedacht gewählt. Es ist ein besonderer Ort der Entspannung. Neben dem Wind, der sanft durch das Blattwerk der Bäume streicht, hört man von hier oben das Quaken und andere Geräusche der Amphibien im Froschparadies, ja, man meint sogar den zarten Flügelschlag der Libellen zu vernehmen.

BEWEGT UND BEEINDRUCKT folgen wir nun der Beschilderung weiter in den Wald hinein. Der Weg führt leicht bergauf, passiert einige kunstvoll gearbeitete Bänke, an denen es sich geschnitzte Tiere bequem gemacht haben, bis nach gut 1 Kilometer der Froschkönig erreicht ist. Von der großen Holzskulptur aus schweift der Blick über eine von Nadelbäumen flankierte Sandgrube, das Froschparadies. Wir folgen dem Pfad bergab und durchqueren auf schmalen Holzplanken das heideähnliche, im Boden

Die Waldbibliothek, ein hölzernes Kunstobjekt von Örni Poschmann, bietet auf der Litermont-Gipfeltour einen ungewöhnlich-besinnlichen Rastplatz.

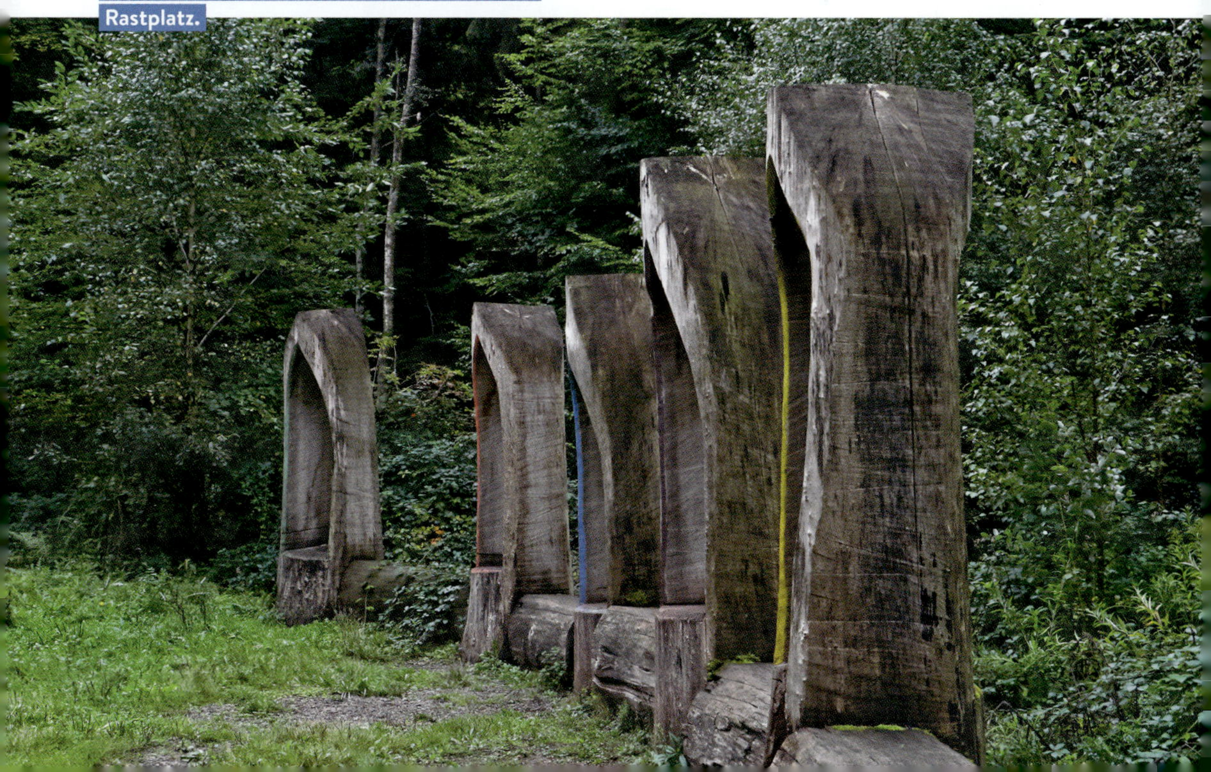

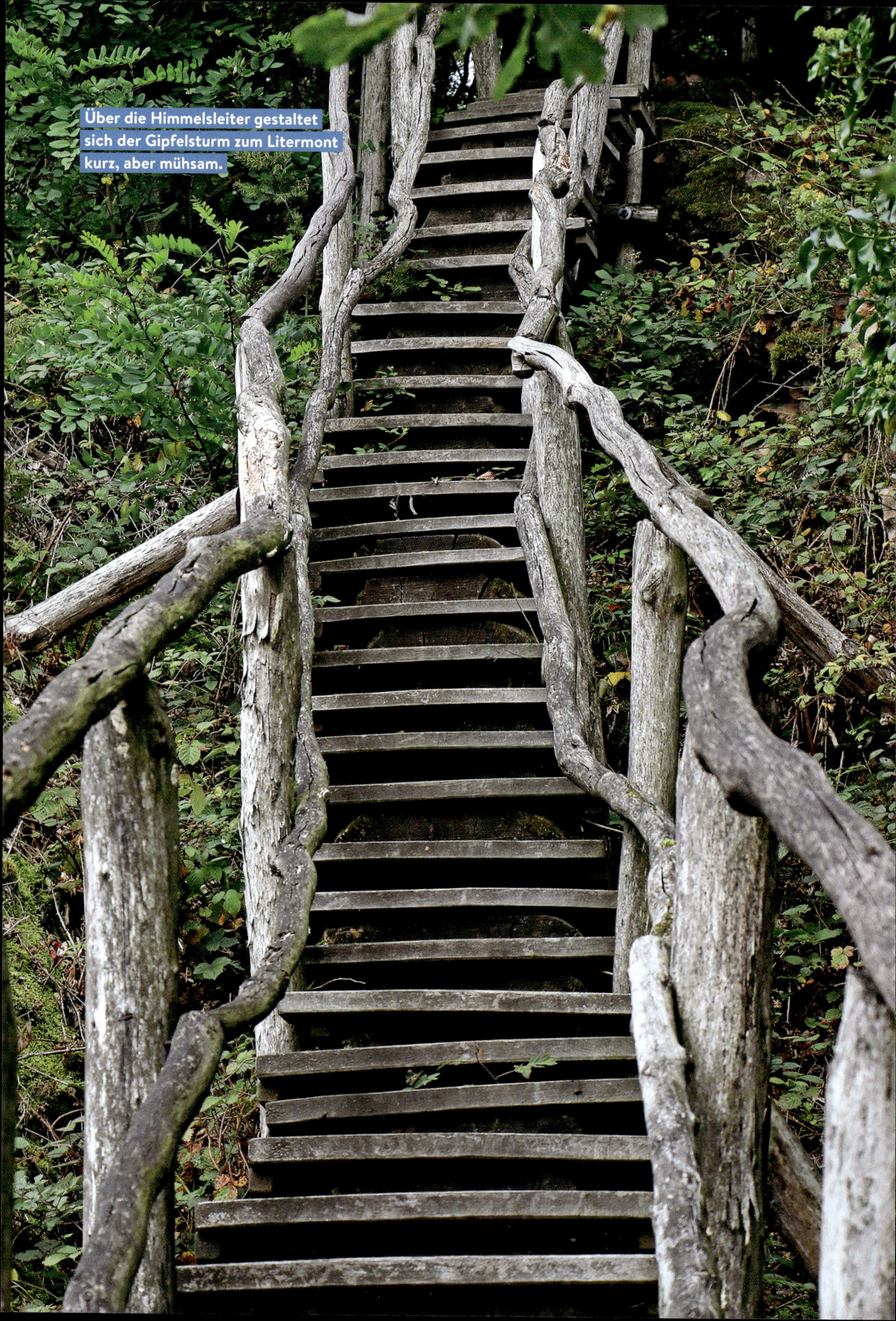

Über die Himmelsleiter gestaltet sich der Gipfelsturm zum Litermont kurz, aber mühsam.

feuchte Areal, in dem sich Amphibien pudelwohl fühlen. Anschließend geht es teilweise über eingelassene Treppen wieder aufwärts und in einem langen Bogen auf eher schmalen Waldwegen bis zur Mariengrotte. Wir überqueren die Landstraße am Parkplatz Piesbach, tauchen ein in ein Fichtenwäldchen und erreichen eine Lichtung, an der sich der fröhlich plätschernde Piesbach entlangschlängelt. Am anderen Ufer ist durch die Bäume ein kleiner Wildpark mit Rehen zu sehen.

WIR SCHWENKEN NACH LINKS und haben bald die tiefste Stelle des Weges erreicht, die als Schweinsborn bekannt ist; hier wurde einst das Vieh getränkt. Nach einem längeren, nicht zu steilen Aufstieg über einige Serpentinen in einem Kerbtal erreichen wir eine offene Hochfläche. Wieder geht es nach links über einen breiten Feldweg, an dem Bienenstöcke stehen und am nächsten Waldrand ein typisches Bienenhotel. Erneut biegen wir links ab, wir passieren üppiges Brombeergebüsch, erreichen dichten Wald und folgen dem gewundenen Pfad abwärts zum nächsten Rastplatz. Am Klingenborn befinden sich eine Schutzhütte sowie diverse Spielgeräte.

Tipp

LIEBLINGSPLATZ

Gleich neben dem Litermont-Gipfelkreuz liegt der lauschige, natürliche Weidendom aus Birken und Weidengeflecht mit einem Durchmesser von gut 10 Metern. Im durchlässigen Blätterdach brechen sich die Sonnenstrahlen. Hier fühlt man sich dem Himmel besonders nah, daher wurde der Weidendom zum offiziellen und seither höchst populären Ort für Trauungszeremonien.

In früherer Zeit stand hier eine Pferdetränke. Gleich links am Bach liegt eine kleine Kneipp-Anlage, in der man schon jetzt leicht strapazierte Füße angenehm kühlen kann. Der Pfad wird nun wieder sehr schmal, es geht nach der Querung einer Straße über kleine Täler und Stiegen abwärts, vorbei an imposanten Baumriesen und faszinierenden, natürlichen Moos-Skulpturen. Die Natur wird zum kreativen Künstler – wenn man sie lässt. Wir passieren einen weiteren kleinen Marienschrein, auch einige vom Berliner Bildhauer Örni Poschmann (*1965) aus Pappelholz angefertigte moderne Kunstwerke stehen am Wegesrand, u.a. die beeindruckende »Waldbibliothek«.

EIN SCHILD MARKIERT DEN HECHTBORN, eine der zahlreichen Quellen des Piesbaches. Am Waldhang entlang erreichen wir als Nächstes erneut schwarzgrau-düstere Betonrelikte des Westwalls, die uns jedoch eine nette Aussicht durch die Bäume übers Tal bieten. Der Pfad vereint sich bald mit dem Maldix-Wilderer-Trail und nimmt nun etwas abenteuerliche Züge an. Über einen frisch geschlagenen Waldhang erreichen wir einen vorspringenden Felsen mit zwei Pfeilen. Der eine, links, weist in Richtung schwer, der andere in leicht. Der folgende Anstieg hat es selbst in der einfachen Variante schon in sich, Treppenstufen erleichtern jedoch das Erklimmen. Bei der schweren Version geben im Felsen befestigte Seile entsprechende Hilfestellung. Weiter oben folgt eine vergleichsweise flache Passage im Wald bis zu einer felsigen Abbruchkante, unter der sich nach unten hin die Teufelsschlucht erstreckt. Über uns erkennen wir das ersehnte Zwischenziel unseres Ausflugs, das Litermont-Gipfelkreuz.

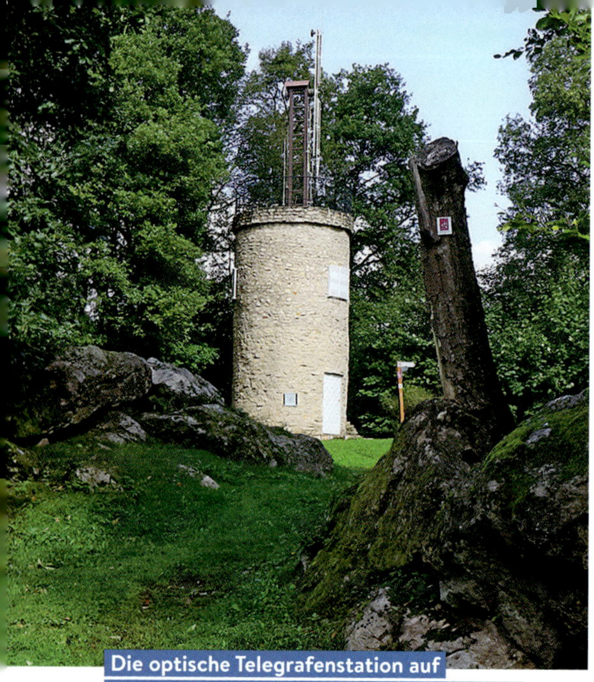

Die optische Telegrafenstation auf dem Litermont erinnert an die mühevollen Anfänge der Kommunikationstechnik.

NOCHMALS HABEN WIR nun die Qual der Wahl zwischen einem leichten und einem schweren, ebenfalls von Seilen gesicherten Aufstieg bis zum Gipfel. Aus der Höhe des nun schnell erreichten Kreuzes schweift der Blick weit übers Land, über die Täler von Prims und Saar bis hinüber ins benachbarte Frankreich. Hier oben befand sich einst die Burg der Margarete von Litermont. Obwohl es keine urkundlichen Belege für die Burgherrin gibt, deuten Mauerfunde aus den 1920er-Jahren darauf hin, dass es im Mittelalter hier eine Burganlage gab. Durch den alten Burggraben wandern wir später wieder talwärts, bewundern aber zuvor noch den Turm der optischen Telegrafenstation. Das Gebäude ist ein originalgetreuer Nachbau seines Vorgängers, der um 1813 Teil der von Napoleon initiierten telegrafischen Verbindung zwischen Metz und Mainz war. Durch den Einzug der Preußen ins Rheinland verlor er schon nach kürzester Zeit seine Zweckbestimmung und verfiel zusehends. Seit 2004 steht die Replik am ursprünglichen Standort.

EIN WEITERES UNIKUM auf der Höhe des Gipfelkreuzes, laut Inschriften 1852 zu Ehren der Burgherrin aufgestellt und 1902 erneuert, ist der eigentümliche Weidendom. Weiden- und Birkenstämme formen hier ein natürliches kuppelförmiges Geflecht mit neun Eingängen, das tatsächlich an einen Dom erinnert. Wir setzen unseren Weg durch den alten Burggraben fort und kommen schon bald danach an einen weiteren bemerkenswerten Platz, der eine ganz besondere Mystik ausstrahlt: Sind es zunächst die Mondsteine, folgt kurz danach der Graue Stein, der nicht nur in Legenden als Druidenstein bezeichnet wird. Als Naturdenkmal ausgewiesen, nimmt die Magie der kolossalen Felsen, zwischen denen die Bäume hervorragen, den Wanderer gefangen. Dabei handelt es sich um extrem quarzhaltiges Magmagestein aus grauer Vorzeit, als hier noch Vulkane aktiv waren; selbst der Verlauf von Magmaströmen ist teilweise noch zu erkennen.

DER PFAD FÜHRT nun wieder bergab und knickt dann scharf nach links ab. Von hier aus sind es nur noch wenige Meter bis zur Gaststätte Margret´s Bauernstube am Orts-

Tipp

SAGENHAFT

Ritter Maldix, der unbändige Sohn der frommen Burgherrin Margarete von Litermont, soll der Legende nach beim Wildern unterhalb der Burg ausgerechnet am Karfreitag am steilen Südhang des Berges mitsamt seinem Pferd zu Tode gestürzt sein. Die mythische Welt des Litermont beschreibt auch der Sagenweg, den wir auf unserer Route stellenweise berühren.

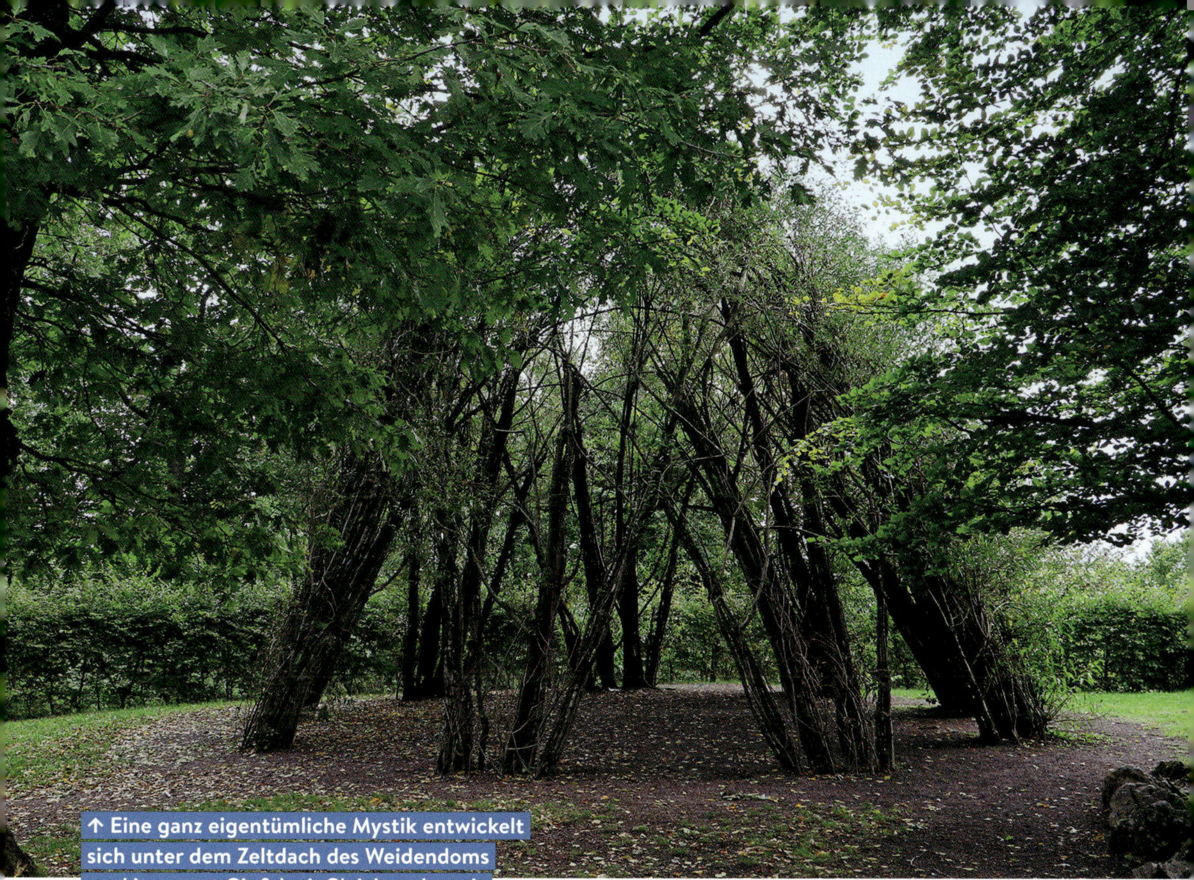

↑ Eine ganz eigentümliche Mystik entwickelt sich unter dem Zeltdach des Weidendoms am Litermont Gipfel. ↓ Gleich mehrmals hat man die Wahl zwischen Stress und Entspannung.

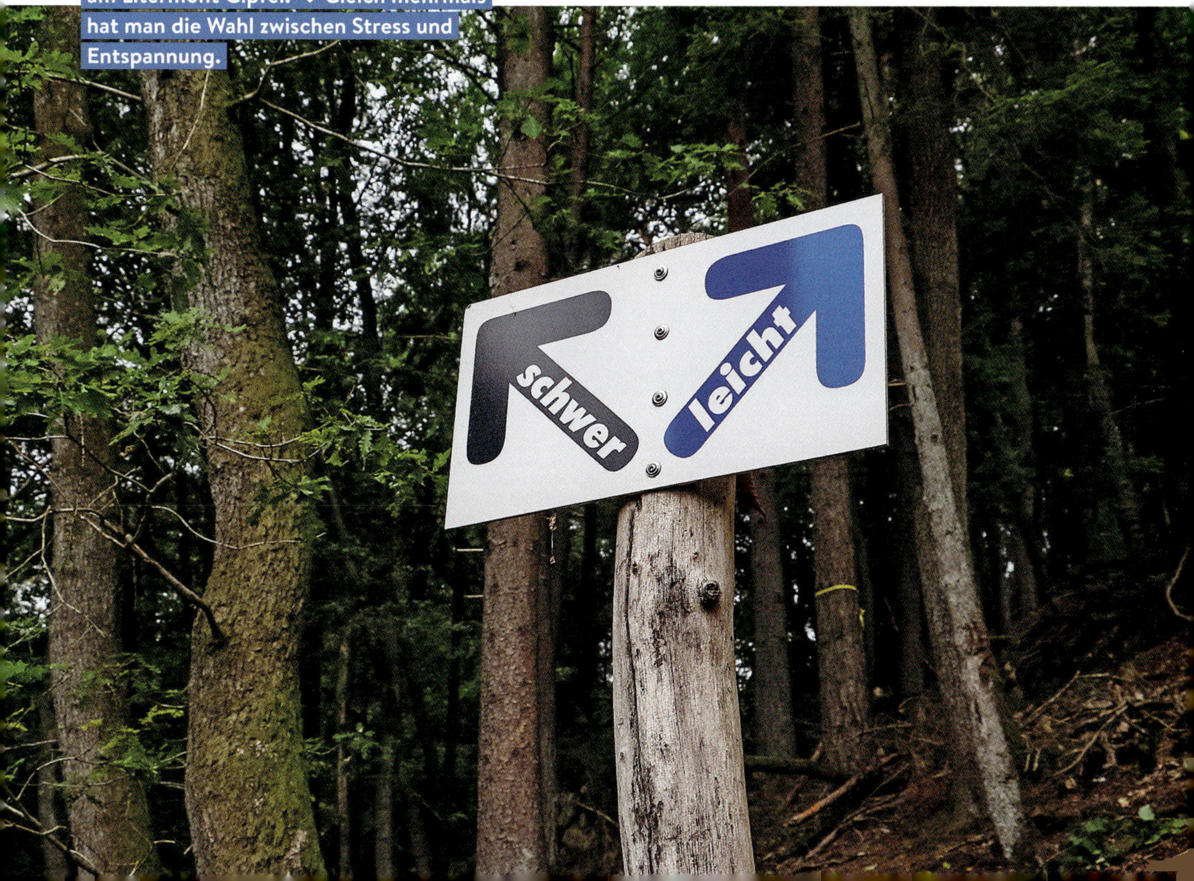

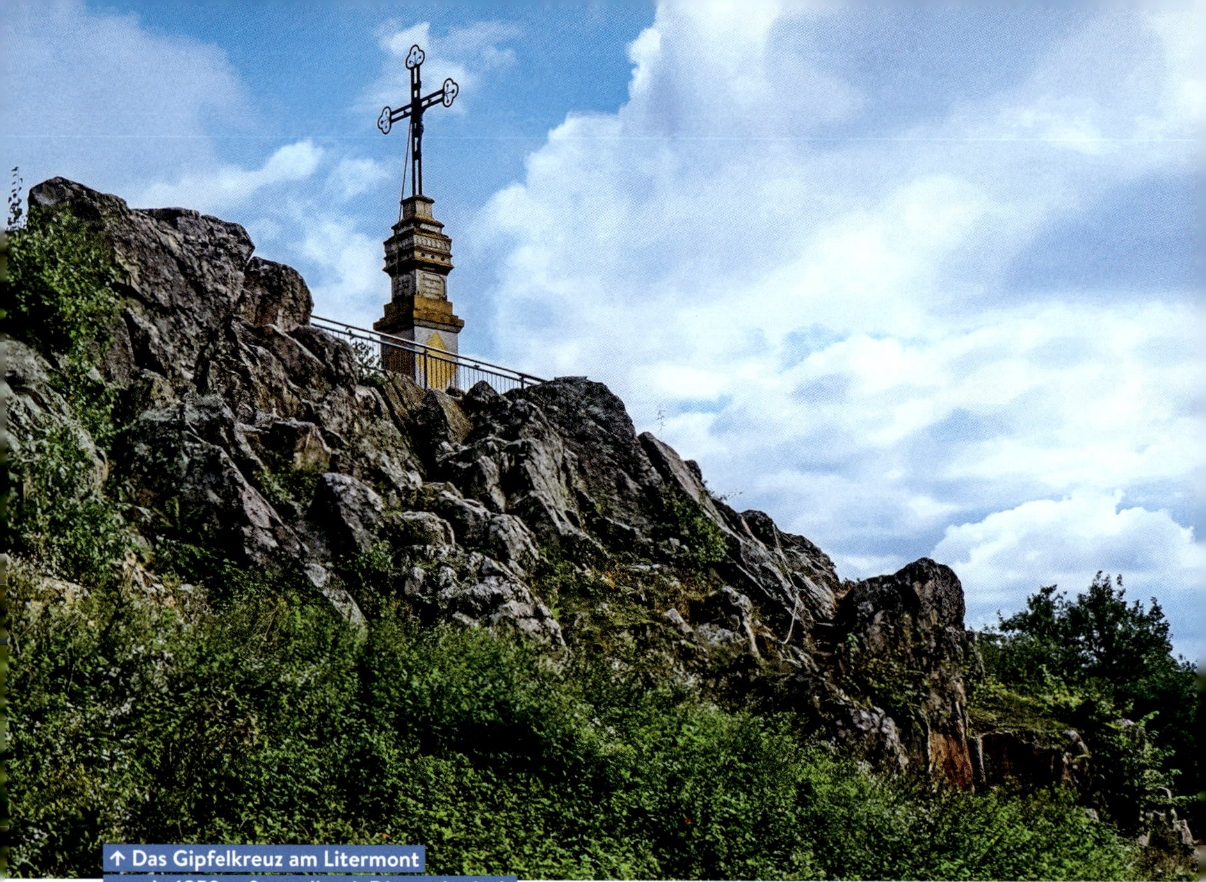

↑ Das Gipfelkreuz am Litermont wurde 1852 aufgestellt. ↓ Die geologisch bemerkenswerten Mondsteine unterhalb des Litermont

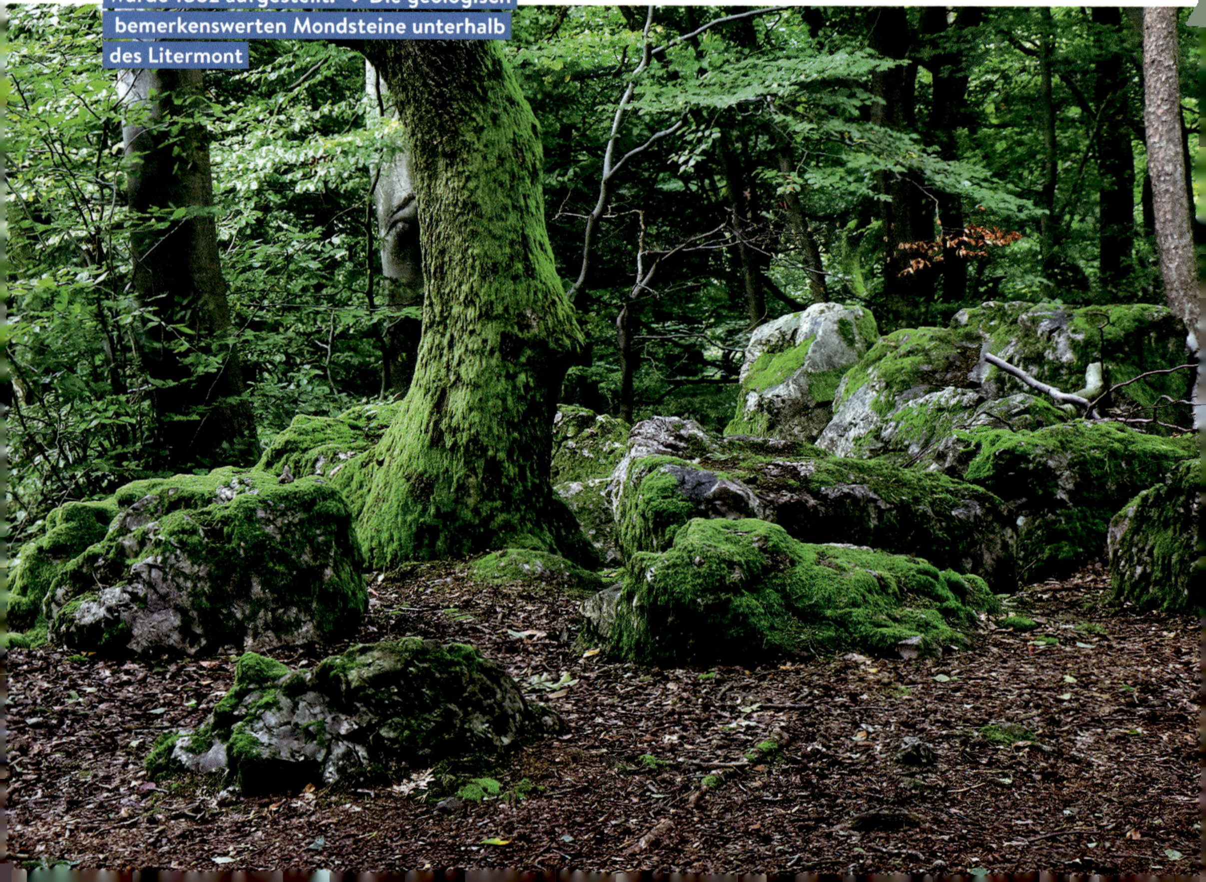

rand des Dörfchens Beckingen, das zur Rast einlädt. Wir wandern weiter durch einen fast elegant anmutenden alten, aber lichten Buchenbestand, der als Buchenhallenwald bekannt ist, und kommen schon bald an den Kreativweg. Dieser gehört zum speziell für Familien eingerichteten Walderlebnispfad. Er vermittelt Kindern Nähe zur Natur und erklärt spielerisch und anschaulich die für die Umwelt so wichtige Bedeutung der Bäume und des Holzes. Hinter einer kleinen Brücke beginnt dann der aktive Teil, denn hier wird man aufgefordert, selbst Hand anzulegen und aus Ästen, Blattwerk und Reisig eigene Kunstwerke zu schaffen. An den Bäumen am Wegesrand hängen kleine Tafeln mit Weisheiten kluger Persönlichkeiten der Menschheitsgeschichte. Der letzte Höhepunkt der Wanderung folgt sogleich mit der faszinierenden Himmelsleiter: eine schier endlos erscheinende hölzerne Treppe (bei schlechten Witterungsverhältnissen eventuell nicht zugänglich), die wir durch die Teufelsschlucht hinabsteigen. Bevor wir wieder am Geschichtsmuseum an unserem Ausgangspunkt ankommen, durchqueren wir noch ein Areal zauberhafter Felsen voll wilder Romantik, die verwunschen zugewachsenen Überbleibsel des ehemaligen Steinbruchs.

INFO

TOURENCHARAKTER

Strecke überwiegend auf Pfaden im Wald, einige Feldwege, festes Schuhwerk und ein wenig Kondition durchaus erforderlich, auf der Route finden sich viele Rastmöglichkeiten.

AUSGANGS-/ENDPUNKT

Wanderparkplatz an der Etzelbachstraße in 66809 Nalbach

GEOKOORDINATEN

49.3988889, 6.7861111

ANFAHRT

Bahn/Bus: mit dem Zug bis Saarlouis oder Dillingen, mit den Bus-Linien 401, 403, 466 bis Nalbach Kirche, von hier aus 2,3 km auf Etzelbachstraße oder bis Piesbach Kirche, von da 2,6 km über Litermont- und Schöngutstraße.

EINKEHR

Sehr hübsch zur Einkehr ist Margret's Bauernstube knapp 500 Meter vom Gipfelkreuz Litermont entfernt, Litermontstraße 22, 66701 Beckingen.

mittel | 3–4 Std. | 9,2 km | 260 Hm

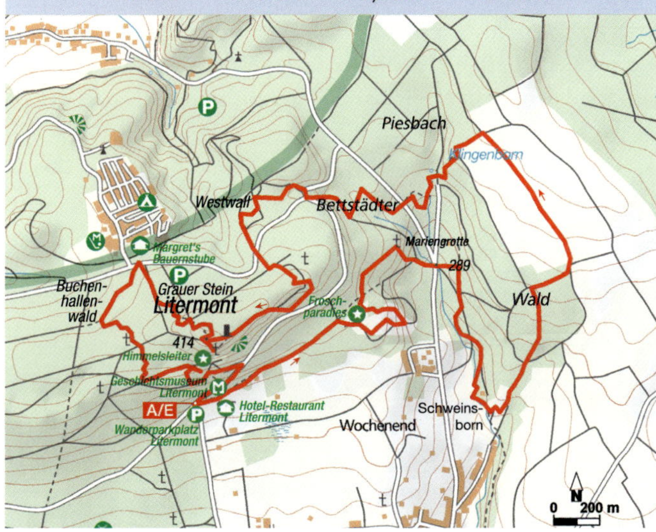

KARTE

Wanderkarte Nalbach, Wandern im Landkreis Saarlouis, Landesvermessungsamt Saarland, 1:25 000

INFORMATION

Gemeinde Nalbach, Rathausplatz 1, 66809 Nalbach, Tel. 06838 90020, www.nalbach.de

Ensheimer Brunnenweg

Wasserreich Wogbachtal – vorbei an Quellen und Brunnen

Zwischen 1840 und 1980 entstanden 13 Brunnen links und rechts des Brunnenweges. Die Bürger der Region legten sie an, um der Natur für den Wasserreichtum im Wogbachtal zu danken. Fast jede kleine Quelle bekam so ihre steinerne Umfriedung.

DER BRUNNENWEG nimmt seinen Anfang am Wanderparkplatz Ensheimer Gelösch im Tal des Wogbaches unmittelbar nördlich des Flughafens Saarbrücken. Zunächst folgen wir der Straße zum gastronomischen Betrieb Wogbachtalhütte. Vor dem Parkplatz mit dem Soldatenbrunnen biegen wir rechts ab und überqueren den Bachlauf, der, zuvor noch zu einem idyllischen Teich aufgestaut, nun wieder fröhlich plätschern darf. Auf einem Pfad geht es in Serpentinen bergauf und wir befinden uns tief im Waldesinneren unterhalb des 383 Meter hohen Staffelköpfchens.

EIN FORSTWEG leitet uns auf halber Höhe durch das Tal, das von Kerbtälern durchbrochen wird. Hier liegen zu unserer Rechten Quellbereiche, in denen wir bald auf die ersten Brunnenanlagen stoßen. Hinweistafeln beschreiben Geschichte und Entstehung. So erfahren wir, dass sich der ungewöhnliche Name des Jaukwefa-Brunnens aus den Ini-

Am Luitpold-Brunnen, einem der jüngsten am Ensheimer Brunnenweg

2

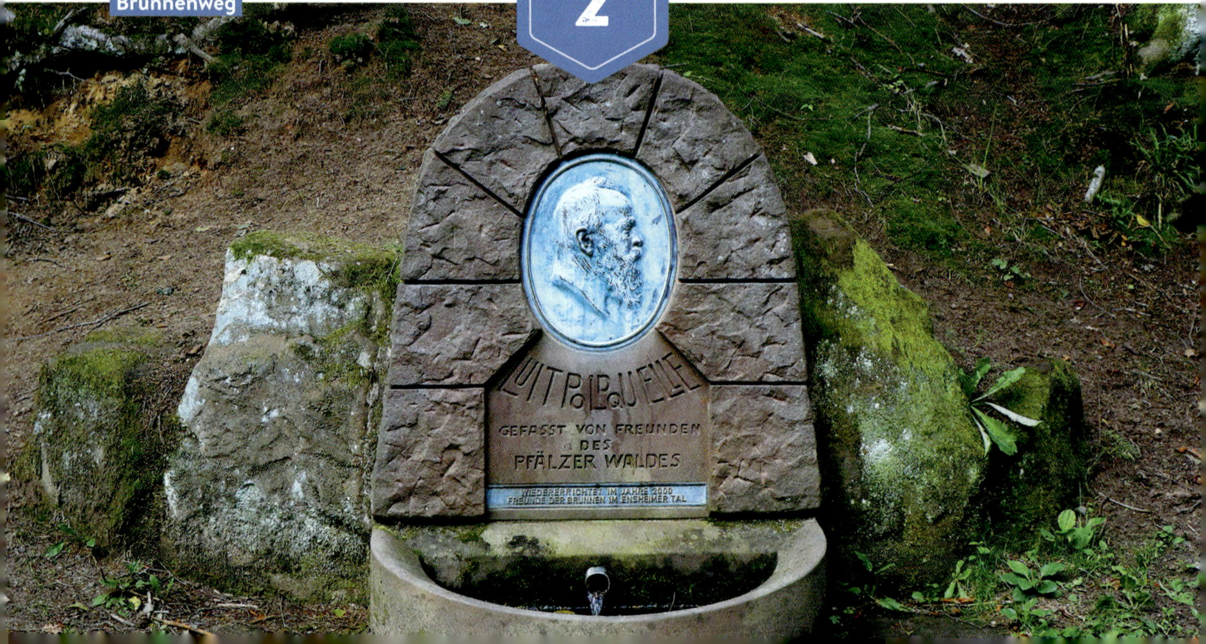

tialen der Mitglieder des Ensheimer Männergesangvereins zusammensetzt, die die Befestigung der Quelle im Jahre 1922 initiierten.

GLEICH MEHRFACH erlaubt uns der Weg den Blick in das bewaldete Tal. Am etwas versteckten Felsenbrunnen ist der nördlichste Punkt des Weges erreicht. Hier entspringt der Ommerstalbach, dem wir folgen, bis er sich am Luitpold-Brunnen, der als einer der schönsten im Tal gilt, mit dem Wogbach vereint. Schirmherr der Einweihung war der Urenkel des letzten bayrischen Königs. Zwischen Frieda-Ruhe-Brunnen und Ensheimer Brunnen liegt mit dem Stauteich des Eicherstalbaches ein weiteres Idyll mit Rastplatz.

IN WEITEN SCHWÜNGEN durch den Wald passieren wir weitere historische Brunnenanlagen, bevor der Hermann-Kahlenbach-Platz erreicht ist, der an den 2002 verstorbenen deutschen Komponisten erinnert. Am Matzenbrunnen finden wir eine vergleichsweise offene Stelle, ideal zum Spielen oder Verschnaufen. Kurz danach sind wir wieder am Ausgangspunkt angelangt.

INFO

TOURENCHARAKTER

Forstwege, einige schmale Pfade, einige anspruchsvollere Steigungen, bei den Brunnen gibt es immer wieder nette Rastmöglichkeiten.

AUSGANGS-/ENDPUNKT

Wanderparkplatz Ensheimer Gelösch im Wogbachtal, 66131 Saarbrücken

GEOKOORDINATEN

N 49.228210 E 7.110937

ANFAHRT

Bahn/Bus: Zug bis Saarbrücken Hauptbahnhof, Bus der Linie R10 bis Saarbrücken-Ensheim Flughafen, zu Fuß gut 1,5 km, den Schildern zur Wogbachtalhütte folgen.

EINKEHR

Ideal am Weg gelegen ist die Wogbachtalhütte mit rustikaler, bodenständiger Küche. Sie ist mittwochs und freitags bis sonntags geöffnet.

KARTE

Wanderkarte St. Ingbert, Wandern im Landkreis Saarlouis, Landesvermessungsamt Saarland, 1:25 000

INFORMATION

Tourist Information Saarbrücken, Rathausplatz 1, 66111 Saarbrücken, Tel. 0681 9590 9200, www.saarbruecken.de/tourist-information

mittel	2–3 Std.	10 km	202 Hm

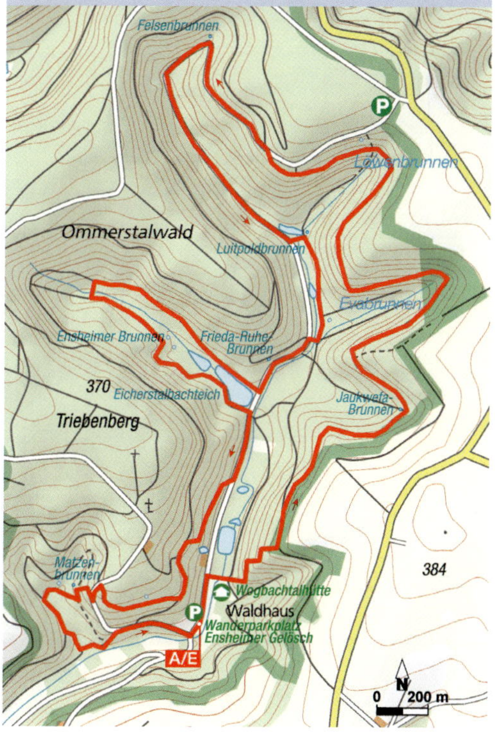

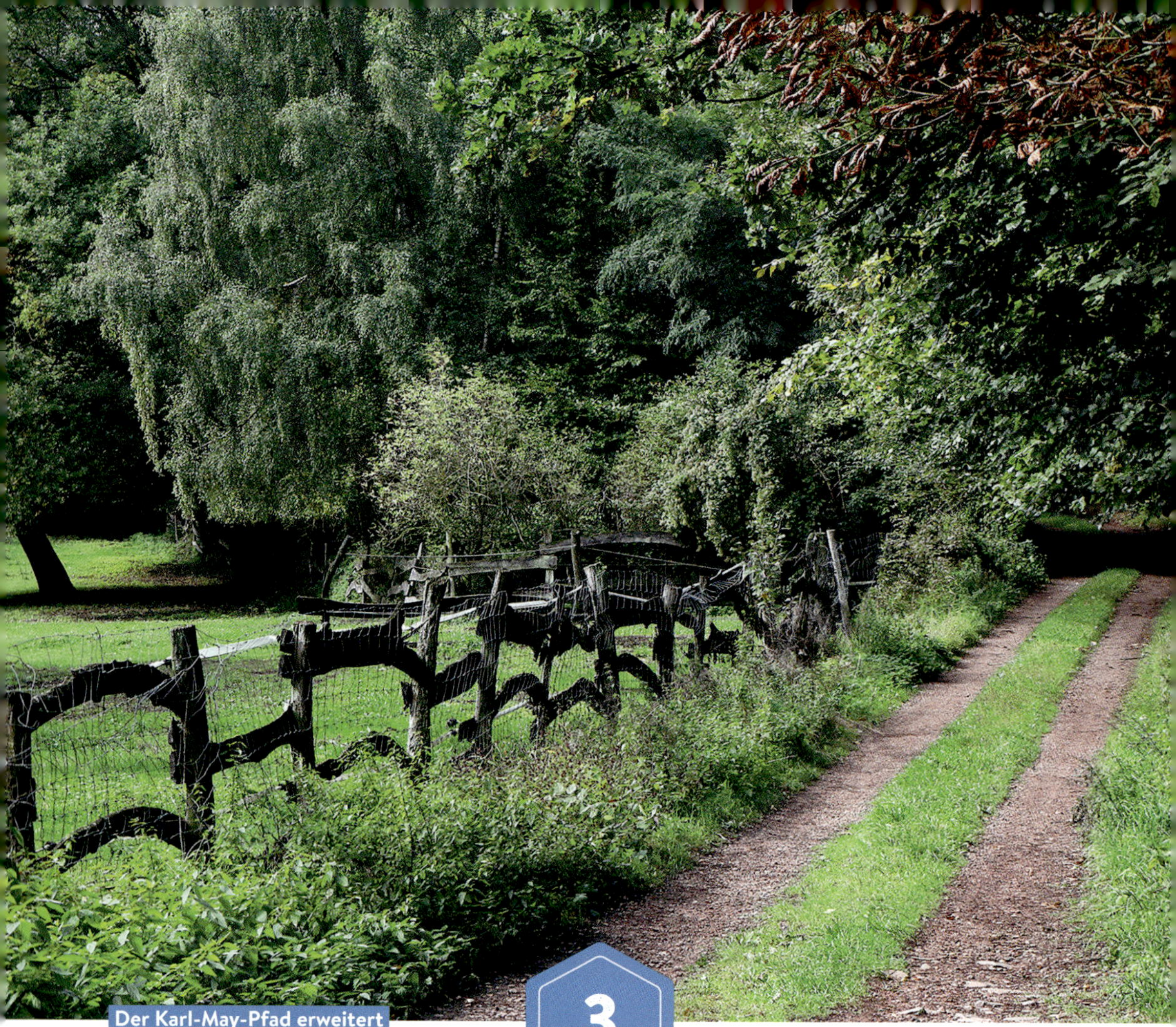

Der Karl-May-Pfad erweitert sich an einigen Stellen zu einem breiten Feldweg.

3

Karl-May-Pfad

Zurück zu den Helden der Kindheit

Nein, Karl May war niemals im Saarland. Und doch arbeitet der abwechslungsreiche Waldwanderweg das Leben und Werk des prominenten sächsischen, ausgesprochen fantasievollen und einfallsreichen Schriftstellers auf höchst kurzweilige und anschauliche Weise auf.

UNSERE TOUR BEGINNT am Wanderparkplatz Schürer Weg in Sulzbach-Schnappach. Eine große Hinweistafel mit Karte erläutert die anstehende Wegführung und zeigt uns auch das rote Logo mit einem markanten Porträt des Literaten, das uns auf den folgenden gut 13 Kilometern zuverlässig den Weg weist. Gleich hinter dem Eingang empfängt uns ein düsterer Nadelwald, nach dessen Durchquerung wir Bayrisch Zell erreichen. Das Gasthaus im alpenländischen Stil veranschaulicht die frühere Zugehörigkeit des Ortes zum einstigen Königreich Bayern. Im Garten steht die nach einem Roman Mays benannte Holzskulptur »Unter Geiern«.

NACH EINER KLEINEN STÄRKUNG dort können wir uns die erste von insgesamt 27 Infotafeln über Karl May zu Gemüte führen. Wir überqueren den Bach, gelangen von Bayern zurück nach Preußen und passieren hier eine Lichtung sowie einen kleinen Weiher, der noch bis in die 1990er-Jahre hinein als beliebtes Waldschwimmbad Ruhbachbad fungierte. Über einen breiten Forstweg tauchen wir in den Wald ein und erfahren dabei erstaunliche Fakten, die uns nachdenklich machen. Karl May stammte aus ärmlichen Verhältnissen, schaffte es jedoch aufgrund hoher Intelligenz in den Lehrerberuf. Damit war es bald vorbei, weil ihm ein vermeintlicher Diebstahl eine Verurteilung zu sechs Wochen Gefängnis einbrachte.

STATION 3, wir biegen nun auf einen schmaleren Pfad nach rechts ab, berichtet von Mays folgendem wirtschaftlichen und sozialen Absturz, der letztlich mehr als sieben Jahre Haft mit sich brachte, aber gleichzeitig den Grundstein für seine spätere Karriere legte. Er studierte eifrig in den Gefängnisbibliotheken und eignete sich so vielfältiges Wissen an. 1874 begann er schriftstellerisch zu arbeiten und verfasste bald erste Reisegeschichten. Geschrieben in der Ich-Form, erzielten sie eine immense Popularität und wurden – obwohl frei erfunden – widerspruchslos für wahr genommen. Seine Romane waren moderne Märchen. An Station 6 erfahren wir von seinem erneuten Absturz, weil man 1899 begann, seine Lügen aufzudecken und er erneut in Turbulenzen geriet.

DIE INFOTAFELN sind zumeist mit Titelbildern der May-Romane illustriert, zuweilen auch mit Fotos. Sie bewirken eine gedankliche Nähe zum Autor, sodass das Kopfkino

Tipp

DAS SALZ DES SAARLANDS

Die Salzgewinnung spielte in Sulzbach seit Mitte des 16. Jahrhunderts eine große Rolle, wie die historischen Gebäude des Salzherren- und des Salzbrunnenhauses eindrucksvoll belegen. Beide Salzhäuser unweit des Rathauses, die heute für kulturelle Veranstaltungen genutzt werden, befinden sich auf der ehemaligen Sole, aus der bis etwa 1750 Salz gefördert wurde.

An den Stationen des Karl-May-Pfads finden sich Abbildungen bekannter Buchtitel.

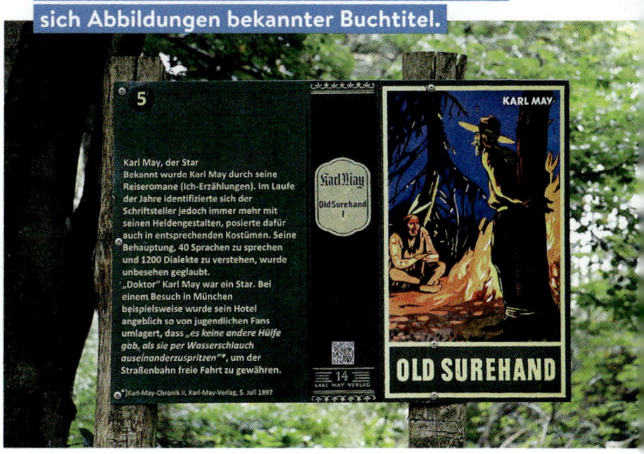

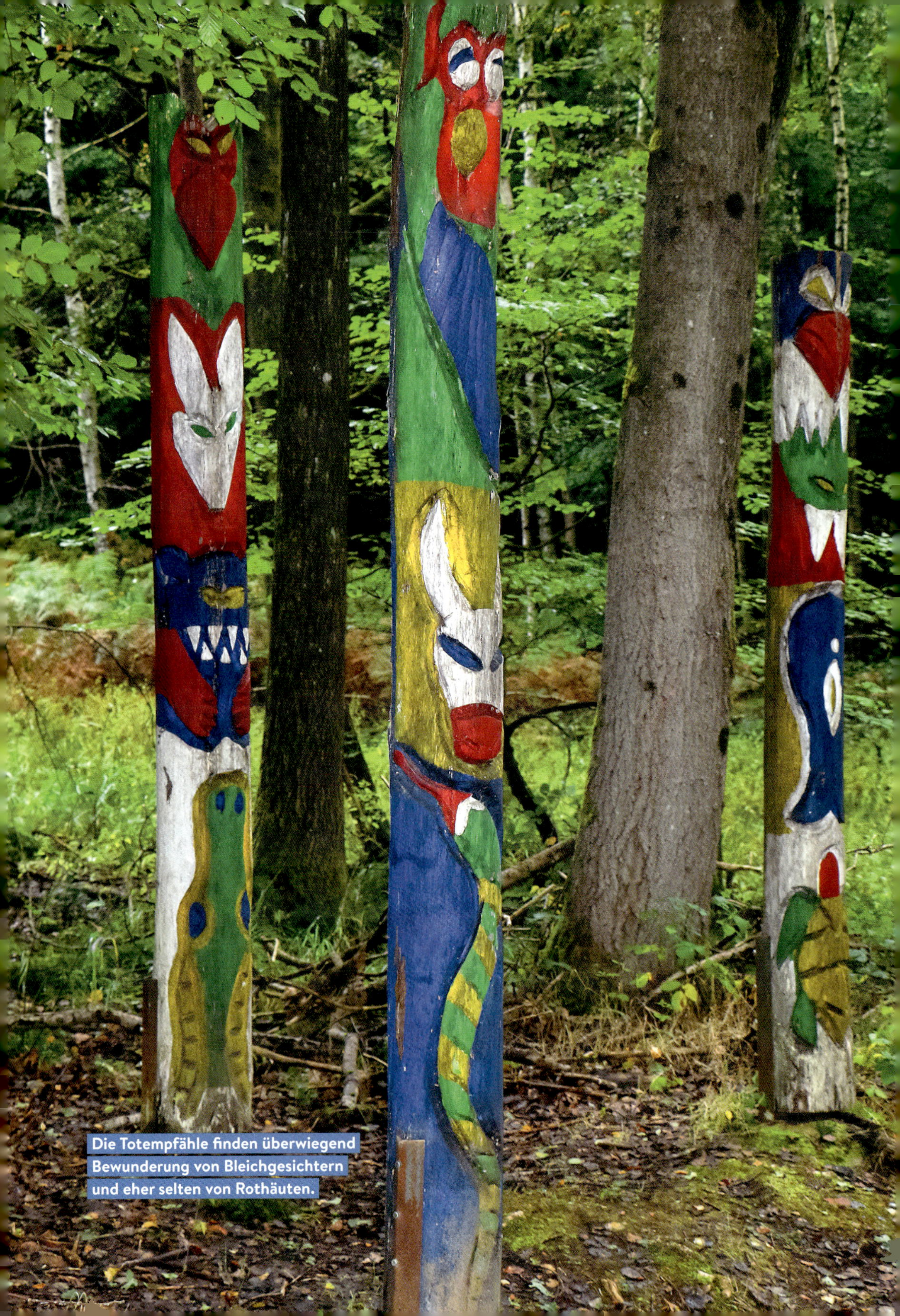

Die Totempfähle finden überwiegend Bewunderung von Bleichgesichtern und eher selten von Rothäuten.

sein Schicksal wie seine Figuren lebendig werden lässt. So eröffnet sich an Station 10, nahe dem Dörfchen Elversberg, eine Lichtung mit einer Pferdekoppel und unmittelbar ist man bei den allseits bekannten Helden des Wilden Westens. Immer wieder flankieren imposante Holzschnitzereien den Weg, die ebenfalls die Erinnerung an Romanprotagonisten aus der eigenen Jugendzeit wecken. Einige bunt bemalte Baumstämme dienen als symbolische Totempfähle.

UNSERE ROUTE FÜHRT jetzt in südwestlicher Richtung durch das bisweilen recht hügelige Waldgebiet und wir erfahren immer mehr über Karl May. Er versuchte sich auch, allerdings nur mit wenig Erfolg, als Lyriker und erdachte manch weisen Sinnspruch, wovon wir einige Kostproben bekommen. Bei einer Orientreise musste er erschüttert zur Kenntnis nehmen, dass eine große Diskrepanz zwischen seinen Erzählungen und der Realität bestand. Damit brach seine Traumwelt zusammen. Laut Station 19 versuchte er dies in einer Ode an den Wald zu kompensieren. Die Auf- und Abstiege auf unserem Weg sind nicht wirklich beschwerlich, gleichwohl stehen sie sinnbildlich für das Schicksal Karl Mays, der – so erfährt man auf Tafel 27 kurz vor Erreichen des Ausgangspunktes – in einigen wenigen, eher unbekannten Werken auch Orte aus dem Saarland erwähnt.

INFO

TOURENCHARAKTER
Forst- und Feldwege, moderate Steigungen

AUSGANGS-/ENDPUNKT
Schürer Weg, 66280 Sulzbach-Schnappach

GEOKOORDINATEN
49.3047222, 7.091111

ANFAHRT
Bahn/Bus: Zug bis Saarbrücken Hauptbahnhof, dann Regionalbahn RB 33623 Richtung Neubrücke/Nahe bis Sulzbach (Saar) Altenwald

EINKEHR
Typisch bayrische Gastronomie im rustikalen Ambiente erwartet den Wanderer in der Almhütte Bayrisch Zell unmittelbar am Weg.

KARTE
Wanderkarte St. Ingbert, Wandern im Landkreis Saarlouis, Landesvermessungsamt Saarland, 1:25 000

mittel | 3–4 Std. | 13,7 km | 291 Hm

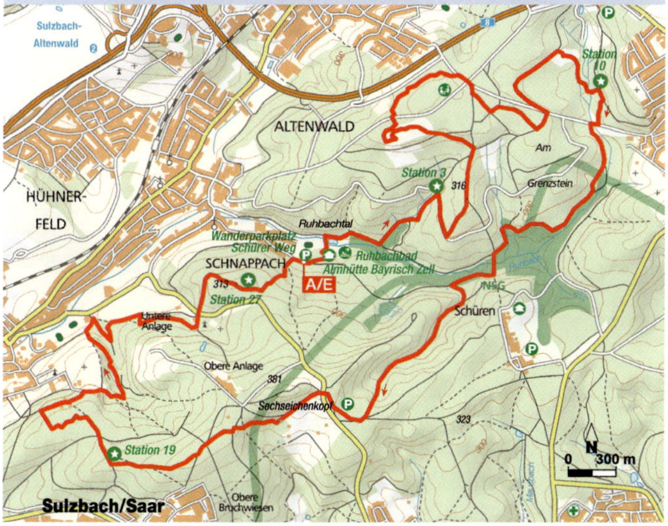

INFORMATION
Tourist Information Sulzbach/Saar, Sulzbachtalstraße 81, 66280 Sulzbach/Saar, Tel. 06897 5080, www.stadt-sulzbach.de

Der Gisinger

Erhabene Höhen und mystische Tiefen im Saargau

Der Rundweg bringt uns die Naturschönheiten des Saargaus näher. Wir durchstreifen dabei verschiedene Kulturlandschaften und genießen immer wieder zauberhafte Aussichten über das waldreiche Tal der Saar bis hinüber ins französische Lothringen.

UNSERE TOUR BEGINNT am Kirmesplatz des Dörfchens Gisingen, an welchem eine Hinweistafel den Verlauf einer der abwechslungsreichsten saarländischen Wanderungen, auch Traumschleifen genannt, veranschaulicht. Wir verlassen den Platz in Richtung Süden, laufen einige Meter parallel zur Landstraße 352, überqueren diese im rechten Winkel nach Westen und steuern auf einem Feldweg zwischen Obstbäumen auf die Hofanlage In der Kasseck zu. Bevor wir diese erreichen, schickt uns das Logo der Traumschleife nach links am Feldrand entlang. Umgeben von dichtem Gebüsch und lichtem Wald gelangen wir zu zwei idyllischen Angelteichen. Hier befinden sich die steinernen Reste eines alten Dammes, den einst der Müller errichtete, um seine Wassermühle nicht nur zur warmen Jahreszeit sondern auch im Winter betreiben zu können.

Brunnen vor dem Haus Saargau in Gisingen

4

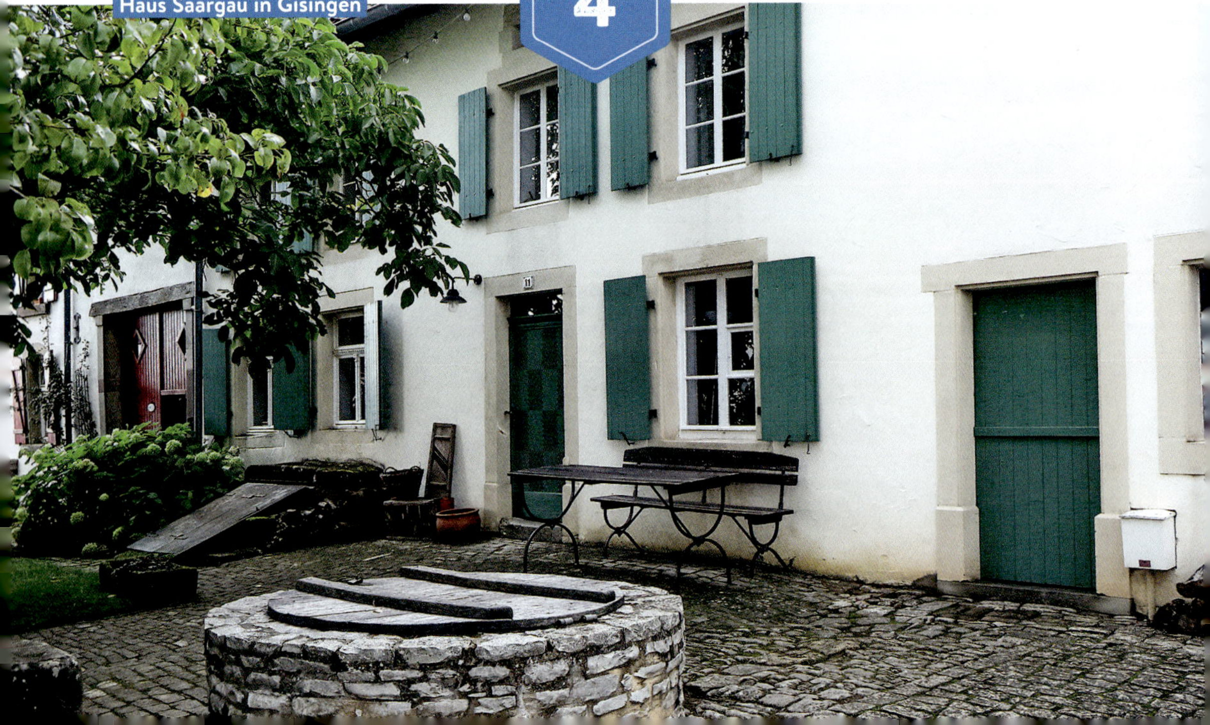

WIR PASSIEREN das älteste steinerne Wegkreuz in der Gegend, das an den Holzfäller Johannes Cavelius erinnert. Der Legende nach wurde er bei der – verbotenen – Sonntagsarbeit im März 1807 vom Blitz erschlagen. Anschließend begeben wir uns auf den langen Anstieg hinauf zum Gallenberg, der mit 377 Metern höchsten Erhebung unserer gewählten Wegstrecke. Hier oben befinden sich ein Sendemast und etwas weiter entfernt ein gut frequentiertes Fluggelände für Modellflugzeuge. Das Panorama ist fabelhaft: Wiesen, Felder und Wälder breiten sich vor uns aus.

HINTER DEM FLUGFELD biegen wir nach rechts ab und durchwandern bergabwärts üppige Streuobstwiesen. Weitere Obstbäume flankieren unseren Pfad hinter der Landstraße, bevor wir den dichten Wald erreichen. Der Forst birgt einige geologische Besonderheiten bedingt durch den Untergrund aus Sandstein. So treffen wir zunächst auf eine Kalktufftreppe und die Leitersteiner Quelle, die einst zur Wasserversorgung der Gisinger Bevölkerung genutzt wurde. Nach einer weiteren steilen Treppe hinab erreichen wir den imposanten Felsen Der Grott. Hier gab es einmal eine Tropfsteinhöhle. Am Itzbach entlang folgen wir dem Waldpfad. Zur Rechten liegt der Platz des Golfclubs Saarlouis, zur Linken haben wir immer wieder Gelegenheit, über die Weite des Saartals zu blicken. Über Felder und schließlich den Oberlimberger Weg kehren wir zurück zum Kirmesplatz.

INFO

TOURENCHARAKTER
Forst- und Feldwege, einige Aussichtspunkte und wenige Treppenpassagen

AUSGANGS-/ENDPUNKT
Kirmesplatz Gisingen, Gaustraße 46, 66798 Gisingen-Wallerfangen

GEOKOORDINATEN
49.3330556, 6.65277779

ANFAHRT
Bahn/Bus: Zug bis Saarlouis Hauptbahnhof, mit Bus 404 bis ZOB Saarlouis, dort mit Bus 421 bis Gisingen-Dreieck

EINKEHR
Trattoria Da Michele, netter Italiener, Gaustr. 47, 66798 Wallerfangen

KARTE
Wanderkarte Saargau, Publicpress Karte 561, 1:25 000

mittel	3,5 Std.	11 km	197 Hm

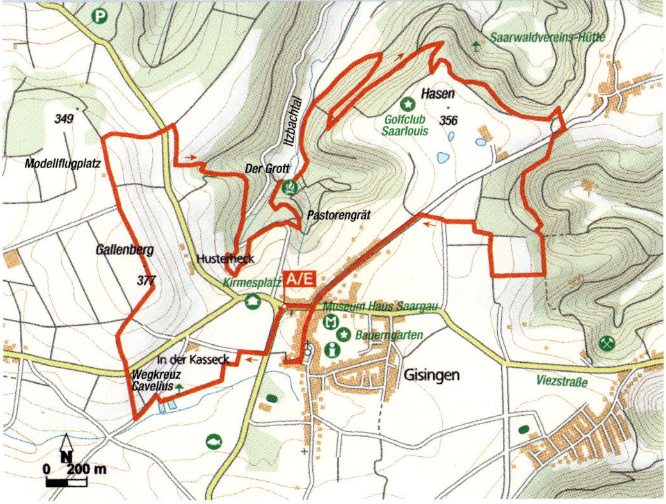

INFORMATION
Tourismusbüro Wallerfangen, Fabrikplatz, 66798 Wallerfangen, Tel. 06831 680916, www.wallerfangen.de

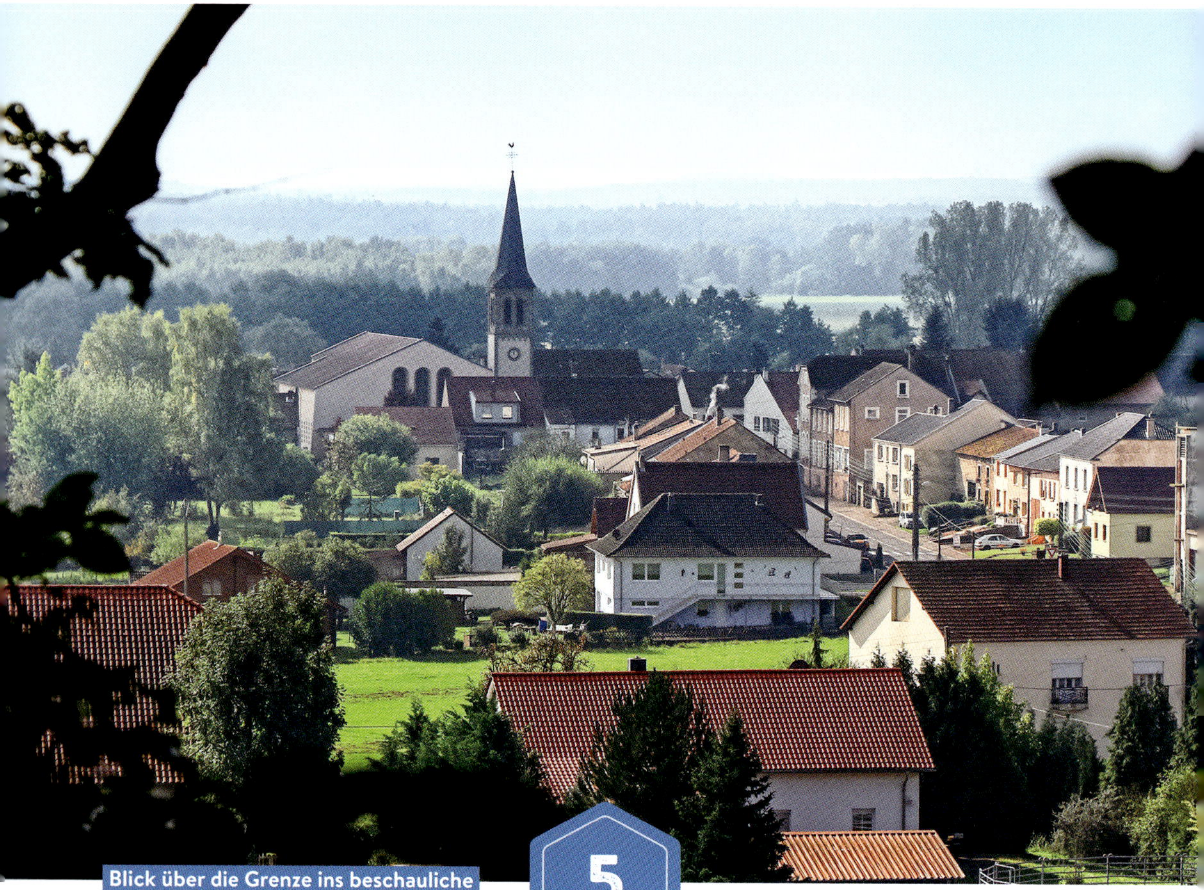

Blick über die Grenze ins beschauliche französische Dorf Merten

5

Beruser Tafeltour

Auf grenzenlosen Wegen hinüber nach Frankreich

Das Europadenkmal von Berus, errichtet 1970 als weithin sichtbares Zeichen der Deutsch-Französischen Freundschaft, markiert den Startpunkt einer spannenden Wanderroute diesseits und jenseits der deutsch-französischen Grenze, die früher von Schmugglern frequentiert wurde.

DIE UNEINGESCHRÄNKTE ÜBERQUERUNG offener Grenzen zwischen den Ländern Europas gehört zu den elementaren Errungenschaften der Europäischen Union. Dieser Weg bietet uns dafür die besten Beispiele, denn wir wandern ganz selbstverständlich und ohne Kontrollen vom Saarland nach Frankreich und wieder zurück und genießen dabei die zauberhaften Panoramen der hier typischen Gaulandschaft. Einen der höchsten Punkte der Region (362 m) hat man als Standort für das Europadenkmal gewählt. Über den künstlerischen Wert der beiden nebeneinander stehenden 16 Meter hohen Betonplatten lässt sich trefflich diskutieren, ihr symbolischer ist unbestritten und nur selten finden wir einen derart markanten Ausgangspunkt für eine Wanderung.

Tipp

STAHL KOLOSSAL

Unbedingt einen Besuch wert ist das gigantische Industriedenkmal der UNESCO-Welterbestätte Völklinger Hütte. Eindrucksvoll dokumentiert es die Bedeutung der Eisen- und Stahlindustrie im Saarland. Nach der Stilllegung der Hütte 1986 wurde sie unter Denkmalschutz gestellt und ist seit Mitte der 1990er-Jahre zu besichtigen.
www.voelklinger-huette.org

WIR GEHEN am Standbild eines hellblauen röhrenden Hirschen aus Metall vorbei und folgen dem Symbol der Tafeltouren, einer stilisierten Kochmütze, die uns über einen breiten Kiesweg zwischen üppigem Buschwerk zum eigentlichen Einstieg führt. Dabei passieren wir diverse Relikte aus der Zeit, als hier ein Kalksteinbruch betrieben wurde. Die alte Seilbahnstation gehört ebenso dazu wie eine mit Steinen beladene tiefschwarze Lore am Wegesrand. Längst hat sich aber die Natur der alten Anlagen zu unserer Linken wieder bemächtigt.

Über den Hängen von Berviller

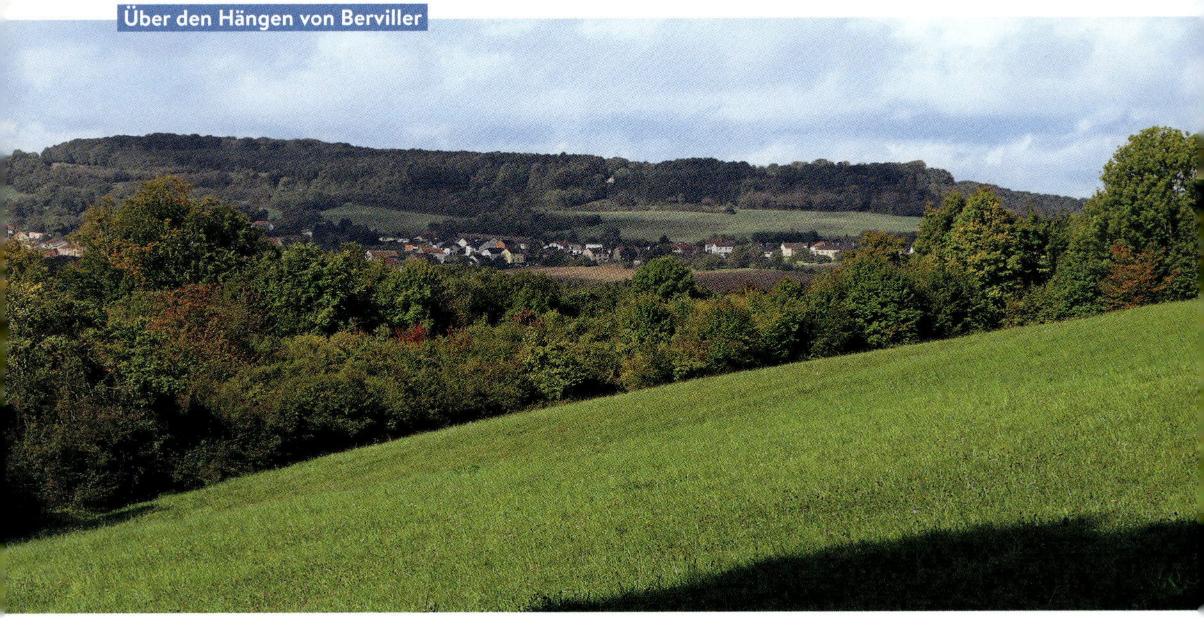

AM LOTHRINGER KREUZ, einem Kreuz mit zwei Querbalken, das durch Charles de Gaulle zum Symbol des französischen Widerstandes im Zweiten Weltkrieg wurde, stehen wir exakt auf der Grenze zu Frankreich. Wir zweigen hier nach rechts ab und gehen auf ein Windrad auf einer Wiese zu, bevor wir in ein dichtes Waldgebiet gelangen. Die Dunkelheit zwischen den Bäumen ist erstaunlich, sie nutzte sicher einst den Schmugglern zur Tarnung ihrer Heimlichkeiten. Nach einem Schlenker nach links befinden wir uns auf einem schmalen Pfad, der den Grenzverlauf widergibt. Darauf weisen die alten, teils verwitterten Grenzsteine hin. Jahreszahlen dokumentieren ihr teils schon beträchtliches Alter. Über die Jahrhunderte wurden offensichtlich mehrfach solche Steine gesetzt.

IN RICHTUNG OSTEN folgen wir einem breiten Forstweg, der einen langen Bogen macht. An seinem Scheitelpunkt ist der Wirbelfels zu finden. Dieses geologische Unikum verkörpert die Entstehung von Kalktuff durch auskristallisierendes Quellwasser auf dem vorherrschenden Untergrund aus Buntsandstein. Bald gehen wir wieder auf der Grenze und überschreiten sie, ohne es wirklich wahrzunehmen. Durch den lichten Waldrand eröffnet sich der Blick auf das Ört-

Figur an der Mariengrotte von Berviller

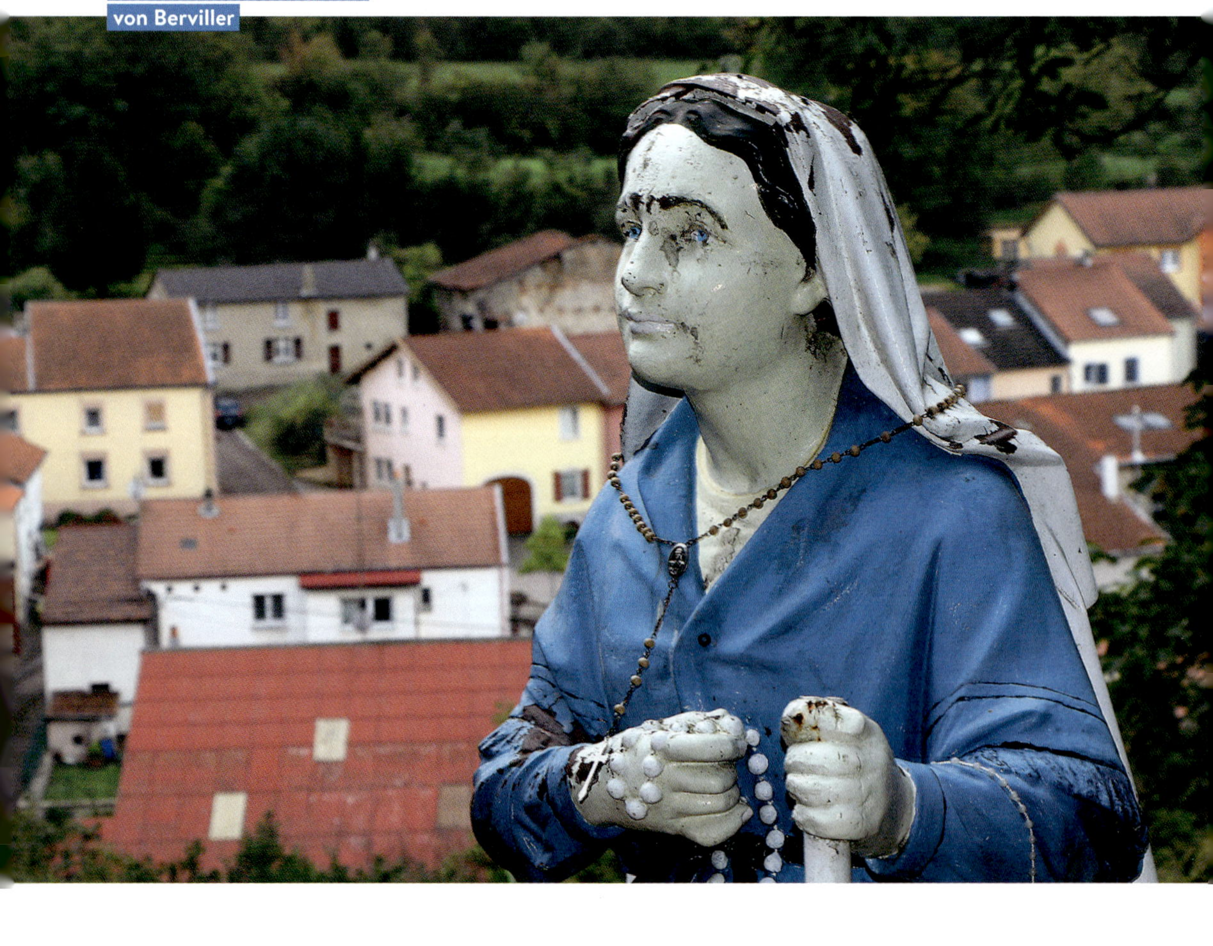

INFO

TOURENCHARAKTER
Schotterwege und Waldpfade, Feldwege sowie einige befestigte Passagen, größtenteils hügeliges Areal

AUSGANGS-/ENDPUNKT
Parkplatz am Europadenkmal Berus, Orannastraße, 66802 Überherrn-Berus

GEOKOORDINATEN
N 49.264880, O 6.684889

ANFAHRT
Bahn/Bus: mit dem Zug bis Saarlouis Hauptbahnhof, mit Bus 404 bis ZOB Saarlouis, dort mit Bus 409 bis Berus-Bergfried

EINKEHR
Margaretenhof, Grillrestaurant, Margaretenhof 1, 66802 Überherrn-Berus.
Eine einfache, aber schmackhafte französische Küche im rustikalen Blockbohlenhaus genießt man im Le Chalet du Chemin auf dem Karriereweg am Ortsrand von Berviller mittwochs bis sonntags.

mittel | 3 Std. | 13,4 km | 198 Hm

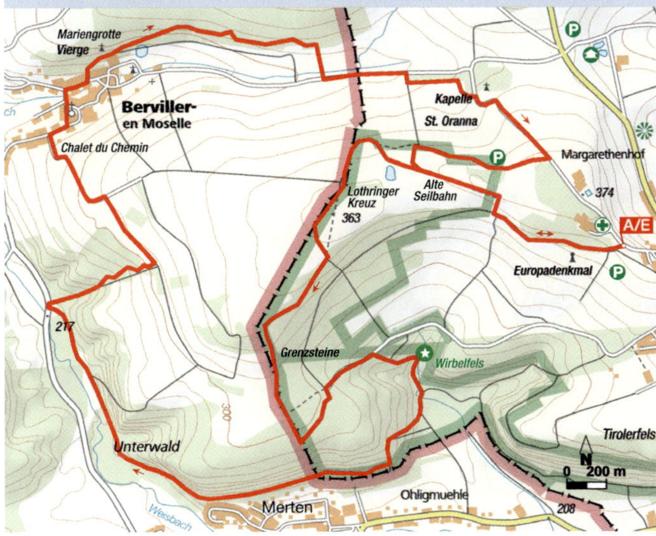

KARTE
Wanderkarte Saargau, Publicpress Karte 561, 1:25 000

INFORMATION
Gemeinde Überherrn, Rathausstraße 101, 66802 Überherrn, Tel. 06836 9090, www.ueberherrn.de

chen Merten. Das Läuten der Kirchenglocken schallt herüber, auch die Stimmen der Dorfbewohner. Die Geräusche aus den Gärten und Gassen erscheinen verblüffend nah.

WO DER FORSTWEG auf die Landstraße D 638 trifft, schwenken wir nach rechts und erklimmen über einen Pfad eine recht starke Steigung, hinter der erneut Windräder in den Himmel ragen. Vorbei an üppigen Streuobstwiesen gehen wir hinab ins gemütliche Dorf Berviller-en-Moselle. Wir passieren die Kirche, hübsche Vorgärten und Gebäude im typisch französischen Baustil. Über den Chemin de la Grotte führt der Weg wieder aufwärts. Von der Mariengrotte zu unserer Linken bietet sich ein schöner Blick über den Ort. Hinter dem Wald folgt eine Fläche Ackerland, auf der wir Frankreich wieder verlassen und zurückkehren ins Saarland.

HINTER EINEM WALDSTÜCK erreichen wir die Wallfahrtskapelle St. Oranna. In ihrem Innern finden sich die Gebeine der heiligen Oranna, der Schutzpatronin des Saargaus und Lothringens. Sie kam der Legende nach im 7. Jahrhundert aus Irland und Schottland hierher. Auf der Höhe ist bereits wieder das Europadenkmal zu sehen, zu dem wir nach einem Stück befestigten Weges und einem kleinen Wäldchen zurückgelangen.

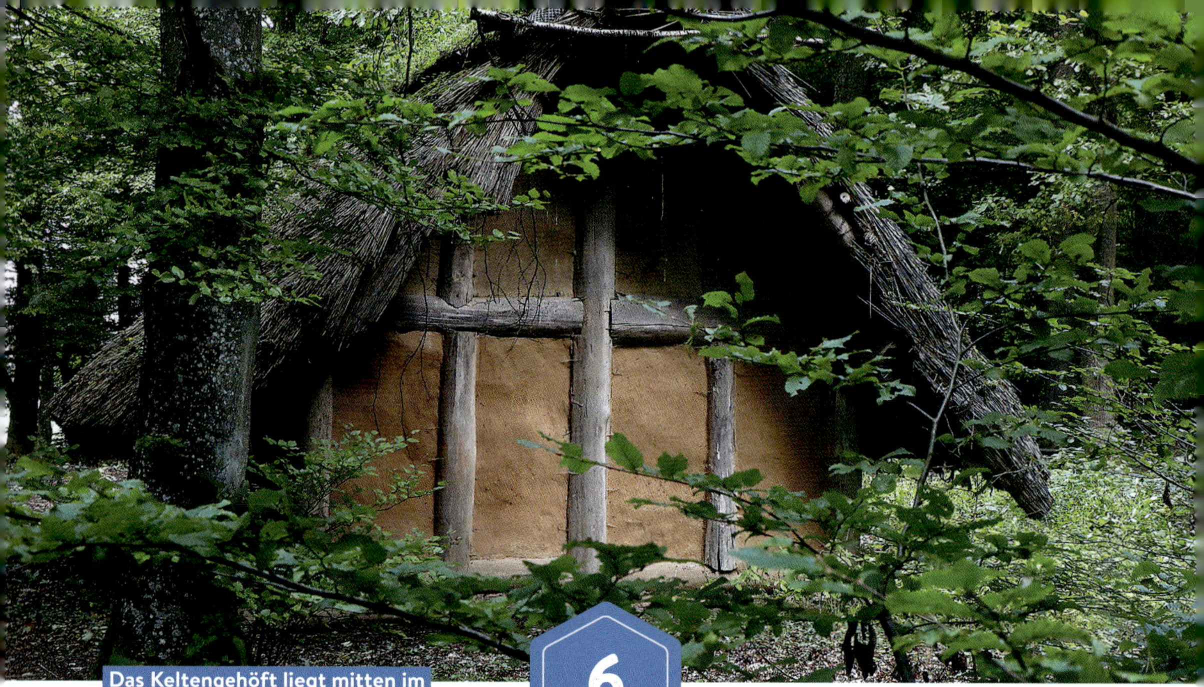

Das Keltengehöft liegt mitten im Wald am Druidenpfad und versetzt authentisch in vergangene Zeiten.

6

Druidenpfad

Die Welt der Kelten zu neuem Leben erweckt

Bei Niedaltdorf ragt ein Zipfel des Saarlandes bis nach Lothringen hinein. Schon vor über 2000 Jahren siedelten die Kelten in dieser Region – Grund genug, hier einen Erlebnispfad anzulegen, der dem Wanderer die keltische Kultur näherbringt.

DER WANDERPARKPLATZ Am Höllberg ist Ausgangspunkt dieser recht kurzen, aber familienfreundlichen und unterhaltsamen Tour. Neben der Informationstafel am Startpunkt begrüßt uns ein eindrucksvoller Markstein mit dem Namen des Wanderweges und einem keltischen Symbol. Wir gehen ein Stück die asphaltierte Straße entlang und zweigen schon bald links ab auf einen Schotterweg. Ein roter moosbedeckter Feldstein informiert uns, dass just hier einmal ein Galgen stand. Aber keine Angst, das ist lange her.

AM ERSTEN ABZWEIG hinter dem Wald biegen wir nach links ab, folgen zunächst einem breiten Waldweg, um gleich darauf auf einen schmalen Pfad zu gelangen. Er führt uns, teilweise über einen gewundenen Holzsteg, unmittelbar auf die Grenze zu Frankreich, die direkt am Waldrand entlang verläuft. An seinem nordwestlichsten Punkt liegen die beschaulichen Nachbauten eines Keltengehöfts. Die rustikalen Holzhäuser mit den üppigen Grasdächern sind begehbar und bieten eine wahrhaft mystische Kulisse für ein ausgiebiges Picknick im Schatten der Bäume sowie für fantasievolle Spiele der Kinder.

Die aufgestellten Hinweistafeln vermitteln Wissenswertes über die Zeit der Kelten im Niedtal. In Sichtweite findet sich ein ebenfalls rekonstruiertes Hügelgrab mit Aussicht nach Lothringen. Auch hier kann man getrost einen Blick ins Innere wagen. Etwas versteckt folgt außerdem ein Schaumeiler zur Herstellung von Holzkohle.

DANN VERLASSEN WIR das keltisch inspirierte Waldstück und überqueren eine offene Wiesen- und Weidefläche mit prächtig tragenden, teils schon recht alten Obstbäumen. Wir steuern auf ein weitläufiges Waldgebiet zu, das uns bis an das Tal des Niedbaches heranführt. Bei der Schutzhütte Grafenthal sind wir wieder an der französischen Grenze angelangt und folgen nun rechts dem Verlauf des Baches. Der Pfad ist sehr schmal, der Bach rauscht weiter unterhalb. Über einen steilen Serpentinenaufstieg kehren wir zum Höllberg zurück. Auf der Wiesenfläche zur Linken wurde ein keltischer Baumkalender angelegt, verschiedene Laubbaumarten stellen die jeweiligen Monate dar.

INFO

TOURENCHARAKTER

Forst- und Feldwege sowie schmale Waldpfade auf überwiegend flachem Terrain

AUSGANGS-/ENDPUNKT

Waldparkplatz Am Höllberg, westliches Ortsende von Niedaltdorf, 66780 Rehlingen-Siersburg

GEOKOORDINATEN

N 49.346220, O 6.5755847

ANFAHRT

Bahn/Bus: mit dem Zug bis Bahnhof Dillingen/Saar, Umstieg in Regionalbahn RB (es gibt nur eine) bis Bahnhof Niedaltdorf, zu Fuß ca. 1,7 km über Neunkircher Straße

EINKEHR

Wackenmühle Hemersdorf, Zur Wackenmühle 4, 66790 Rehlingen-Siersburg

Im historischen Ambiente des Bistros Bagatelle in Niedaltdorf locken eine mediterran ausgerichtete Küche und ein netter Biergarten. www.bistro-bagatelle.de

mittel | 1–2 Std. | 6 km | 124 Hm

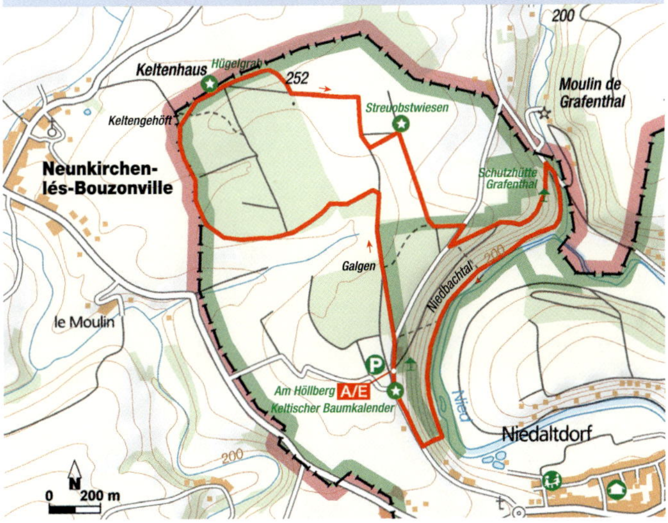

KARTE

Wanderkarte Saargau, Publicpress Karte 561, 1:25 000

INFORMATION

Gemeinde Rehlingen-Siersburg, Bouzonviller Platz, 66780 Rehlingen-Siersburg, Tel. 06835 508330, www.rehlingen-siersburg.de

Grenzblickweg

Tour mit Durchblick – auf Lothringen und aufs Saarland

Landschaftliche Vielseitigkeit erwartet den Wanderer rund um das deutsch-französische Grenzdorf Leidingen. Ein beschauliches Idyll mit hauptsächlich agrarisch genutzter Kulturlandschaft breitet sich aus. Das war nicht immer so ...

7

Auf dem Ihner Weiher sind schwarze Schwäne zu Hause.

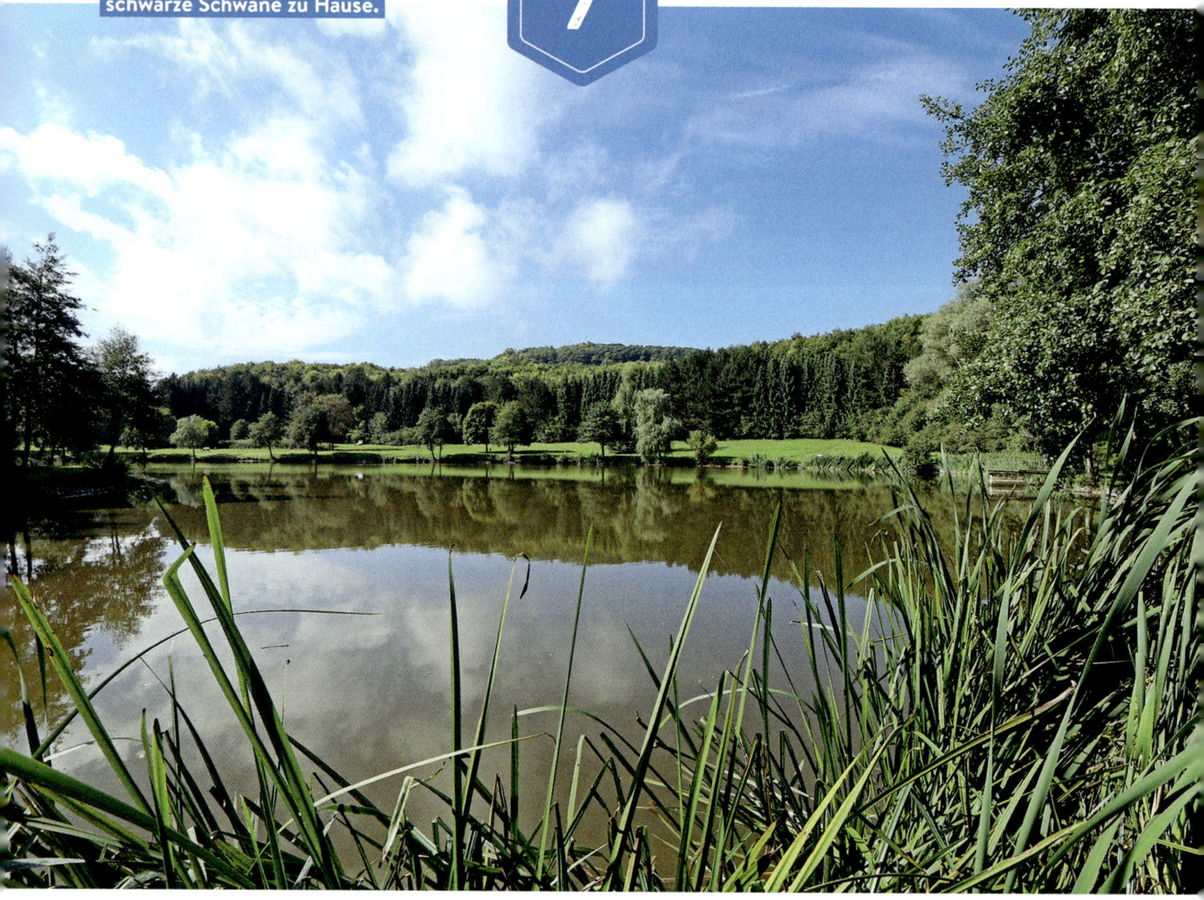

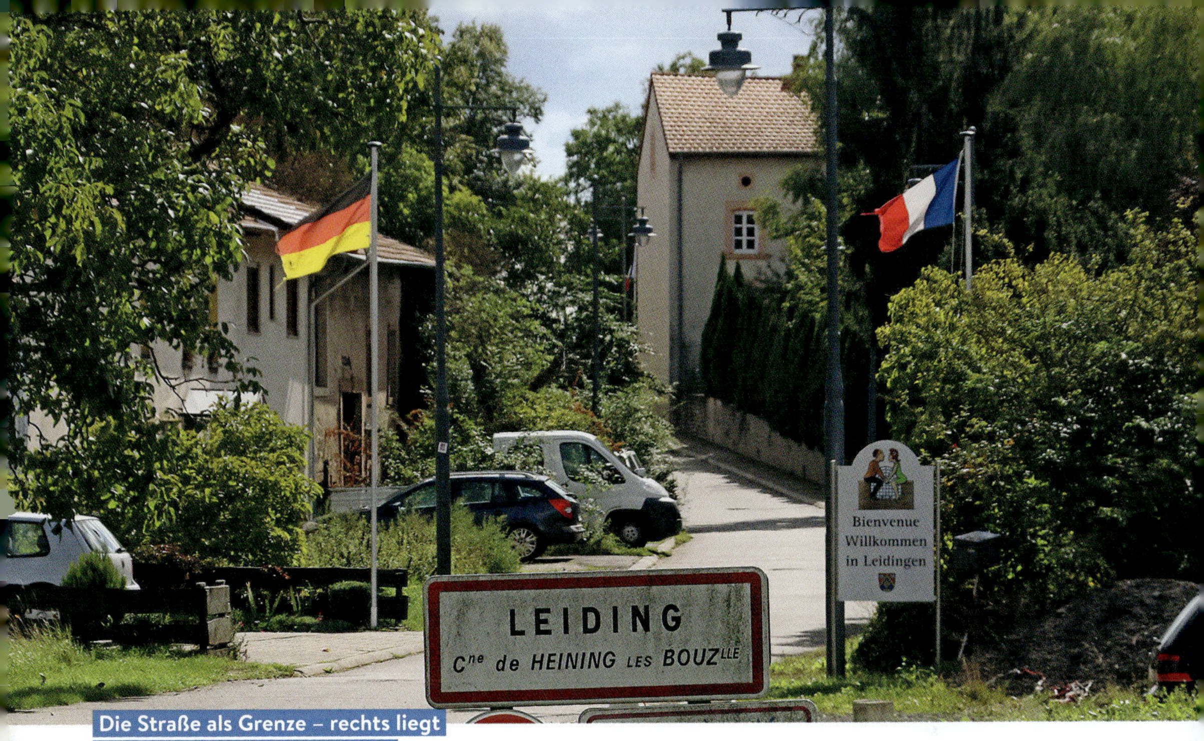

Die Straße als Grenze – rechts liegt Frankreich, links Deutschland.

UNSER WEG BEGINNT auf französischem Hoheitsgebiet am Wanderparkplatz des Dörfchens Leidingen. Nach einer Streuobstwiese erhebt sich unmittelbar hinter dem Gästehaus der Gemeinde Heining die graziöse Silhouette der Kirche St. Jeanne d'Arc mit ihren eigentümlichen Spitzbogenfenstern, die zum Weiler Heining-lès-Bouzonville gehört und zwischen 1936 und 1939 errichtet wurde.

Unterhalb des Gotteshauses liegt das französische Grenzblickfenster, dessen deutsches Pendant uns kurz vor Ende unserer Tour begegnen wird. Das freistehende, zwischen zwei Mauersäulen befestigte große Fenster ist nur teilweise verglast und bietet, unterbrochen durch seine Struktur, weite Aussicht über die Landschaft hinüber nach Deutschland. Auf einigen Scheiben sind Texte zur Deutsch-Französischen Freundschaft abgedruckt sowie zur wechselvollen Historie des besonderen, oft umkämpften Ortes, an die die beiden Kunstobjekte erinnern sollen.

ZUNÄCHST DURCHQUEREN WIR ein langgestrecktes Waldstück mit hohen alten Bäumen. Wir passieren eine Reihe von alten Grenzsteinen von 1830, die an die Zeiten erinnern, als Schmuggler diesseits und jenseits der Grenze dunkle Geschäfte machten. Die Siedlung Heining an der Rue des Roses im Blick schwenken wir nach rechts und steuern durch einen heimeligen Laubengang aus

Tipp

EIN DORF – ZWEI NATIONEN

Nähert man sich Leidingen auf dem Weg von Norden her, weht links die deutsche Fahne und rechts die Trikolore. Hier als Neutrale Straße gekennzeichnet, prangt dort das Schild Rue de la Frontière an der französischen Hauswand. Seit der preußisch-französischen Grenzkonvention von 1829 haben sich die Bewohner mit der Grenze mitten durchs Dorf arrangiert.

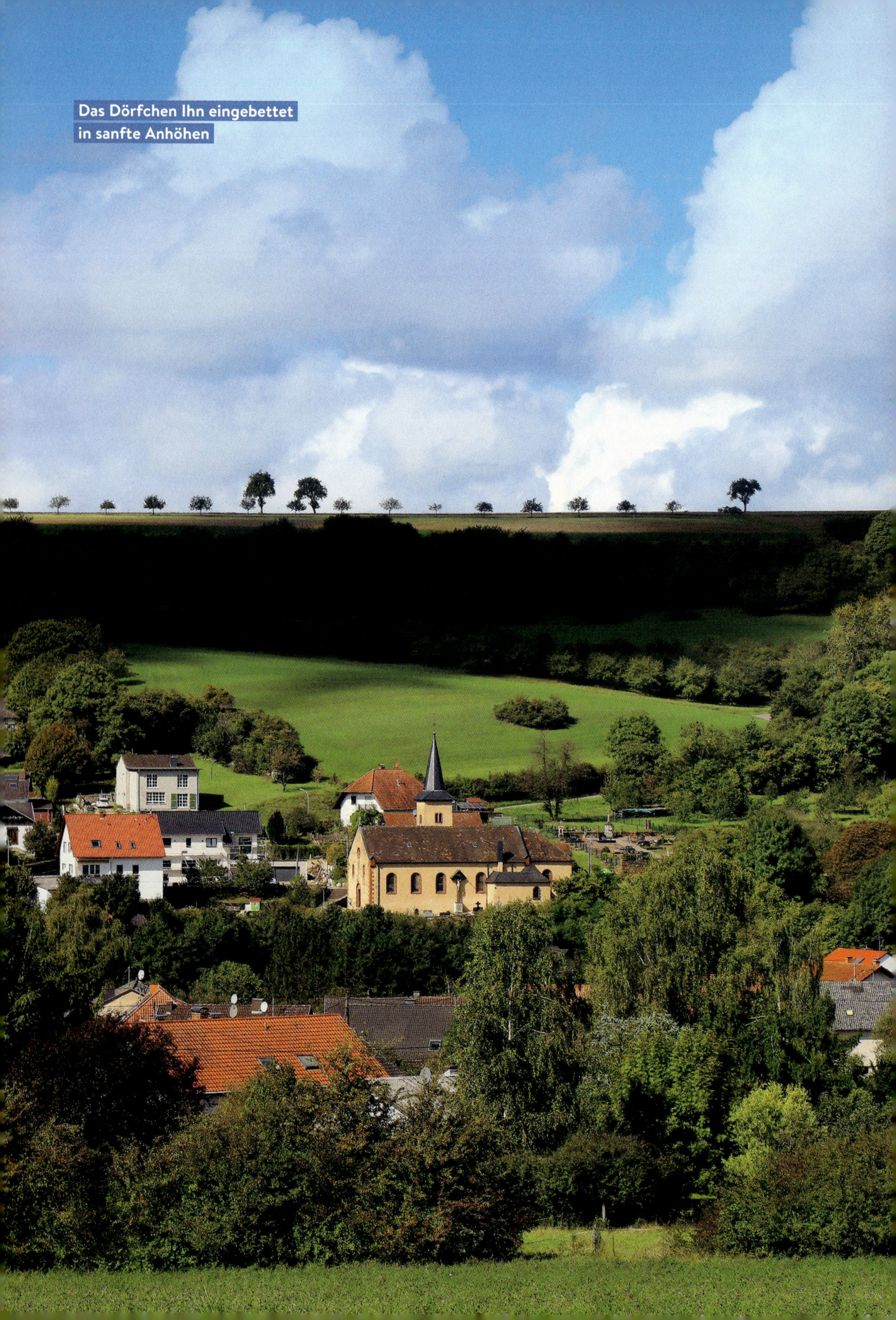
Das Dörfchen Ihn eingebettet in sanfte Anhöhen

Sträuchern und Gebüsch direkt auf den Grenzverlauf zu, den wir an der Rue de la Frontière erreichen. Die Straße biegt nach links ab, wir folgen jedoch der Grenze weiter über einen Feldweg stetig bergauf. Walnuss- und Obstbäume flankieren den Weg, von dem aus man Wiesen und Äcker überblickt.

AUF DER HÖHE westlich des Dorfes Ihn verlassen wir die Grenze und kehren zurück auf französisches Terrain. Spätestens bei dem schwarzen Kreuz, das die Höhe 335 Meter markiert, nehmen wir die traurige Bedeutung dieses Ortes wahr. Das Kreuz erinnert an die Toten eines fatalen Scharmützels zwischen Franzosen und Deutschen, die sich am 14. Mai 1940 auf dieser Hochfläche gegenüberstanden. Die wunderbare Aussicht von den Ruhebänken aus bis fast nach Luxemburg steht in krassem Gegensatz zum Geschehen des Zweiten Weltkriegs. Alles wirkt

Tipp

LIEBLINGSPLATZ

In der ehemaligen Benediktinerabtei Bouzonville in Leidingen betreibt die Destillerie David seit 2006 eine Brennerei für erlesene Obstbrände aus den Erträgen umliegender Streuobstwiesen. Besondere Auszeichnungen errangen Mirabellen- und Erntepflaumenbrand, aber auch der Nuss-Genuss, ein Likör aus grünen Walnüssen, ist eine echte Versuchung.

Durch das Fenster fällt der Blick auf die Kirche St. Jeanne d'Arc jenseits der Grenze im Dorf Leidingen.

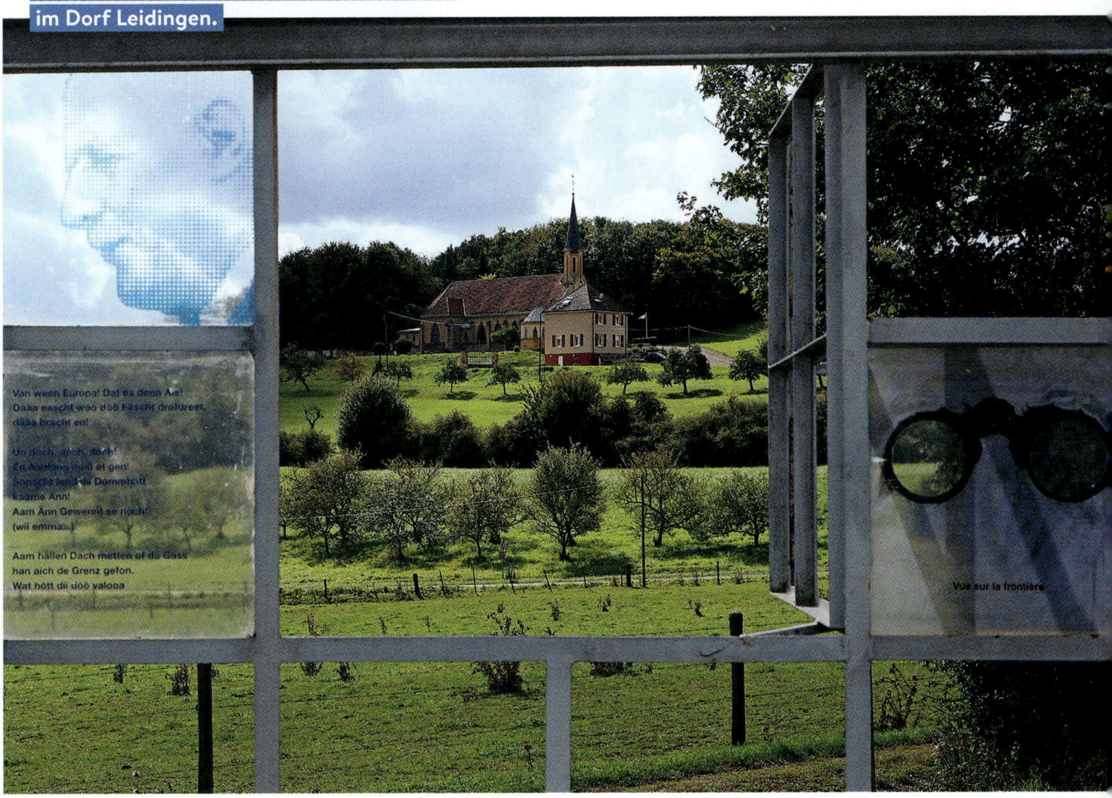

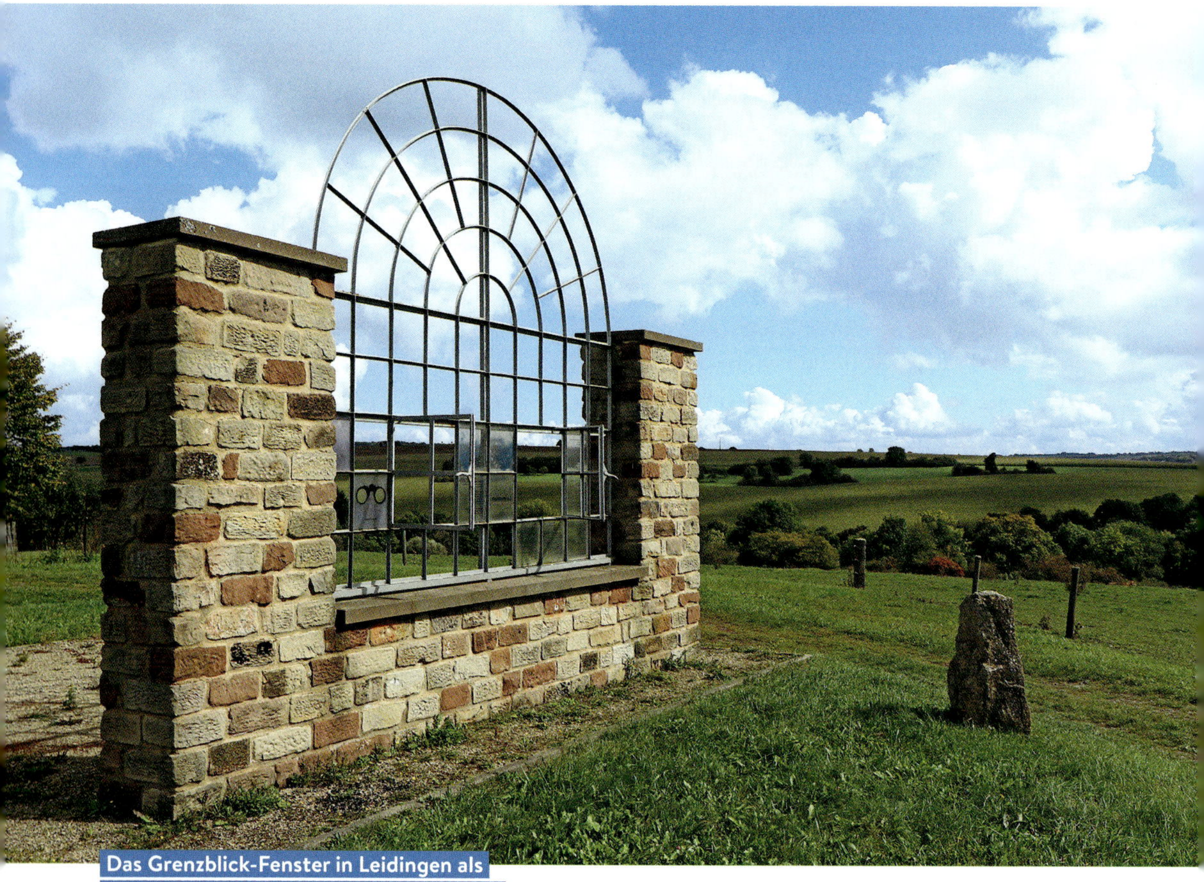

Das Grenzblick-Fenster in Leidingen als Markenzeichen des Weges, Mahnmal und verbindendes Element der Kulturen

so friedvoll, dass man sich kaum mehr vorstellen kann, was sich hier abgespielt haben muss.

FROH, IM VEREINTEN EUROPA zu leben, setzen wir unseren Weg über den Höhenzug fort. Entlang des breiten Feldweges zurück zur Grenze begleiten uns einmal mehr prächtige alte Obstbäume. Wir passieren den Grenzverlauf; allmählich geht es wieder bergab. Hinter den üppigen Streuobstwiesen ragt der Kirchturm Ihns in die Höhe. Doch noch steuern wir nicht auf den Ort zu, sondern wenden uns nach links über einen weiteren Wirtschaftsweg zwischen Obstwiesen hindurch und erreichen erneut einen natürlichen Laubengang. Ein Stück begleitet uns die Beschilderung des Ammonitwegs, der sich eingehend mit der Geologie der Region auseinandersetzt und über einen schmalen Pfad abwärts durch ein Wäldchen führt.

AM MALERISCHEN IHNER WEIHER bietet sich bei der Angelhütte erneut die Möglichkeit einer gepflegten Verschnaufpause. Auf dem hübschen Teich sonnen sich zwei schwarze Schwäne, offenbar wohlwissend um ihre außerordentliche Schönheit. Entlang des Ihner Baches kommen wir ins Dorf, in dem es einige alte Bauernhäuser zu bestaunen gibt. Hinter Ihn geht es bergauf mit Aussichten in Richtung Lothringen. Der Weg beschreibt eine lange Kurve, an deren Ende die historische, in Privatbesitz befindliche Wassermühle Königsmühle steht. Wir queren die Landstraße und lassen den Hubertushof rechts liegen, neugierig beäugt von einigen schwarz-bunten Rindviechern.

HINTER DEN LANDWIRTSCHAFTLICHEN Flächen erreichen wir wieder die Grenzstraße, auf der wir das letzte Stück unseres Weges zurücklegen. Am Ortseingang von Leidingen treffen wir auf ein ganz besonderes Phänomen: Auf der linken Seite stehen Autos mit deutschen Kennzeichen, auf der rechten solche mit französischen Autonummern. Die Grenze verläuft genau mittig über die Straße und durch das Dorf. Noch einmal weisen uns die Schilder den Weg nach links bis zur Dorfkirche, der barocken Saalkirche St. Remigius von 1742, die wir umrunden, um erneut vor einem Grenzblickfenster zu stehen. Dieses gewährt uns den Durchblick nach Frankreich. Wie sein Gegenüber weist auch dieses Fenster bedruckte Scheiben auf, hier jedoch in französischer Sprache und saarländischem Dialekt. Noch einmal überqueren wir ganz ohne Kontrollen die Grenze und erreichen nach wenigen Metern unseren Ausgangspunkt.

INFO

TOURENCHARAKTER

Überwiegend breite Feldwege sowie einige schmale Pfade und wenige Passagen an Straßen, hügelig, wenig anspruchsvoll

AUSGANGS-/ENDPUNKT

Wanderparkplatz am Ortsrand von Leidingen auf französischer Seite, 57320 Heining-lès-Bouzonville

GEOKOORDINATEN

N 49.305311, E 6.609257

ANFAHRT

Bahn/Bus: Zug bis Bahnhof Saarlouis, Bus 403 bis ZOB Kleiner Markt, Bus 410 Richtung Dillingen bis Rathaus Wallerfangen, dann mit Bus 422 Richtung Gisingen bis Brunnen, Leidingen

EINKEHR

Eine urige Dorfgaststätte mit typischem Kneipenflair ist der Saustall an der Weingartstraße im Örtchen Rammelfangen.

KARTE

Wanderkarte Saargau, Publicpress Karte 561, 1:25 000

INFORMATION

Büro Tourismus & Kultur, Gemeinde Wallerfangen, Fabrikplatz, 66798 Wallerfangen, Tel. 06981 680915, www.wallerfangen.de

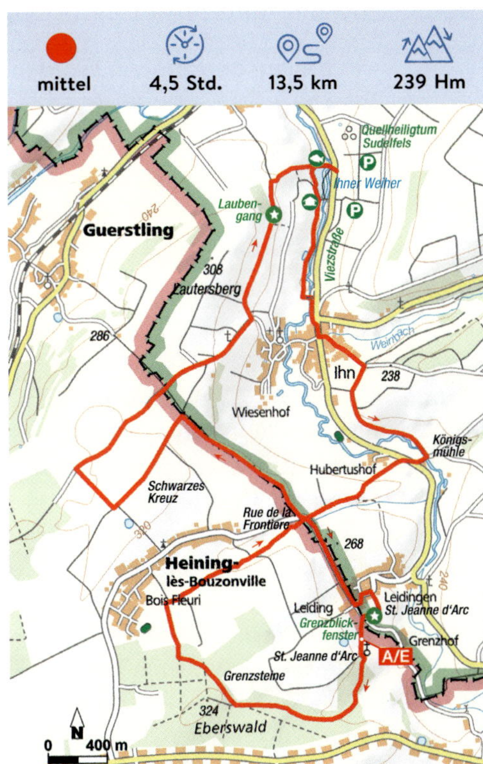

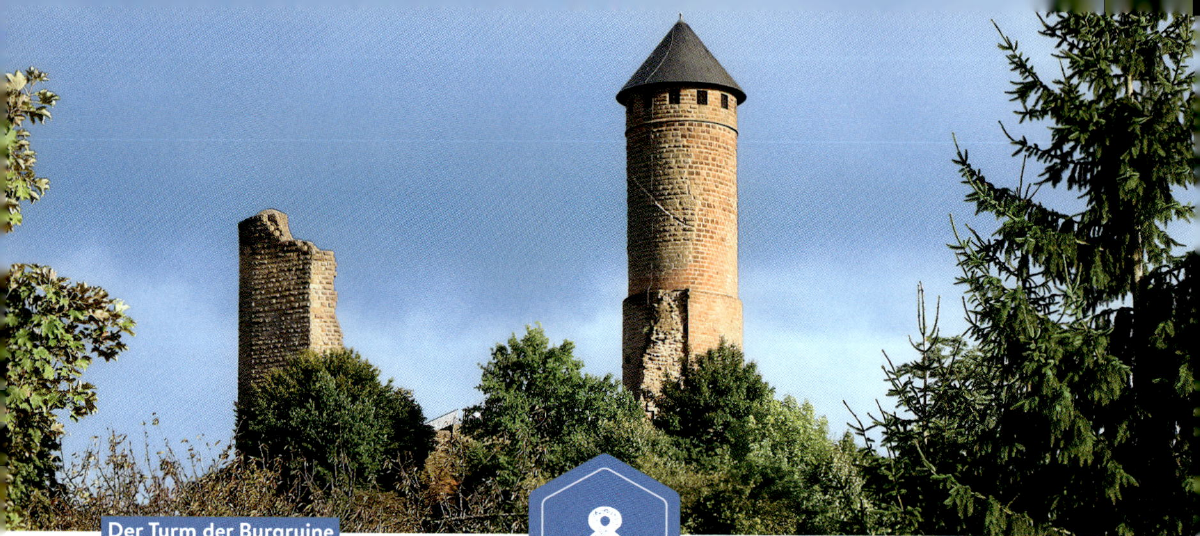

Der Turm der Burgruine überragt das Dorf Kirkel.

8

Kirkeler Tafeltour

Jede Menge Wald, bunte Felsen und eine Burgruine

In die ausgedehnten Wälder im Dreieck zwischen Homburg, Blieskastel und St. Ingbert führt uns diese Wanderung. Sie beschert uns Begegnungen mit der erstaunlich farbenprächtigen Geologie des Saarlandes und eine tolle Aussicht vom Turm der Kirkeler Burgruine.

AM WANDERPARKPLATZ unweit des Kirkeler Naturfreundehauses beginnt unsere recht kurze Tour. Sie führt in eines der größten zusammenhängenden Waldgebiete des Saarlandes westlich der Stadt Homburg zwischen Rohrbacher und Kirkeler Wald. Wir folgen nach einem Blick auf die Infotafel zunächst einem Pfad zwischen Waldrand und Gärten, bevor uns ein hölzernes Portal willkommen heißt und uns hineinleitet in den Wald. Es geht bergauf über einen teils recht breiten Forstweg und über einen weiteren Pfad bis zur Hollerkanzel. Vorsicht, auf dem Weg liegt jede Menge Wurzelwerk frei im sandigen Boden! Wuchtige, oft ausgewaschene Buntsandsteinfelsen begleiten uns, die lauschige, zum Verweilen einladende Nischen im Hang bilden und eine ungeahnte Farbvielfalt präsentieren. An der bizarren Felsformation der Hollerkanzel stehen einige Bänke zur Rast bereit. Durch das Blattwerk überblickt man von hier das waldreiche Naturschutzgebiet Taubental bis Zweibrücken.

ENTLANG WEITERER, teils skurriler natürlicher Steinformationen gehen wir auf dem schmalen Felsenpfad durch den Wald bis zum Unglücksfelsen, einem markant hervorstechenden Felsvorsprung. Hier wenden wir uns nach rechts auf einen Forstweg, Teil eines geologischen Lehrpfads durch das Frauental. Kurz vor dem Waldklassenzimmer, das auf spielerische Weise den Lebensraum Wald erklärt, schwenken wir nach links bis zum mystischen Frauenbrunnen, der schon den Kelten als Kultstätte diente. Im Schatten der massiven Steinplatten herrscht eine angenehme Kühle. Das Rauschen des Baches mischt sich an dem hübschen Picknickplatz mit lebhaftem Vogelgezwitscher.

IN SÜDLICHER RICHTUNG durchqueren wir den Wald unterhalb der darin versteckten 351 Meter hohen Erhebung Hutschucker Kupp. Der Weg führt durch abwechslungsreichen Mischwald, oft unterbrochen von Aussichten über das Kirkeler Bachtal und hinüber nach Blieskastel. Manch schroffe Felswand erinnert an die Zeit, als es hier einen Steinbruch gab. Über den Felsenpfad verlassen wir schließlich den Wald und begeben uns durch die Gassen Kirkels bis zur stolz auf einem Sandsteinkegel, dem Schlossberg, thronenden Kirkeler Burgruine. Ihren Turm haben wir schon zuvor ab und zu durch das Blätterdach des Waldes erkennen können. Über Burgstraße und Limbacher Weg gelangen wir wieder zum Startpunkt.

INFO

TOURENCHARAKTER

Überwiegend Waldwege und -pfade, einige längere, aber unproblematische Aufstiege, letztes Teilstück auf der Straße im Ort

AUSGANGS-/ENDPUNKT

Wanderparkplatz am Naturfreundehaus; Limbacher Weg, 66459 Kirkel-Neuhäusel

GEOKOORDINATEN

N 49.288339, E 7.243788

ANFAHRT

Bahn/Bus: Zug bis Saarbrücken Hbf, umsteigen in RB 33765 Richtung Kaiserslautern bis Bahnhof Kirkel, noch etwa 15 min Fußweg

EINKEHR

Ressmann's Restaurant, französische Küche in stilvollem Ambiente, Weinkeller, Kaiserstr. 87, 66459 Kirkel

KARTE

Wanderkarte Kirkel, LVGL Saarland, 1:25 000

INFORMATION

Gemeinde Kirkel, Hauptstraße 10, 66459 Kirkel-Limbach, Tel. 06841 80980, www.kirkel.de

mittel	2,5–3 Std.	8,4 km	192 Hm

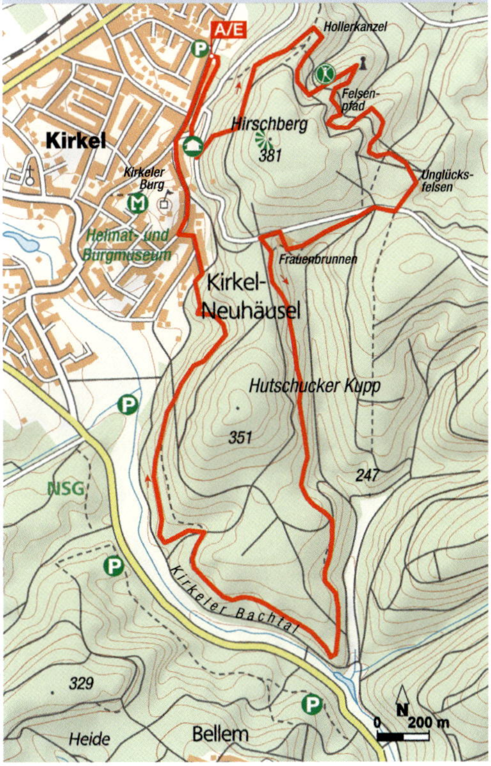

Homburger Schlossbergtour

Burgen, Kelten und Mysterien rund um Homburgs Hausberg

Im dichten Wald des Homburger Forstes verbirgt sich nicht nur eine bemerkenswerte Unterwelt, sondern auch die Ruine von Schloss Karlsberg mit ebenso hübschen wie erstaunlichen landschaftlichen Details, die wir während unserer Wanderung entdecken.

Die Mauerreste der Orangerie sind die einzigen, noch deutlich erkennbaren Relikte des Schlosses Karlsberg.

9

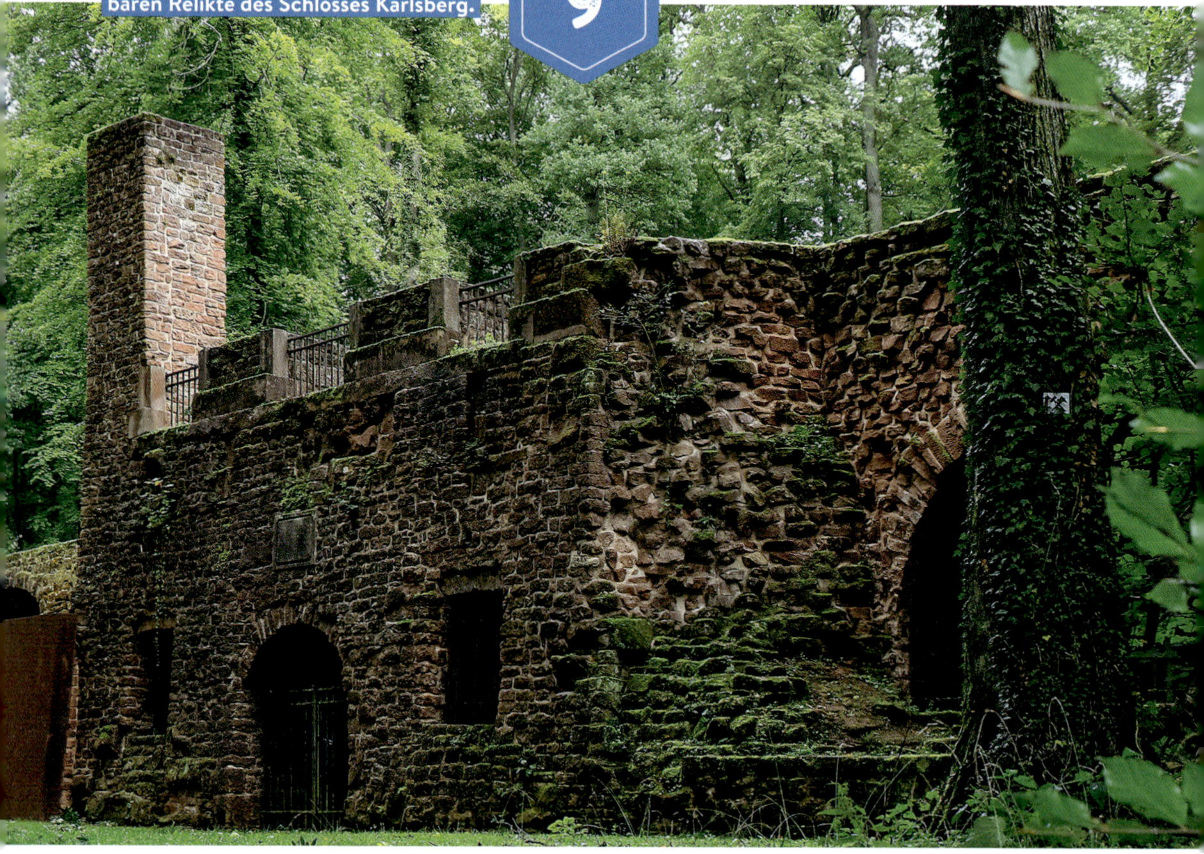

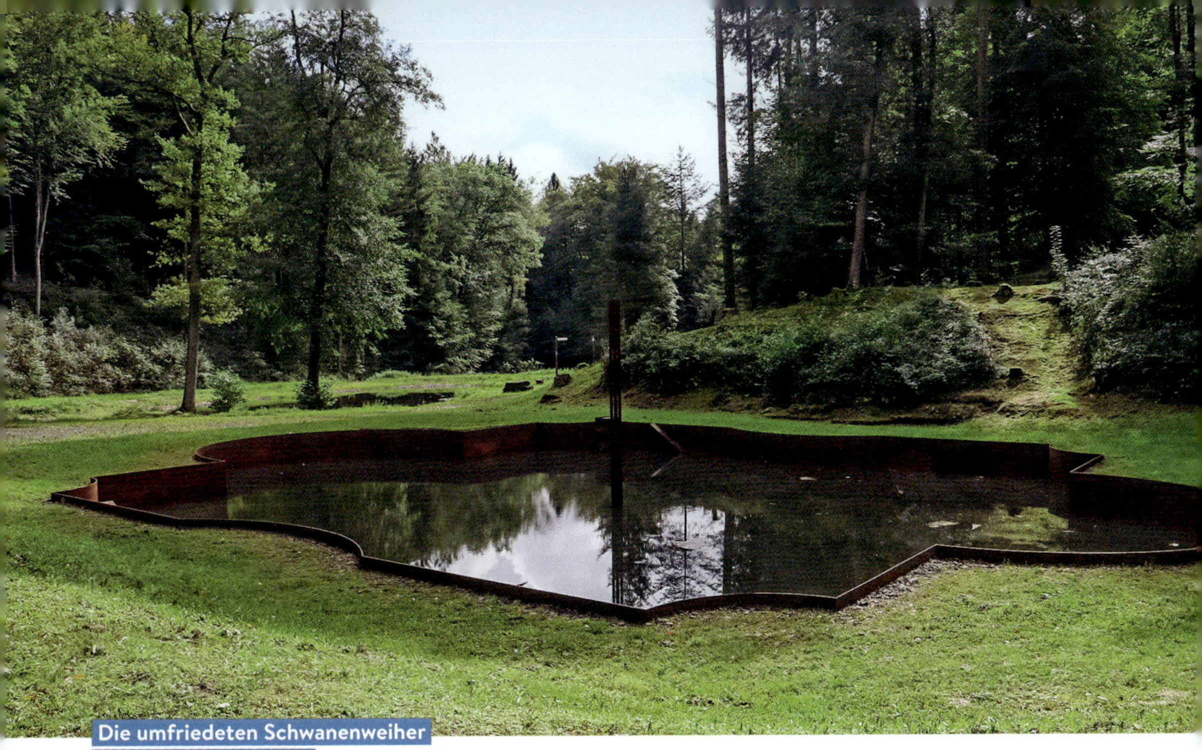

Die umfriedeten Schwanenweiher von Schloss Karlsberg

AUF DER HÖHE des Homburger Schlossbergs (Parkplatz am Ende der Schlossberg-Höhenstraße) unmittelbar an den Mauern der Burg Hohenburg beginnt unsere Wanderung. Sie führt uns zunächst über eine Treppe neben dem Schlossberg-Hotel abwärts. Hier liegt der Eingang zu den berühmten Schlossberghöhlen. Sie sind die größten, ausschließlich vom Menschen geschaffenen Buntsandsteinhöhlen in Europa. Einen Besuch der eindrucksvollen Grotten verschieben wir jedoch auf das Ende unseres Spaziergangs. Wir folgen dem Symbol des gelben, zinnenbewehrten Burgturms in östlicher Richtung auf einem schmalen Pfad am Berghang oberhalb der Homburger Karlsberg Brauerei. Wir überqueren die Schlossberg-Höhenstraße, die in Serpentinen auf den Berg führt.

DURCH DICHTEN WALD gelangen wir an eine Wegkreuzung, verlassen den breiten Forstweg und wählen den kleinen Pfad zu unserer Linken. An einer Lichtung, die den Verlauf von Hochspannungsmasten markiert, hat sich die Natur eine kleine Heidefläche angelegt. In kräftigem Rosa leuchten die Blüten der Erika. Für zusätzliche Farben im Wald sorgen die Felsen des Buntsandsteins, der vielfach am Hang zwischen den Bäumen zu erkennen ist. Bizarre, über den Pfad ragende Felsformationen bilden wenig später den passenden Platz für ein Picknick. Durch

Tipp

REISE IN DEN SCHLOSSBERG

Bei einer permanenten Temperatur von 10 °C ist der Besuch der Buntsandsteinhöhlen unterhalb des Schlossbergs stets eine kühle Angelegenheit. Entstanden durch den Abbau von Buntsandstein, lieferten sie Baumaterial auch für die Hohenburg. Auf zwölf Etagen verteilen sich faszinierende Räume und Höhlen, die man bei Führungen erkunden kann.

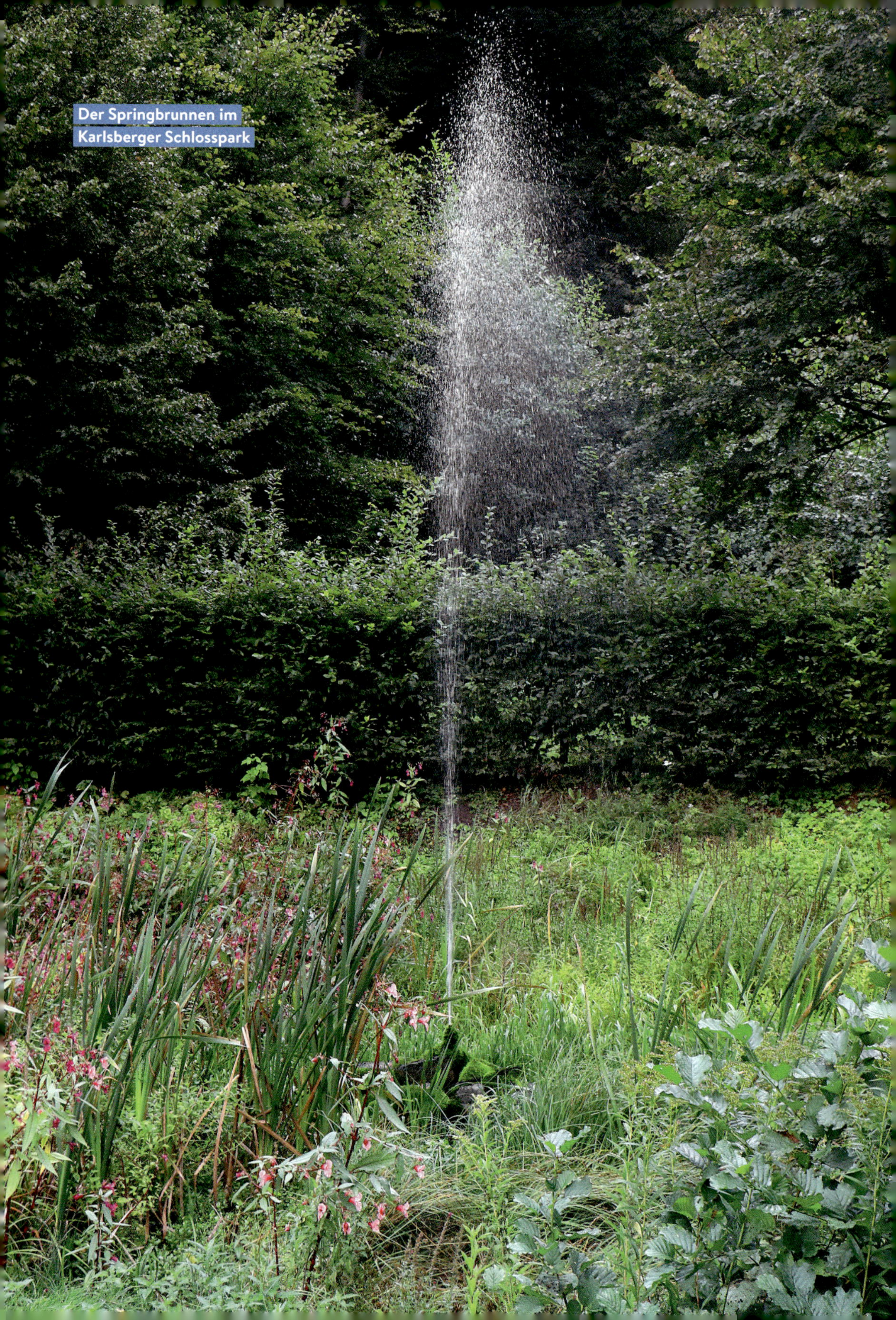

Der Springbrunnen im Karlsberger Schlosspark

wildromantische Täler, in denen häufig rustikale, hölzerne Stiegen zu überwinden sind, erreichen wir den Stumpfen Gipfel.

UMRINGT, BESCHÜTZT UND BESCHATTET von stolzen Eichen war dieses Felsplateau vermutlich ehedem eine keltische Opferstätte. Darauf deuten zumindest die flachen Dellen im Felsen hin, die den Sitz eines Druidenpriesters darstellen könnten. Nun geht es durch ein Fichtenwäldchen wieder bergab und wir kommen über den kurvenreichen Pfad, erneut Sandsteinfelsen passierend, zum idyllischen Karlsbergweiher. Der Teich gehört zum Park rund um das märchenhafte Schloss Karlsberg, auf dessen spärliche Überreste wir wenig später treffen werden. Die allmählich verwildernde Gartenanlage verströmt mit ihrer üppigen Hecke und dem nach wie vor tapfer sprudelnden Springbrunnen eine eigentümliche Romantik. Rechts hinter der Wasserfläche befindet sich eine Kneippanlage, die zum Wassertreten einlädt. Steil bergauf wandernd, passieren wir zunächst die Karlsbergquelle, um kurz danach auf der Höhe vor den Mauerresten der Orangerie des Schlosses zu stehen.

DURCH DAS GEÄST der Bäume lässt sich noch immer der wunderschöne Blick hinunter in den Park erahnen, den die Bewohner des Schlosses einst genießen durften. Den repräsentativen Adelssitz ließ sich Herzog Karl II. August von Pfalz-Zweibrücken zwischen 1778 und 1788 auf der Höhe des Buchenberges errichten. Doch der Prunk des Bauwerks sollte nur wenige Jahre überdauern. Mit der Französischen Revolution begann sein Nie-

Ein breiter Forstweg führt durch den Karlsberger Wald.

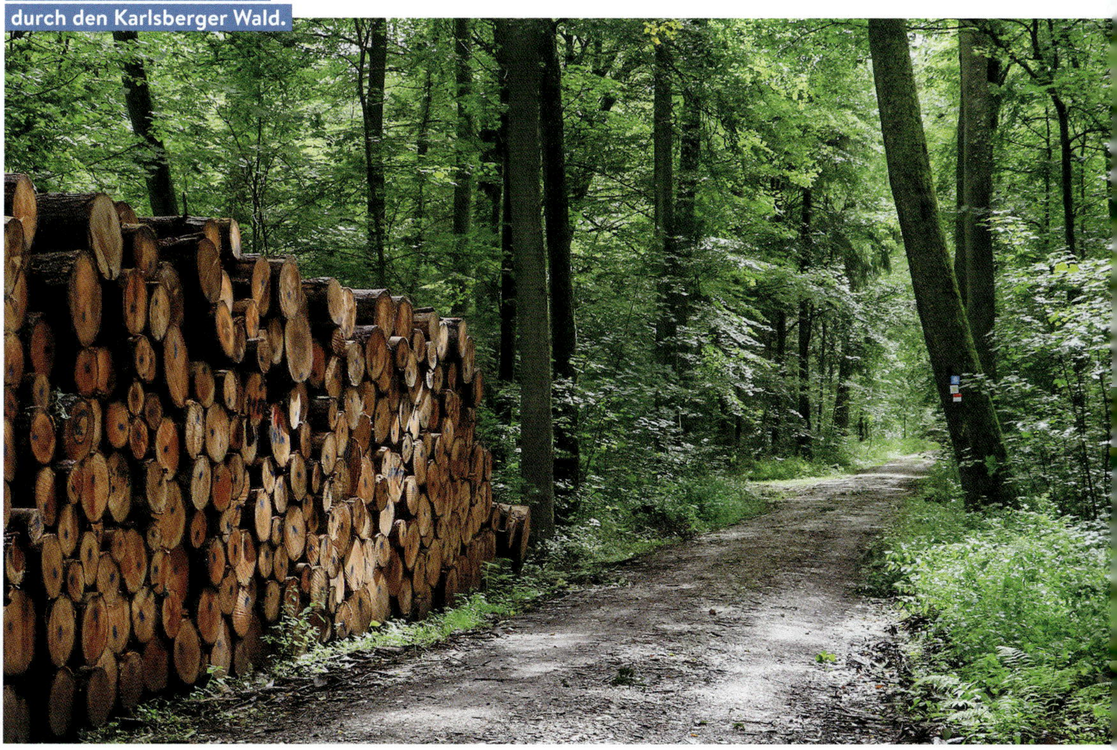

Tipp

LIEBLINGSPLATZ

Aus der insolventen Brauerei Jacoby ging 1878 die Bayrische Bierbrauerei zum Karlsberg hervor, denn Homburg gehörte damals noch zum Königreich Bayern. Karlsberg war binnen kürzester Zeit in aller Munde. Von der Qualität des Biers aus weichem Homburger Quellwasser kann man sich bei Brauerei-Besichtigungen überzeugen.

dergang, es folgten Plünderung und Zerstörung. Bereits Ende des 18. Jahrhunderts war nichts mehr davon zu sehen. So stehen wir heute vor gemähten Wiesenflächen und großen Informationstafeln, die uns Lage und Räume, Aufstieg und Fall von Schloss Karlsberg vermitteln.

WIR DURCHMESSEN den einstigen Ehrenhof des Schlosses auf einem breiten Waldweg und biegen rechts ab hinunter zum Hirschbrunnen, der säuberlich ausgemauert in einer Senke hinter einem kreisrunden, hellgrünen Pool liegt. Hier entspringt der Hirschbrunnenbach, dessen Verlauf wir einige Zeit folgen, bevor wir wieder nach rechts abbiegen. Am Wegesrand stehen die uralten Herzogskastanien, die als Naturdenkmal ausgewiesen sind. Nun geht es links weiter bergab zum alten privaten Garten des Herzogs, Karlslust, den der eigentümliche Bärenzwinger markiert. Von den im Kreis angelegten Ställen der Raubtiere sind Mauerreste erkennbar, aber ob jemals

Im Bärenzwinger des Karlslust-Gartens

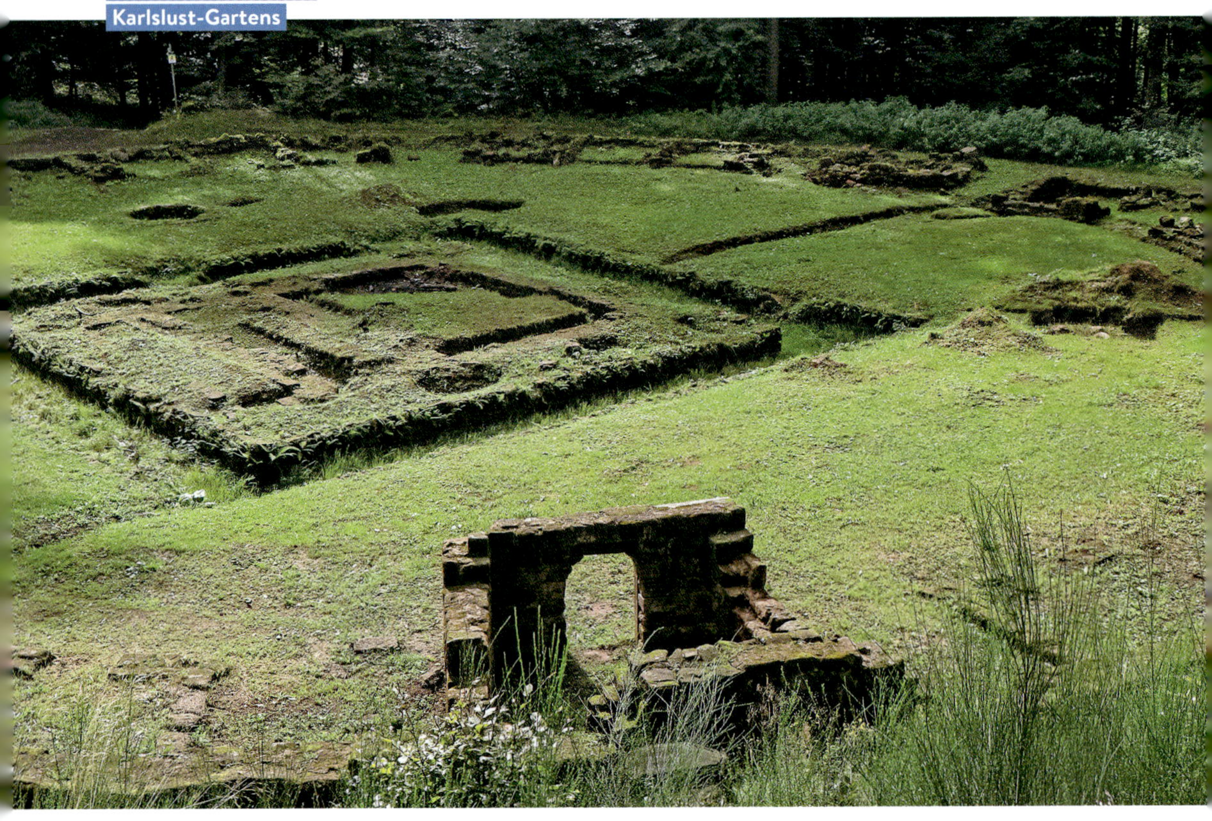

INFO

TOURENCHARAKTER
Überwiegend Waldwege und -pfade, einige steile Passagen

AUSGANGS-/ENDPUNKT
Parkplatz am Ende der Schlossberg-Höhenstraße, 66424 Homburg

GEOKOORDINATEN
N 49.320915, E 7.344342

ANFAHRT
Bahn/Bus: Zug bis Homburg Hbf, dann etwa 17 min Fußweg über Eisenbahnstr., Bus 505 bis Talstr., Bus R7 bis Christian-Weber-Platz, 10 min Fußweg

EINKEHR
Restaurant im Schlossberghotel, niveauvoll, Schlossberg-Höhenstraße, 66424 Homburg Saar, www.schlossberghotel-homburg.de. Die Fischerberghütte Kirrberg liegt direkt am Wegesrand beim Merwoog-Teich. Sie hält gutbürgerliche Hausmannskost und Erfrischungen bereit.

mittel | 3,5–4,5 Std. | 14,5 km | 311 Hm

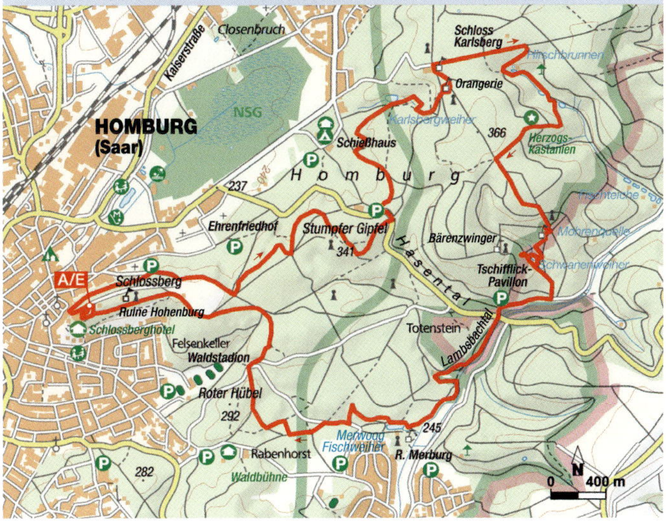

KARTE
Wanderkarte Homburg, LVGL Saarland, 1:25 000

INFORMATION
Touristinfo Homburg, Talstraße 57a
66424 Homburg,
Tel. 06841 101 820

Bären hier gehalten wurden, ist nicht überliefert.

NOCHMALS STEIL BERGAB queren wir die Landesgrenze zwischen Saarland und Rheinland-Pfalz und gelangen zu einer Anlage von Teichen, den Schwanenweihern. Dieser zentrale Bereich der Karlslust wurde 2007 wiederhergestellt. Goldfische und Seerosen unterstreichen den Parkcharakter. Im Lambsbachtal überqueren wir den Wanderparkplatz und die Landstraße 120 und folgen dem Lauf des Lambsbaches bis zum Merwoog genannten Angelweiher. Ein Abstecher führt hier zur Ruine der kleinen Merburg. Sie stammt ursprünglich aus dem 11. Jahrhundert und gilt als älteste und kleinste Burg im Saarland.

VOM TEICH AUS tauchen wir wieder in das dichte Waldgebiet ein und wandern hügelaufwärts durch Fichten- und Mischwald. Dabei bietet der Waldboden zuweilen einen flauschigen Teppich aus nahezu geschlossenen Moosflächen.
Vermehrt treffen wir nun auch wieder auf Sandsteinformationen, bevor wir die Rückseite der Festungsanlage Hohenburg vor uns liegen sehen. Die ursprünglich aus dem Mittelalter stammende Burg bauten die Grafen von Saarbrücken im 16. Jahrhundert zu einem Schloss aus, das König Ludwig XIV. zu einer Zitadelle erweitern ließ. Diese wurde allerdings 1714 zerstört, doch die Reste der roten Mauern bieten noch immer ein eindrucksvolles Bild und zudem herrlich weite Aussichten.

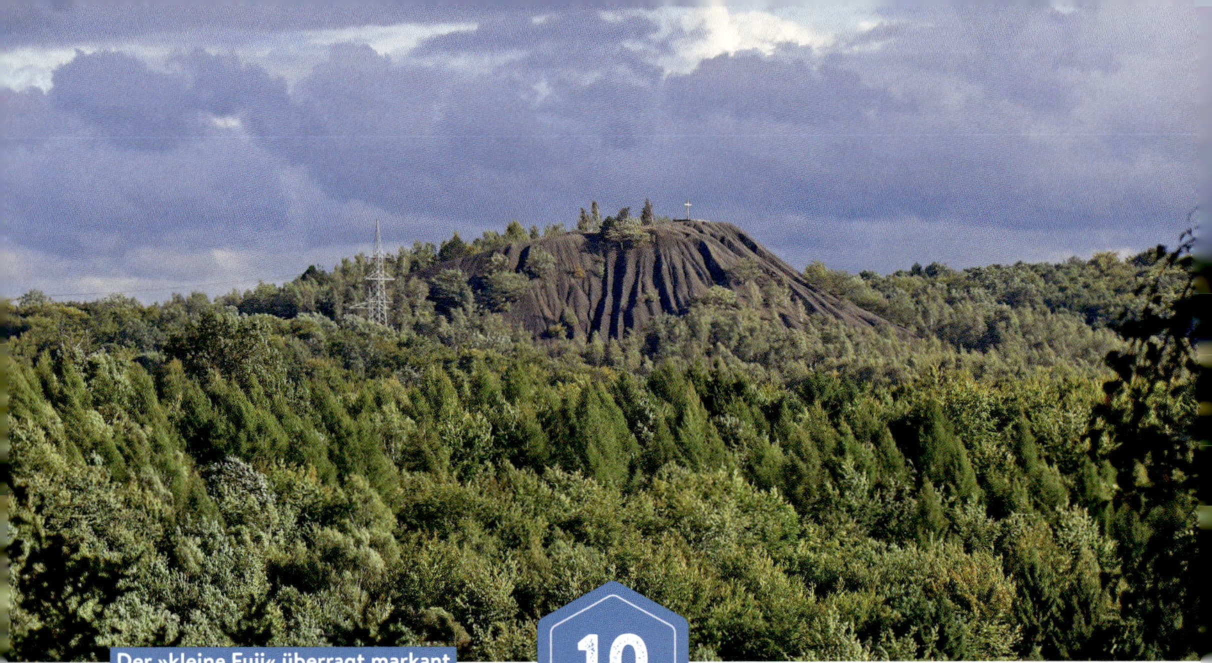

Der »kleine Fuji« überragt markant die Wipfel des Urwaldes.

10

Urwaldtour

Wald mit allen Sinnen spüren und erleben

Einen Urwald im eigentlichen Sinne erforschen wir zwar nicht, aber fast die gesamte Wanderung über sind wir umgeben von einer ursprünglichen, natürlichen Atmosphäre, in der wir uns wie auf einer kleinen Expedition im saarländischen Wald fühlen.

SEIT 1997 hat man keine kreischenden Motorsägen mehr in dem Waldgebiet nördlich der Landeshauptstadt Saarbrücken gehört. Fürs Kreischen sind jetzt ausschließlich die Eichelhäher zuständig, deren Warnrufe sicher schon so manchen verträumten Wanderer aus seinen Gedanken rissen. Bevor wir unsere Tour vom Wanderparkplatz am Forsthaus Neuhaus aus starten, begeben wir uns auf eine kurze, aber beeindruckende KultUrwaldTour, ein Projekt des Naturschutzbundes NABU. Kunstvoll gestaltete, einzigartige, begehbare Iglus in der Form vergrößerter Holzzellen setzen sich in ihrem Inneren mit menschlicher Sinneswahrnehmung auseinander und sensibilisieren für die Erlebnisse im Wald. Im nahen Waldklassenzimmer des NABU erfährt man bei Vorträgen und Seminaren Wissenswertes zu Natur und Umwelt, was zudem mit der Literatur im Waldleseschrank vertieft werden kann.

SCHON NACH WENIGEN METERN erkennen wir die Besonderheit dieses Urwalds, den man einfach sich selbst überlässt, ohne kultivierende Maßnahmen durchzuführen.

Der Pfad ist schmal und verschlungen, er windet sich um Bäume und Sträucher, um abgestorbene Stämme und Astwerk, das von der Natur wieder aufgenommen wird und durch seinen allmählichen Tod für neues Leben sorgt. Der Baum, und der Mensch noch viel mehr, ist nur ein Wimpernschlag in der Weltgeschichte …

UNS UMGIBT eine atemberaubende Ruhe, die nur von Vogelstimmen und vom Rauschen des Windes in den Bäumen unterbrochen wird. Es geht auf und ab, bis wir den Steinbach überqueren und der Weg breiter wird, der Wald lichter. Wir haben den Friedwald erreicht, einen außergewöhnlichen Ort der Stille. Der Friedhof mitten im Wald ist aber nicht als solcher erkennbar und macht nur durch eine Tafel und dezente Wegmarkierungen auf sich aufmerksam.

HINTER DEM NATURFREUNDEHAUS Kirschheck führt der Weg lange geradeaus, macht dann eine spitze Kehre und leitet uns zum »Kleinen Fuji«. Das Erklimmen des Spitzkegelbergs aus Schlacke gestaltet sich schwierig, doch der Ausblick lohnt die Mühen.
Große Teile des Waldes befinden sich auf Abraumhalden des ehemaligen Steinkohlenbergbaus. Vorbei an den alten Waschbrunnen des Neuhauser Hofes und den neugierigen Blicken von Schafen auf der Weide erreichen wir wieder den Ausgangspunkt.

INFO

TOURENCHARAKTER
Überwiegend Waldpfade, breitere Forstwege im Bereich des Friedwaldes

AUSGANGS-/ENDPUNKT
Wanderparkplatz Scheune und Forsthaus Neuhaus, 66115 Saarbrücken

GEOKOORDINATEN
N 49.290434, E 6.981514

ANFAHRT
Bahn/Bus: Zug bis Saarbrücken Hbf, mit der Stadtbahn S 1 bis Heinrichshaus, 10 min Fußweg bis Naturfreundehaus Kirschheck, Einstieg von dort

EINKEHR
Naturfreundehaus Kirschheck, gutbürgerliche Hausmannskost, Kirschheck 70, 66115 Saarbrücken-Riegelsberg

KARTE
Wanderkarte Saarbrücken West, Regionalverband Saarbrücken, 1:25 000

INFORMATION
Gemeinde Riegelsberg, Saarbrücker Straße 31, 66292 Riegelsberg, Tel. 06806 9300, www.riegelsberg.eu

mittel | 2–3 Std. | 8,3 km | 156 Hm

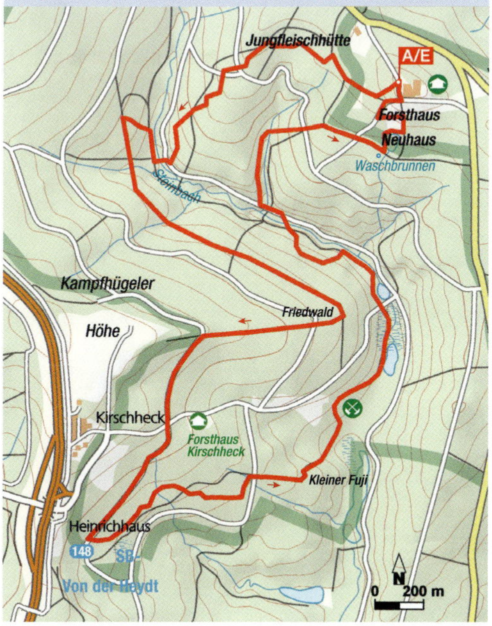

Frohn-Wald-Weg

Entspannt durch den Wald mit Aussicht

Großer alter Baumbestand und vielfältige Aussichtspunkte kennzeichnen den Weg im nordwestlichen Teil des Saarkohlenwaldes unweit der Landeshauptstadt Saarbrücken. Dabei begegnen wir Überbleibseln längst vergangener Bergbaugeschichte.

DIE TOUR BEGINNT am Wanderparkplatz hinter den Tennisplätzen des TC Riegelsberg. Neben der dortigen Infotafel befindet sich ein Gedenkstein, der an die Grube Lampennest, den Steinkohlenbergbau von 1851 bis 1916 erinnert. Daraus leitet sich der Begriff des Saarkohlenwaldes ab und es wird klar, dass unter dem vor uns liegenden üppigen Waldgebiet ein Geflecht aus Stollen und Schächten verborgen ist. An der Schutzhütte hinter dem Mountain-Bike-Gelände empfängt uns ein verwittertes hölzernes Portal, das den Einstieg des Wanderweges markiert. Wir gelangen auf einen schmalen, zu den Seiten dicht bewachsenen Pfad, dem wir in nördlicher Richtung folgen.

Schmale Pfade führen tief in den Frohn-Wald hinein.

11

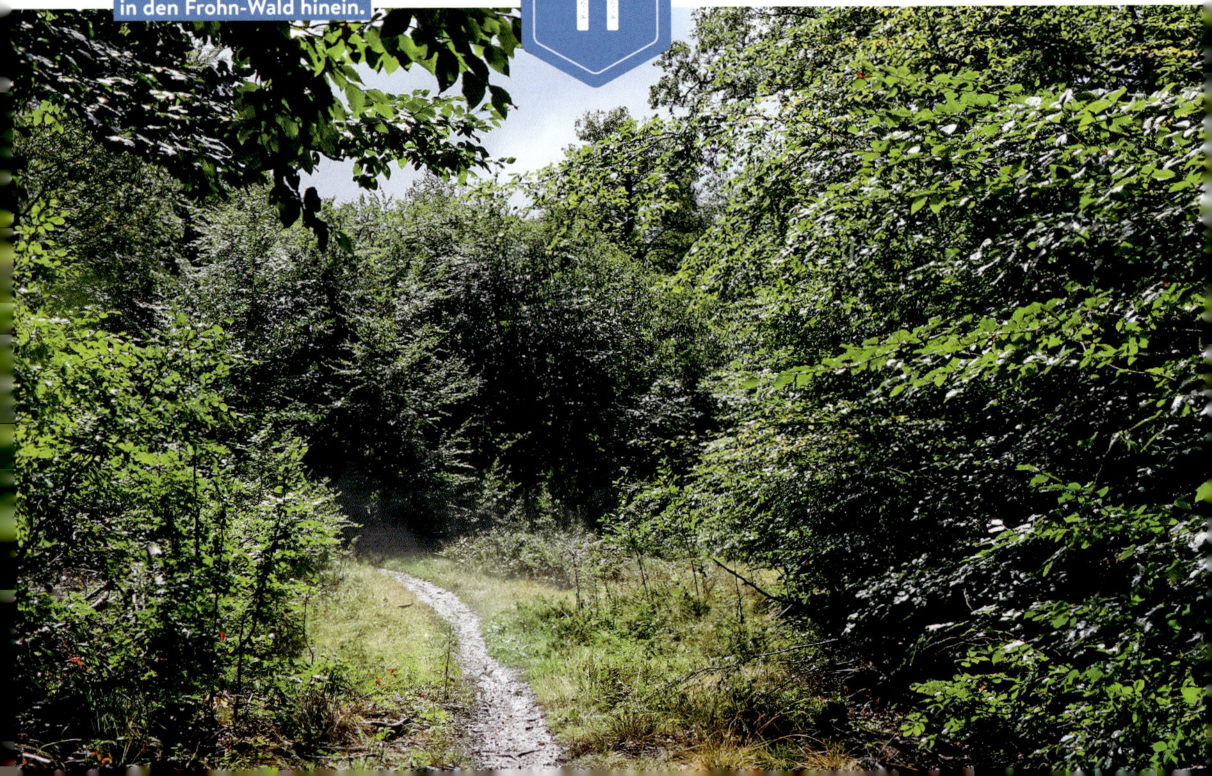

ES GEHT LEICHT ABWÄRTS, bis wir auf einem Holzsteg den Mausbach überqueren. Der Weg wird breiter und wir erreichen bei einer weiteren Schutzhütte den Schieberbrunnen. Ursprünglich 1875 von der preußischen Grubenverwaltung errichtet, erstand er erst 2009 im Rahmen eines Kinder- und Jugendprojekts wieder neu. Am Rand des Waldes entlang eröffnen sich nette Ausblicke, erst auf Riegelsberg und Güchenbach, dann auf das Nachbardorf Hilschbach. Wir verlassen den Waldrand und tauchen ein in das natürliche Gewirr der Bäume. Aus Unterholz und Buschwerk lugen zuweilen beachtliche, stark bewachsene Mauern von Bunkern hervor, Moos legt sich malerisch über einen weiteren Brunnen neben einer Hütte. Auch Reste von Holzkohlenmeilern finden sich am Wegesrand.

WIR FOLGEN dem munteren Rödelbach, der uns zu einer romantischen Wasserfläche, dem Fröhner Weiher, führt. Noch einmal begegnen uns Bunkerreste. Wir durchqueren einen tiefen Taleinschnitt, bevor wir den Ortsrand des Dorfes Holz erreichen. Am Schlagbaum, dem nördlichsten Punkt des Wegs, wenden wir uns nun nach rechts. Hier beginnt ein Bereich, der wegen seiner alten Bäume und dem mystisch anmutenden Blätterdach gern als »Märchenwald« bezeichnet wird. Pfade und breite Wege wechseln sich ab, ebenso geht es über Holzstege immer wieder auf- und abwärts. Der Zick-Zack-Kurs erfordert eine besonders aufmerksame Beachtung der weißen Wegweiser mit dem grün-blauen Logo des Saarland Tourismus. Nachdem wir den Mausbach erneut passiert haben, sind wir bald zurück am Startpunkt.

INFO

TOURENCHARAKTER
Überwiegend schmale Waldpfade, einige breite Forstwege, Stege und Stiegen

AUSGANGS-/ENDPUNKT
Wanderparkplatz am Tennisplatz, Lampennester Hütte, 66292 Riegelsberg

GEOKOORDINATEN
N 49.303643, E 6.952412

ANFAHRT
Bahn/Bus: Zug bis Saarbrücken Hbf, mit der Stadtbahn S 1 bis Riegelsberg-Wolfskaulstraße, 13 min Fußweg auf Waldstraße

EINKEHR
Giorgios Braustube
www.giorgios-braustube.de

INFORMATION
www.riegelsberg.eu

mittel | 2–3 Std. | 9,7 km | 184 Hm

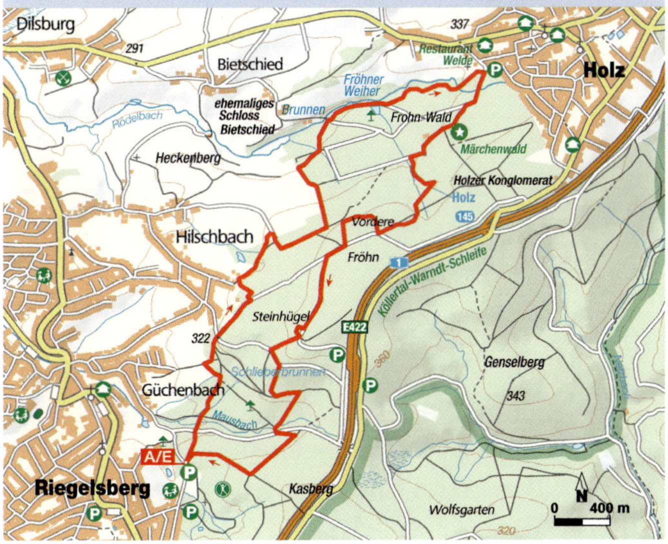

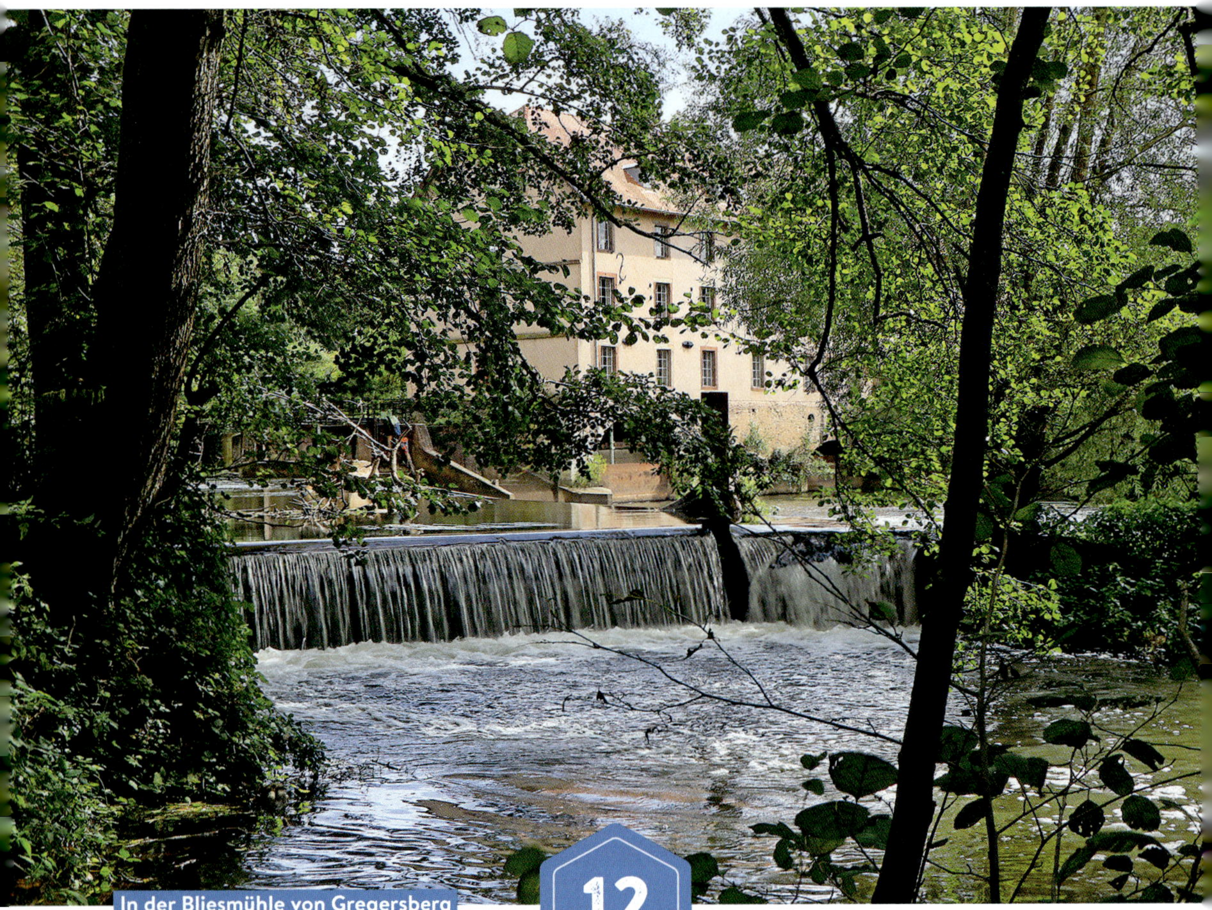

In der Bliesmühle von Gregersberg wandelt man auf den Spuren des Kunsthandwerks rund um Keramik.

12

Blies-Grenzweg

Romantische Auen, alte Wälder und grandiose Ausblicke

Die malerischen Flussauen der Blies begleiten uns ein ganzes Stück auf unserem Rundweg entlang der deutsch-französischen Grenze. Die Bäume der alten Wälder spenden uns Schatten und die Weite einer Hochebene bietet fantastische Aussichten.

Tipp

IM STEINGUT-MEKKA

Das lothringische Städtchen Saargemünd (Sarreguemines) ist bekannt für seine Keramik-Tradition, die sich vielfach im charmanten Stadtbild zeigt. So sind viele Jugendstilgebäude mit Fayencen und Keramiken dekoriert. Alljährlich im März findet ein Antik-Keramikmarkt statt, auf dem Porzellan, Majolika, Emaille und Steingut zu bestaunen sind.

VON UNSEREM STARTPUNKT, dem Wanderparkplatz Nauwieserstraße am Ortsrand des Dorfes Sitterswald aus, gehen wir am Holzhaus des Sängervereins vorbei zunächst nach rechts in südlicher Richtung durch den Wald. Der Pfad ist hier recht gewunden, bis wir einen Forstweg erreichen, der an einer kleinen Lichtung mit Obstbäumen vorbeiführt. Wir lassen die Fläche links liegen und steuern geradewegs auf die Blies zu, den Grenzfluss zu Frankreich. Ihr leises Rauschen ist schon zu vernehmen. Nach einer Abzweigung erkennen wir durch das Blattwerk das rote Geländer der hölzernen Bliesbrücke. In den hohen, eckigen Freundschaftsstein am kleinen Platz vor der Brücke haben Schulkinder aus Deutschland wie aus Frankreich ihre Namen geritzt und unterstreichen damit, dass eine Grenze nicht auch Trennung bedeuten muss.

UNMISSVERSTÄNDLICH weist das zweisprachige Schild am Brückenkopf darauf hin, dass nur Fußgänger für die Flussüberquerung zugelassen sind. Auf der gegenüberliegenden französischen Seite der Blies befindet sich das Dorf Gregersberg, ein Ortsteil von Saargemünd. Das große, beigefarbene Gebäude unmittelbar am Ufer ist die Moulin de la Blies, die Bliesmühle. Wir statten ihr einen kurzen Besuch ab, natürlich ohne jegliche Grenzkontrolle. In der Mühle befindet sich das interessante Museum für Steingut-Technik und gleich nebenan ein Keramik-Garten, Jardin Fayenciers, aus Pflanzen, Steinen und Steingut. Zurück auf deutscher Seite folgen wir dem Lauf der Blies durch eine Auwaldlandschaft. Die Gegend gehört zum UNESCO-Biosphärenreservat Bliesgau.

WIR VERLASSEN DIE FLUSSNIEDERUNG nach links hinauf zum kleinen Mühlenwald, wo uns das Idyll eines lauschigen Angelweihers zu einer Rast animiert. Vorbei an den Resten eines alten Kalksteinbruchs wandern wir weiter durch den Wald hinunter zur Bliesaue. Bis zum Dörfchen Bliesgersweilermühle weichen wir nun der Blies nicht mehr von der Seite. Bevor wir die Landstraße 106 überqueren, gibt es im Ort Bliesgersweiler noch einmal Gelegenheit, zu den französischen Nachbarn hinüberzugehen. An der Straße liegt zu unserer Linken der Landgasthof Bliesgersweiler Mühle, hinter dem wir wieder links abbiegen und durchs Dorf lau-

Die Bliesmühle in Gregersberg am französischen Ufer der Blies

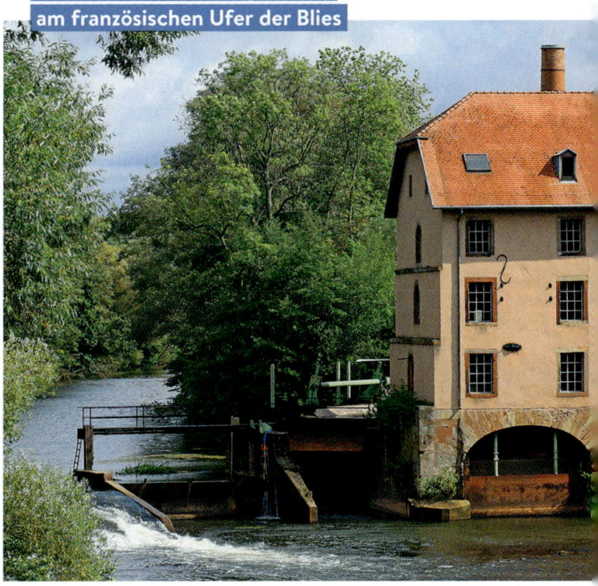

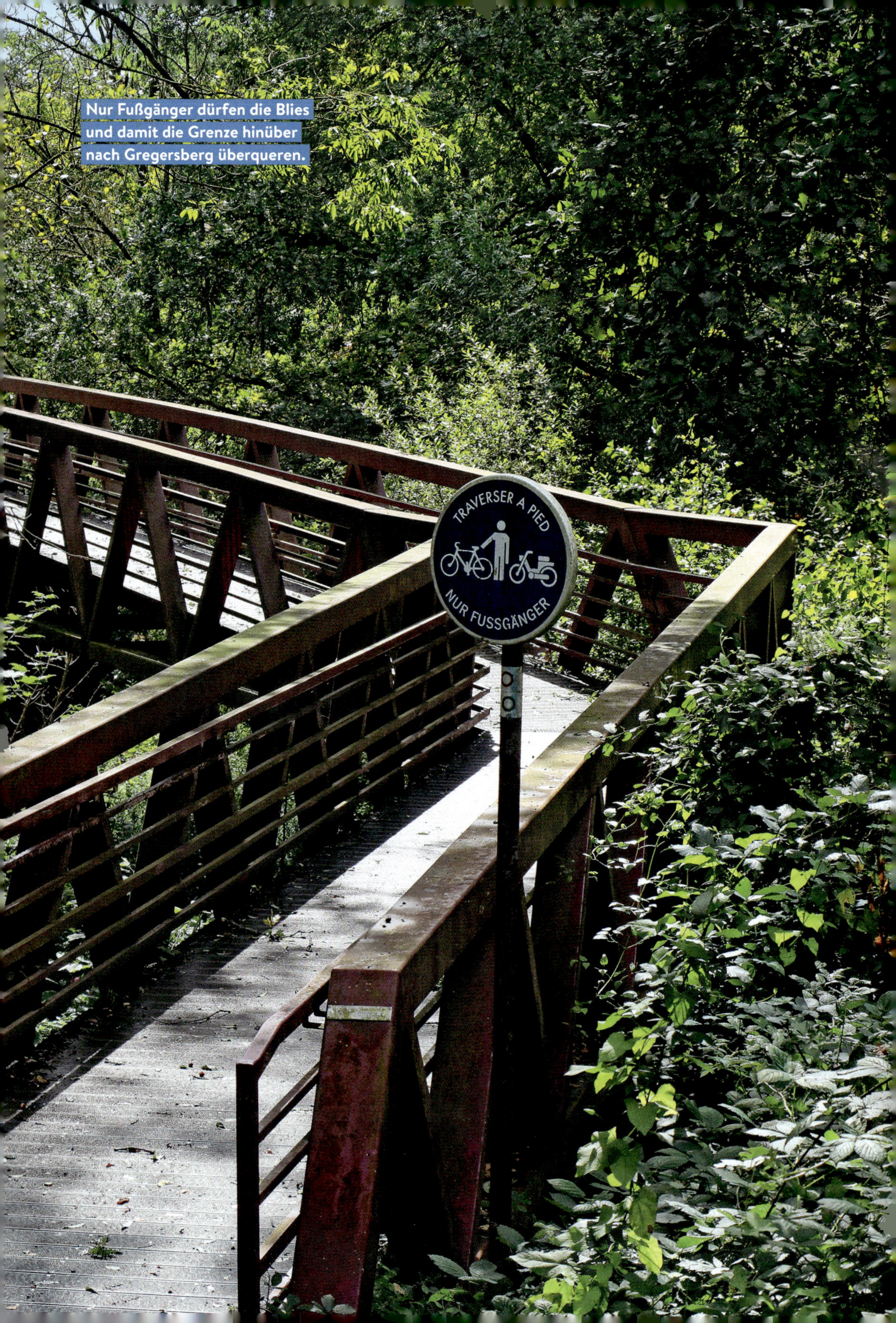

Nur Fußgänger dürfen die Blies und damit die Grenze hinüber nach Gregersberg überqueren.

fen. Dann geht es rechts weiter durch den Wald, der uns öfter Ausblicke über eine weite Hochfläche mit Wiesen und Feldern offenbart.

ZUR RECHTEN BLICKEN WIR über einen Kalksteinbruch in die Ferne. Am Waldrand queren wir den nördlichen Teil der Hochfläche. Bald passieren wir oberhalb von Kleinblittersdorf das Gelände eines Behindertenzentrums, das unmittelbar an das Areal der Rexroth-Villa heranreicht. Begüterte Saarbrücker Bürger legten hier um 1800 eine mondäne Villensiedlung an, von der ein paar geheimnisvoll überwucherte Mauern und Gartentore geblieben sind. In einer langen Serpentine gehen wir abwärts zwischen ausladenden Obstbäumen hindurch, um erneut in die Dunkelheit des Waldes einzutauchen. Bergauf führt unser Weg auf die Tiefenbachklamm mit der Teufelskanzel, einem spektakulären Aussichtspunkt, der bei gutem Wetter den Blick bis in die Vogesen eröffnet.

AUF DER WEITEN HOCHEBENE verläuft unsere Route parallel zum berühmten Jakobsweg. Am Rande des Waldes geht es weiter südwärts bis zur gut 200 Jahre alten Dicken Eiche, einem Laubbaum mit mächtigem Stammumfang. Entlang der Gärten Sitterswalds gelangen wir wieder zum Ausgangspunkt.

INFO

TOURENCHARAKTER
Steter Wechsel zwischen Waldpfaden und Forstwegen

AUSGANGS-/ENDPUNKT
Wanderparkplatz in der Nauwieserstraße, 66271 Sitterswald-Kleinblittersdorf

GEOKOORDINATEN
N 49.131651, E 7.070792

ANFAHRT
Bahn/Bus: Zug bis Saarbrücken Hbf, mit der Stadtbahn S 1 bis Kleinblittersdorf Bahnhof, Bus 501 oder 147 bis Haltestelle Nauwieserstraße

EINKEHR
Bliesgersweiler Mühle, Im Bruch 1, 66271 Kleinblittersdorf. Französisch-gemütlich geht es zu jenseits der Blies im La Belle Etoile in Blies-Guersviller, das besonders populär ist wegen seines Fleisch-Fondues.

KARTE
Wanderkarte Biosphärenreservat Bliesgau, Publicpress, 1:35 000

mittel | 4–5 Std | 14,9 km | 321 Hm.

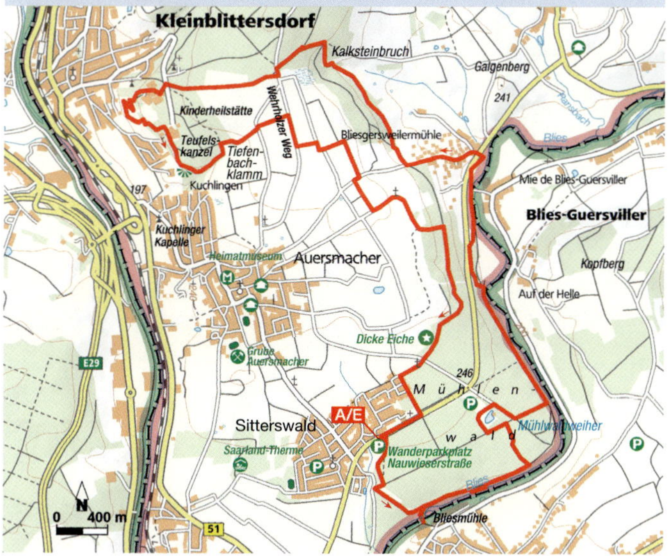

INFORMATION
Gemeinde Kleinblittersdorf, Rathausstr. 16–18, 66271 Kleinblittersdorf, Tel. 06805 2008 104, www.kleinblittersdorf.de

Erzgräberweg

Einblicke in die Welt des saarländischen Erzbergbaus

Die Verarbeitung von Eisen spielt im Saarland eine große Rolle. Dieser Rundweg bringt uns ihren Ursprüngen näher und führt zu reizvollen Ausblicken. Er beschert uns zudem eine Zeitreise zu den Kelten und tief hinein in die Erdgeschichte.

13

Der Nachbau einer Köhlerei am Forstweg gleich hinter der Dicken Eiche dokumentiert die einstige Industrie.

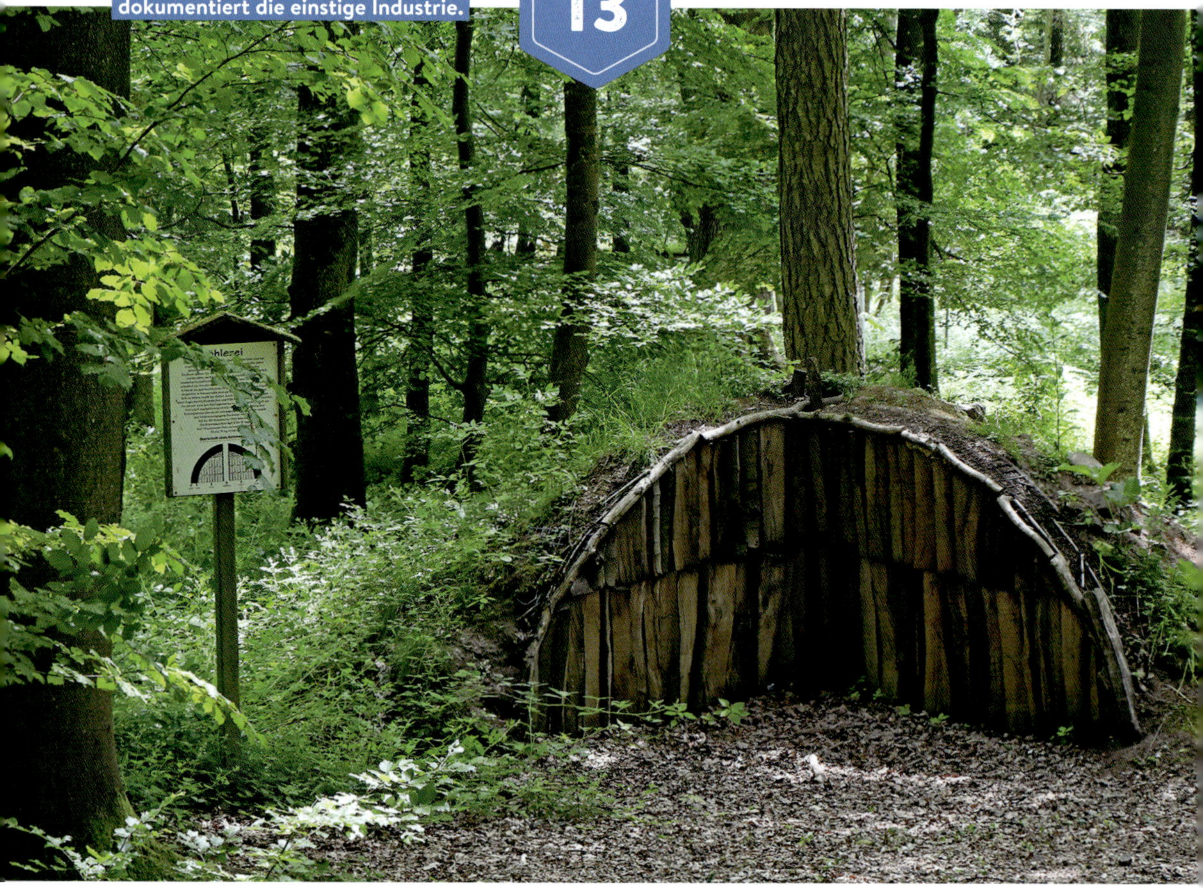

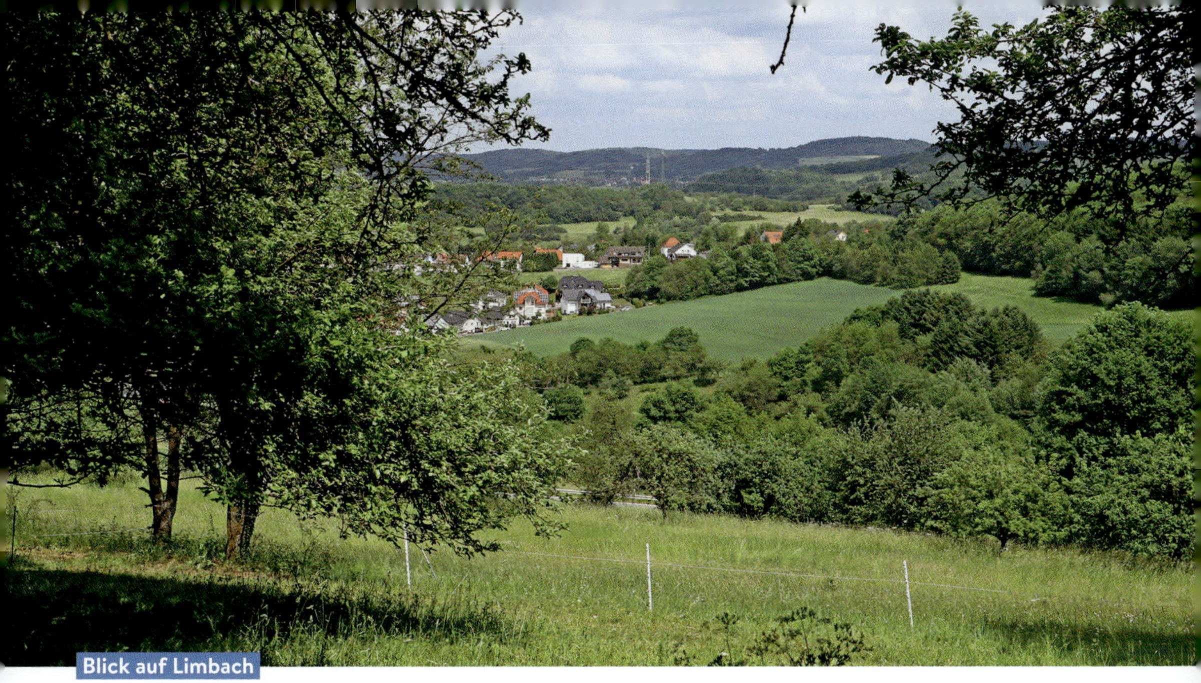

Blick auf Limbach

AM ORTSRAND des zum Städtchen Schmelz gehörenden Weilers Goldbach, genauer am Wanderparkplatz Dreihausen, beginnt unsere Tour auf den Spuren der saarländischen Eisenindustrie. Sie führt uns zunächst zwischen netten Vorgärten hindurch über die Goldbacher Straße und dann links und stetig aufwärts auf die Sollbachstraße. Diese wird an ihrem Ende zu einem Feldweg. Bald ist das Gebiet des Ellerwaldes erreicht, in dem uns die Überreste des längst aufgegebenen Erzabbaus begegnen. Eine Infotafel klärt uns über die geschichtlichen Hintergründe auf. Bereits zur Zeit des Dreißigjährigen Krieges hat man hier im Primstal Eisen verhüttet, bevor Ende des 17. Jahrhunderts die erste Hütte gegründet wurde. Die Bettinger Schmelz war sagenhafte 150 Jahre in Betrieb und namensgebend für die hiesige Gemeinde.

HINTER DEN GRUBEN halten wir uns auf einem Forstweg rechts, zweigen erneut rechts ab und steuern auf die Dicke Eiche zu. Der fast 400 Jahre alte Eichenbaum ist ein Naturdenkmal. Es bedarf gleich mehrerer Personen, um seinen stolzen Umfang abzumessen. Gleich dahinter liegen die Plätze der alten Kohlenmeiler. Ein restaurierter Schaumeiler gibt Einblick in das entbehrungsreiche Arbeitsleben der einstigen Köhler und ihrer Familien. Über den Forstweg kommen wir zum Rand des Waldes und können die hübsche Aussicht über die Wiesen und Felder in südöstlicher Richtung weit über das Dorf Gresaubach hinaus genießen.

Tipp

LIEBLINGSPLATZ

Das Schmelzer Brauhaus setzt stolz und konsequent auf seine drei selbst hergestellten, süffigen Hausbiere. Erzbräu Hell, Dunkel und Weizen sind ungefiltert und naturtrüb. Auf der Speisekarte überwiegt Rustikales und Deftiges wie Steaks, Hackbraten und die beliebte Braumeisterpfanne. Alles kann man wunderbar auf der großen Terrasse genießen.

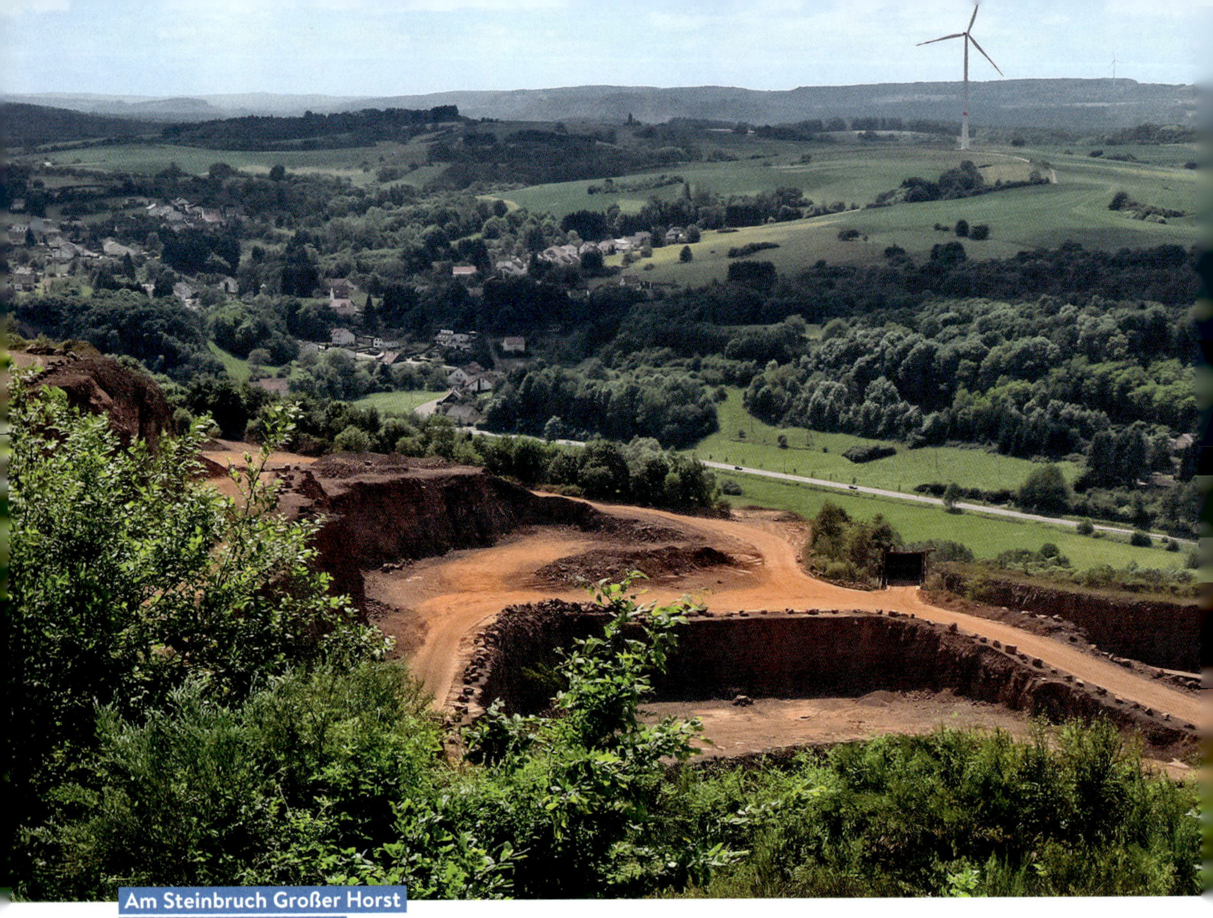

Am Steinbruch Großer Horst oberhalb des Primstals

AM BILDSTOCK halten wir uns links. Neben einem kleinen Teich mit Schutzhütte tauchen wir erneut in den Wald ein, den wir oberhalb der Landstraße nach Limbach weiter durchqueren. Bald erreichen wir die Ausläufer der 414 Meter hohen Erhebung Großer Horst. Vom Hangweg am Rande des Waldes schweift der Blick weit hin über den Ort Limbach, das Bohnental und die sanft gewellte Landschaft.
Es geht nach rechts über einen Pfad abwärts. Für ein kurzes Stück lassen wir den Wald zurück, den wir, schöne Ausblicke zur Rechten, über eine Wiese bald wieder betreten. Auf schmalem Pfad gelangen wir bergab an den Ortsrand von Limbach. Hier geht es nach links zur historischen Höhenbefestigung Birg.

WIR UMRUNDEN die in Fragmenten erhaltene keltische Wehranlage zunächst und erklimmen dann die Wälle. Sie erfüllten schon um 100 v. Chr. zuverlässig ihre Schutzfunktion und boten zuletzt 1648 Familien Zuflucht. Infotafeln erläutern uns, wie die Burg, die nach feindlichen Überfällen stets wieder aufgebaut wurde, vermutlich einmal ausgesehen haben dürfte. Der Wind im Blattwerk der Bäume begleitet uns weiter auf gewundenem Weg durch den Wald, bis wir den Hoxfels erreichen. Steil fällt die Felskante unter uns ab. Sie stammt aus der Frühzeit der Erdgeschichte und bietet uns nun einen tollen Blick in nordwestlicher Richtung über das Tal der Prims bis zur Hochebene auf der anderen Seite.

IN DEN AUSHÖHLUNGEN einer Felswand offensichtlich vulkanischen Ursprungs am

Wegesrand entdecken wir kurz darauf eine rituelle Kultstätte. Obwohl Statuetten von Maria mit Kind überwiegen, finden sich auch Engelsfiguren und ein Buddha. Eindrucksvoll präsentiert sich auch das Panorama über die mächtigen rostfarbenen Abbruchkanten des aktiven Steinbruchs Großer Horst.
Am Nordic-Walking-Parkplatz führt uns die Route geradewegs auf die Marienkapelle am Vulkankegel Rengeskopf zu. Sie liegt inmitten einer kleinen Parkanlage und gedenkt seit 1950 des Erzbergbaus. Schließlich gehen wir den angelegten Kreuzweg hinab; nun liegt das Ende unserer Wanderung nicht mehr fern.

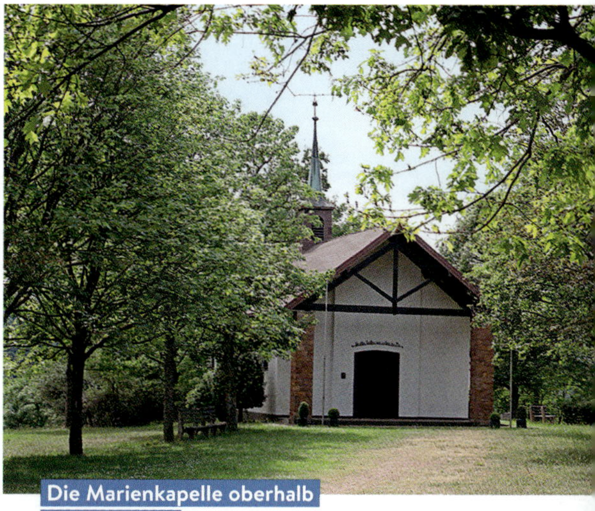

Die Marienkapelle oberhalb des Primstals

INFO

TOURENCHARAKTER

Nahezu überall Wald- und Feldwege, wenige Pfade

AUSGANGS-/ENDPUNKT

Wanderparkplatz Dreihausen, Goldbachstraße, 66839 Schmelz

GEOKOORDINATEN

N 49.451641, E 6.857787

ANFAHRT

Bahn/Bus: Zug bis Saarbrücken Hbf, RB 33718 nach Dillingen, Bus 466 bis Bahnhof Primsweiler-Schmelz, Bus 468 bis Sollbachstraße

EINKEHR

Gaststätte Erlenhof, bürgerliche Küche, nette Atmosphäre, Goldbacher Straße 101, 66839 Schmelz, Schmelzer Brauhaus, Am Erzweg 12, 66839 Schmelz, www.schmelzer-brauhaus.de

KARTE

Wanderkarte Naturpark Saar-Hunsrück Blatt West, LVGL Saarland, 1:50 000

mittel | 4,5 Std. | 11,9 km | 341 Hm

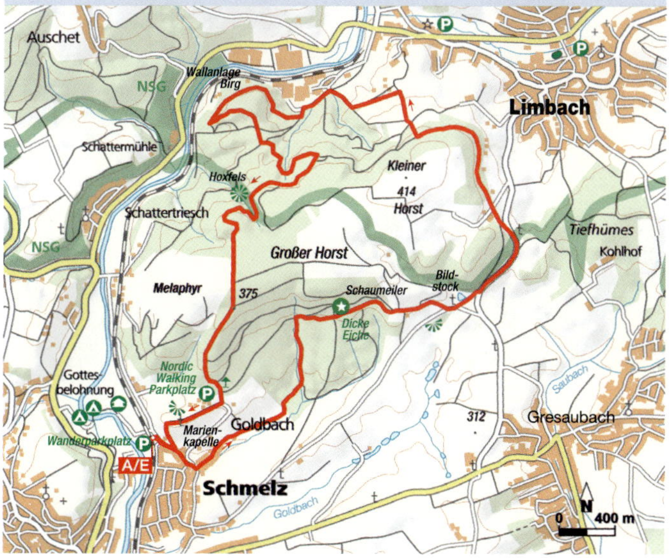

INFORMATION

Gemeinde Schmelz, Rathausplatz 1, 66839 Schmelz, Tel. 06887 301138, www.schmelz.de

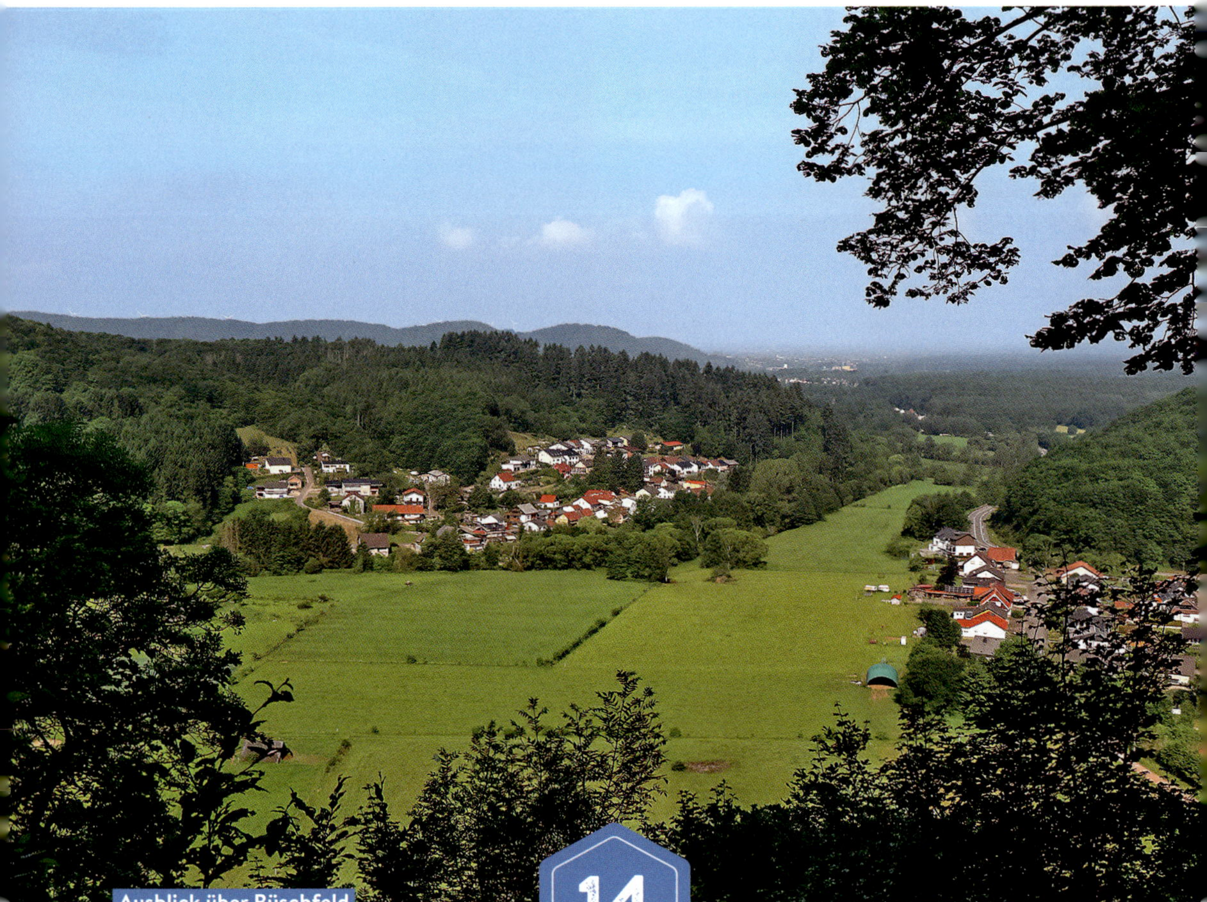

Ausblick über Büschfeld

14

Der Weg des Wassers

Im Schwarzwald des Saarlands dem Wasser folgen

Zwischen der Prims und dem Sollbach erstreckt sich das Herz des Naturparks Saar-Hunsrück, das wir auf diesem Rundweg erkunden. Dabei entdecken wir manch idyllisches Fleckchen am Ufer von Bach oder Teich. Fabelhafte Sichten und bizarre Felsen säumen unsere Route.

UNSERE WANDERUNG beginnt am Parkplatz Schlossberghalle neben dem alten Bahnhof, der einmal Teil der privaten Merzig-Büschfelder-Eisenbahnlinie war. Sie verband die Kreisstadt Merzig mit der Hauptstrecke in Richtung Saarbrücken. Als Reminiszenz an die glorreiche Eisenbahnzeit, die 1897 begann und 1960 endete, wurden einige Schienen an ihrem Standort belassen und man gestaltete eine kleine Parkanlage hinter dem Bahnhofsgebäude. Ein steiler Weg führt uns am Ende Büschfelds in den Wald hinein, der tatsächlich auch als Schwarzwald bezeichnet wird. An einer Spitzkehre geht es rechts weiter, erst abwärts und dann wieder bergan. Wir passieren einen alten Steinbruch und gelangen zum Kälberfels. Von hier aus schaut man gen Westen weit über das Tal der Prims und auf den gegenüberliegenden Hochwaldkamm.

WENIG SPÄTER treffen wir auf das Naturdenkmal Fünf Eichen, stolze alte Laubbäume, die schon viele Wanderer haben kommen und gehen sehen. Recht steil hinab und bergauf geht es durch ein Kerbtal. Vom Waldrand an der anderen Seite ist es nur noch ein kurzes Stück bis zur Weiheranlage, an der der Sollbach gleich zweimal hintereinander aufgestaut wurde. Die Anlage bietet eine mehr als idyllische Kulisse für ein kleines Picknick. Blauflügel-Libellen schwirren dicht übers Wasser, die bunten Blüten der Pflanzen am Ufer leuchten im gleißenden Sonnenlicht. Zwischen den beiden Teichen liegt auf der linken Seite die Heidenbornquelle. Das Wasser sprudelt hier in einen hölzernen Trog.

LANGE ZEIT BEGLEITEN WIR den Sollbach auf schmalen Pfaden am Ufer bachaufwärts und queren ihn dabei mehrfach über einfache Holzstege. Zwischen 1920 und 1935 bildete das Bachtal die natürliche Grenze zwischen dem Deutschen Reich und dem Saargebiet, woran vereinzelt verwitterte Grenzsteine erinnern. Am Drei-Kreise-Stein, drei Gemeindegebiete treffen hier zusammen, gehen wir zurück in den Wald. An einer Lichtung werfen wir einen kurzen Blick auf die winzige Siedlung Vogelsbüsch und erreichen kurz darauf an einem Hochplateau das historische Gut Dösterhof, dessen Ursprünge bis in die Mitte des 16. Jahrhunderts zurückreichen. Zu streng ökologisch ausgerichteter Land- und Viehwirtschaft bekennen sich heute die Inhaber, die auch ein Hof-Café betreiben.

Tipp

SHOWTIME IM NATURPARK

Als Klein-Woodstock präsentiert sich Herrys Kulturgarten auf der Hochfläche Vogelsbüsch umgeben von den Wäldern des Naturparks. Seit 1991 treten auf den Open-Air-Bühnen im Hof eines Bauernhauses während des Sommers Bands und Musikgruppen vor stets begeistertem Publikum auf. Es wird Deutschrock, aber auch Anderes von Folk bis Funk geboten.

Das beschauliche Idyll am Sollbachweiher lädt ein zu einer Rast.

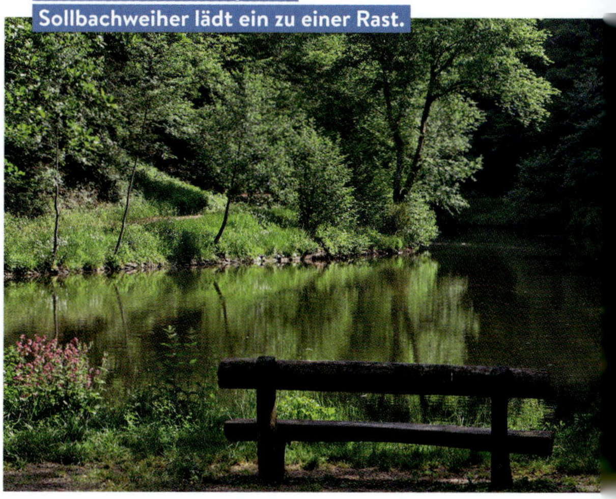

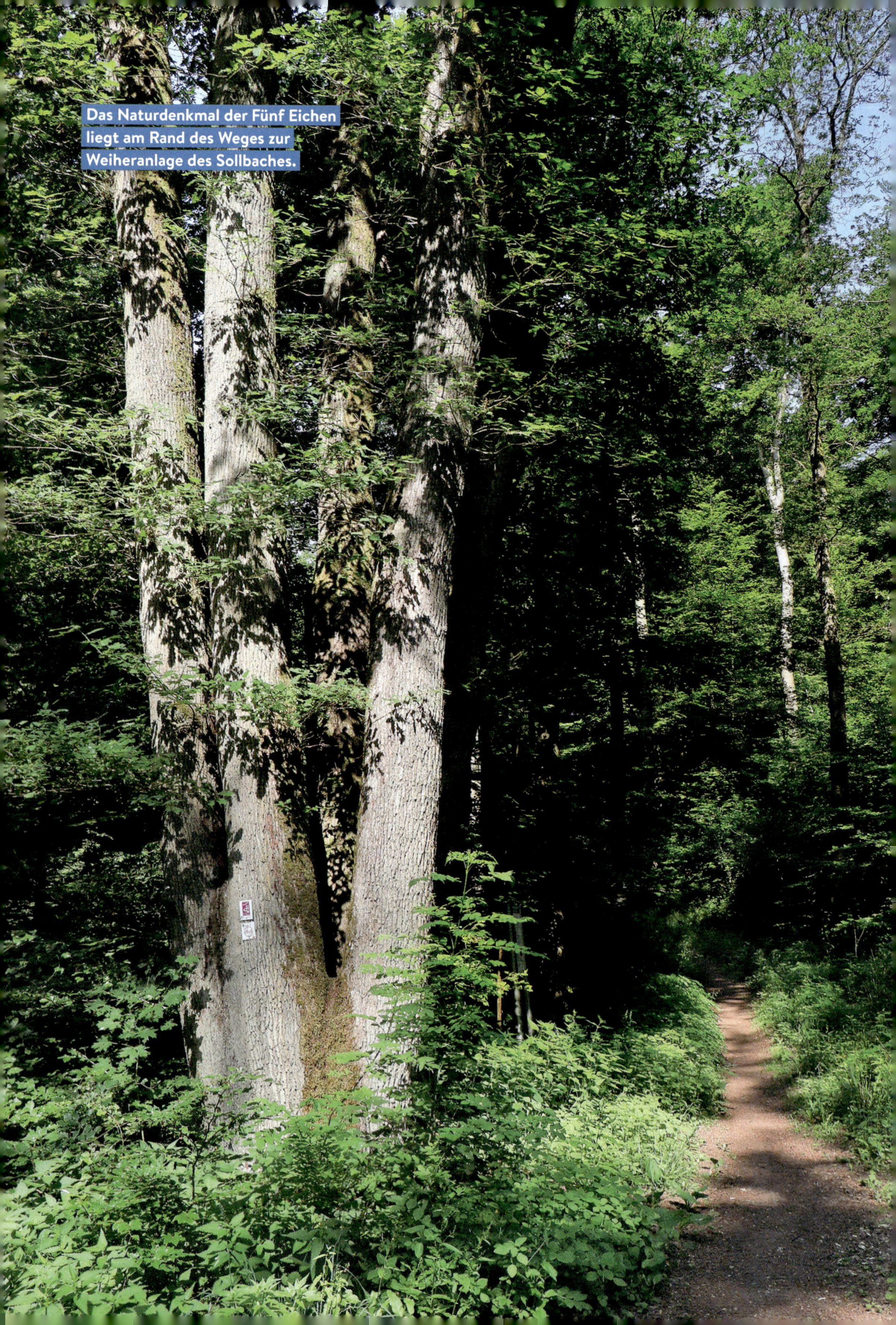

Das Naturdenkmal der Fünf Eichen liegt am Rand des Weges zur Weiheranlage des Sollbaches.

WIEDER FÜHRT DER WEG aufwärts zwischen den Feldern hindurch über eine Allee mit jungen Bäumen in den Wald hinein, der uns einige Naturdenkmäler in Form uralter Bäume liefert. Wir steuern auf den Weiler Buttnich zu, der am Ende einer Lichtung liegt. Hier schwenken wir nach links am Waldrand entlang und überblicken längs des Weges die Auenlandschaft an den Ufern der Prims. Nach einem Abzweig nach links führen uns Stege zu einem steilen Aufstieg ins Naturschutzgebiet Junger und Alter Hirschkopf. Die markanten Felsformationen an den Steilhängen oberhalb eines ehemaligen Steinbruchs sind Relikte aus der Zeit des Perm vor etwa 300 Millionen Jahren.

NUN FOLGT für den wagemutigen Wanderer eine abenteuerliche Passage, der man ausweichen kann, wenn man gleich den Weg rechts hinunter zum ehemaligen Bahndamm wählt. Er verläuft parallel zur Prims. Wer aber mag und sich fit genug fühlt, nimmt den Höhenweg und klettert über den mit Seilen gut gesicherten Felsenkamm abwärts in die Tiefe zum Bahndamm. Schließlich passieren wir noch den legendären Buchstabenfels. Todesmutig soll sich hier ein Reiter während des Dreißigjährigen Krieges auf der Flucht vor seinen Verfolgern in die Tiefe gestürzt und überlebt haben. Dies ritzte er sodann in den Felsen. Nun sind es nur noch wenige Meter zurück zur Schlossberghalle.

INFO

TOURENCHARAKTER

Abwechslungsreich, viele verschlungene Pfade und Stiegen, ein Steilstück nur für Geübte mit leichterer Alternativroute

AUSGANGS-/ENDPUNKT

Parkplatz Schlossberghalle, Werkstraße, 66687 Wadern-Büschfeld

GEOKOORDINATEN

N 49.496237, E 6.868854

ANFAHRT

Bahn/Bus: bis Saarbrücken Hbf, RB 12213 nach Lebach, Bus R3 bis Büschfeld Bahnhof

EINKEHR

Hofgut Dösterhof, Dösterhof 1, 66687 Wadern, www.doesterhof.de. Stilvoll und in angenehmer Atmosphäre krönt eine Mahlzeit im Büschfelder Hotel-Restaurant Zum Schloßberg jede Wanderung.

KARTE

Wanderkarte Naturpark Saar-Hunsrück Blatt West, LVGL Saarland, 1:50 000

mittel	4 Std.	13,1 km	348 Hm

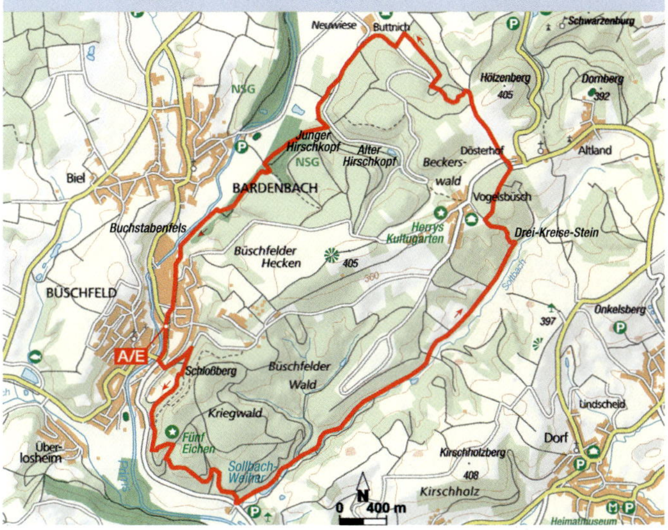

INFORMATION

Stadt Wadern, Marktplatz 13, 66687 Wadern, Tel. 06871 5070, www.wadern.de

Der Mühlenpfad

An alten Mühlen und rauschenden Bächen entlang

Diese kürzere Tour führt durch wildromantische Bachtäler vorbei an historischen Wassermühlen, von denen uns Infotafeln ausführlich berichten. Im Wald laufen wir auf uraltem Straßenpflaster und erfreuen uns an wunderschönen Aussichten.

WIR BEGINNEN unsere Wanderung an der Ölmühle Wern in Ottweiler-Fürth. Errichtet im Jahr 1841, hat sich das Aussehen von Mühle und Nebengebäuden seit 1877 kaum noch verändert. Über einen längeren Zeitraum waren sogar zwei Wasserräder aktiv. Nach dem Zweiten Weltkrieg deckte die Mühle 55 % des saarländischen Ölbedarfs und war damit die wichtigste Fertigungsstätte der Region. Doch Ende der 1950er-Jahre konnte man mit der Großindustrie nicht mehr Schritt halten und stellte den Betrieb ein. Die Eigentümerfamilie Wern betreibt aber weiterhin die bereits 1902 eröffnete Gastwirtschaft. Mitte der 1990er-Jahre wurden die noch bestehenden technischen Anlagen museal aufbereitet und der Öffentlichkeit zugänglich gemacht.

Die Ölmühle Wern in Ottweiler-Fürth beherbergt eine vorzügliche Gastronomie und ein kleines Museum.

15

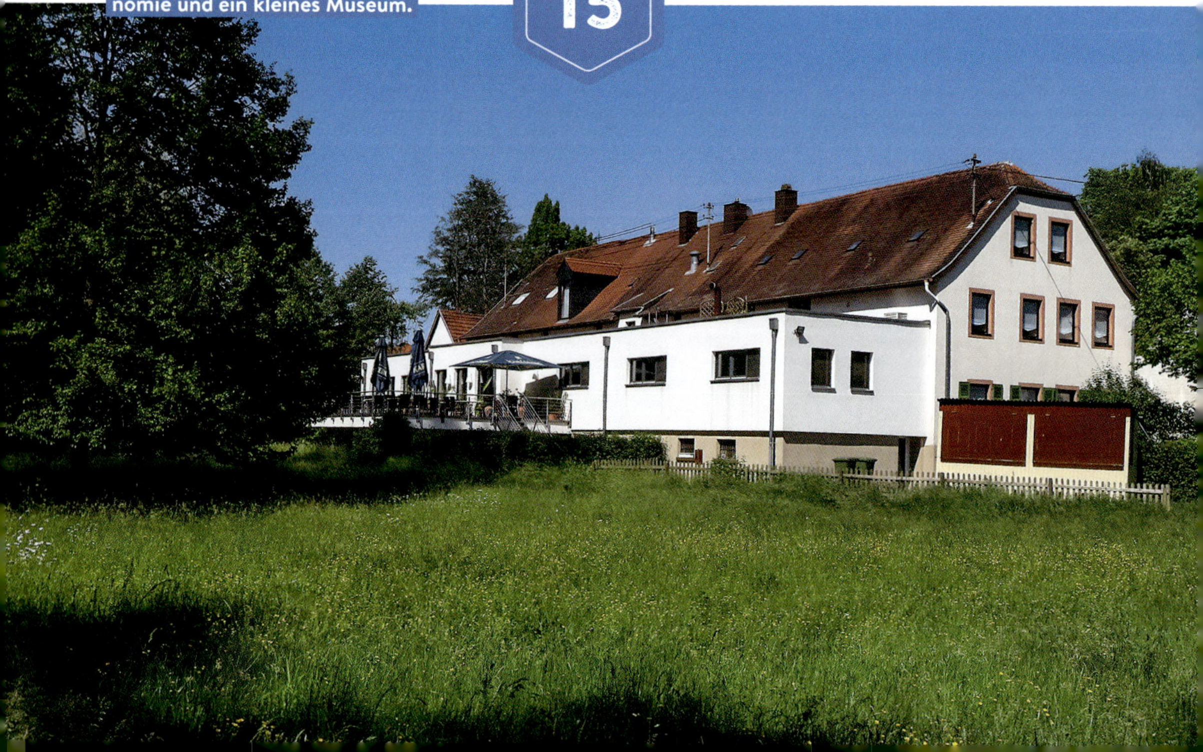

INFO

TOURENCHARAKTER

Abwechslungsreich, Wald- und Feldwege, viele Pfade

AUSGANGS-/ENDPUNKT

Werns Ölmühle, Brückenstraße 37, 66564 Ottweiler-Fürth

GEOKOORDINATEN

N 49.417771, E 7.235218

ANFAHRT

Bahn/Bus: Zug bis Saarbrücken Hbf, RE 29521 nach Neunkirchen, von Hbf (Brücke) Neunkirchen mit Bus 304 bis Kirche Ottweiler-Fürth

EINKEHR

Landgasthaus Wern's Mühle, Brückenstraße 37, 66564 Fürth/Saarland, www.werns-muehle.de. Eine kreative Küche mit regionalen Produkten offeriert das Landgasthaus Wern's Mühle, einen netten Biergarten mit alter Kastanie gibt es auch.

KARTE

Wanderkarte Naturpark Saar-Hunsrück, LVGL Saarland, 1:50 000

INFORMATION

Tourist-Information Ottweiler, Rathausplatz 5, 66564 Ottweiler, Tel. 06824 3511, www.ottweiler.de

leicht | 2,5 Std. | 11 km | 209 Hm

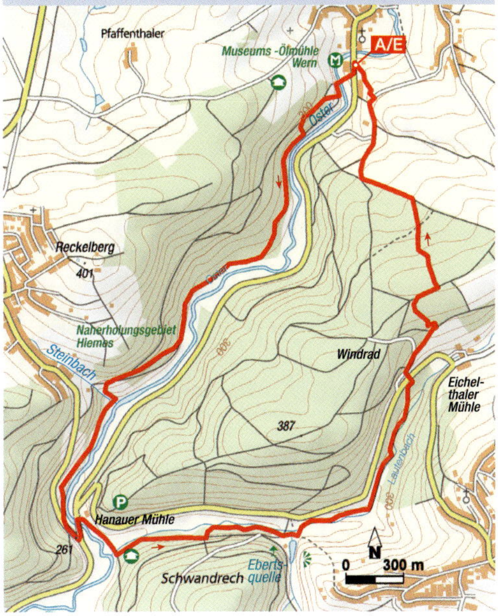

ENTLANG DES BACHES OSTER, den wir hinter der Mühle überqueren, wandern wir auf Pfaden nach Süden, die Bachufer stets im Blick. In einem Kerbtal gesellt sich der Steinbach hinzu. Steine im schmalen Gewässer erleichtern uns den Übergang. Teile des Wegs markieren einen nicht mehr erkennbaren Mühlengraben. Es folgt ein kurzes Stück Straße, die wir queren, um zur Hanauer Mühle zu gelangen. Leicht bergauf wandernd lassen wir eine Kläranlage links liegen und erreichen die Mündung des Lautenbachs in die Oster. Parallel zum plätschernden Gewässer, über das uns drei hölzerne Stege immer wieder an das andere Ufer geleiten, durchqueren wir das Lautenbachtal bis zur Ebertsquelle. Die steinerne Brunnenanlage liegt direkt am Hang neben einer Schutzhütte für eine gepflegte Picknickpause.

UNS LINKS HALTEND gehen wir noch ein Stück am Lautenbach entlang aufwärts und zweigen dann wieder im Wald links ab. Der Pfad, der hier auch als Spitzbubenweg markiert ist, führt kurz bergauf, wir passieren eine Straße und halten uns im Wald rechts. Vom Waldrand aus sind die Gebäude der ebenfalls stillgelegten Eichelthaler Mühle zu sehen.

Ein Forstweg führt wieder nach links in Richtung eines Windrades. Diese Strecke war einst ein Fahrweg, wie an der unerwarteten Steinpflasterung zu erkennen ist. Vom Waldrand aus eröffnet sich der Blick auf den Ort Fürth, auf den wir nun zwischen Wiesen und Weiden hindurch zusteuern. Bald erreichen wir wieder die Ölmühle Wern und genießen dort eine zünftige Brotzeit als Abschluss unserer Wanderung.

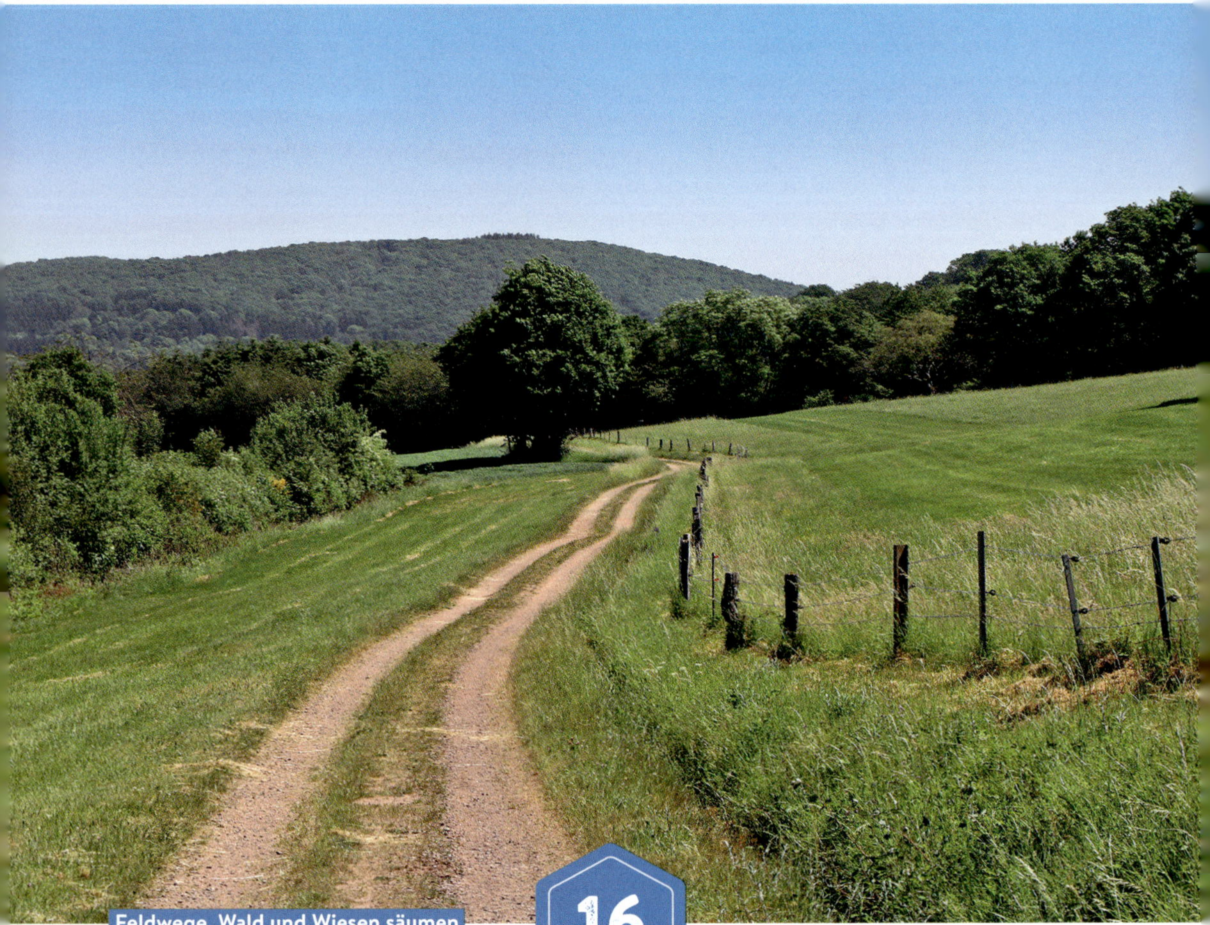

Feldwege, Wald und Wiesen säumen das Panorama der Route im Primstal.

16

Primstaler Panoramapfad

Von den Höhen in die Weite

Großartige Fernsichten über das Gebiet des nördlichen Saarlands bietet uns unsere Tour auf den wasser- und waldreichen Hochflächen des Naturparks Saar-Hunsrück. Sie entschädigen für die Mühen manch eines zu bezwingenden steilen Anstiegs.

VOM WANDERPARKPLATZ im Zentrum des Dorfes Mühlfeld sind es gut 500 Meter bis zum eigentlichen Startpunkt der Wanderung. Sie beginnt an einem einfachen hölzernen Portal bei einem Wegekreuz und führt uns am Feldrain entlang leicht bergab in den Wald hinein. Wir überqueren den gemächlich plätschernden Haaggrabenbach auf einem Steg und folgen dem Pfad aufwärts zwischen den Bäumen hindurch. Während diese uns nach links hin eine Durchsicht auf Mühlfeld gewähren, liegen zu unserer Rechten die teils bizarren, überwiegend rostfarbenen Überreste eines ehemaligen Steinbruchs. An der nächsten Lichtung wandern wir über eine Wiese auf einen Sendemast zu. Vom Feldweg aus ist der Ort Primstal mit der ungewöhnlichen Kreuzerhöhungskirche gut zu sehen. Der Chor und der Glockenturm des Sakralbaus stammen aus dem 15. Jahrhundert, das Kirchenschiff, funktional und nüchtern im modernistischen Sichtbeton, entstand erst in den 1960er-Jahren.

Tipp

IDYLL AN DER ALTEN MÜHLE

In der Nähe unserer Route, dort, wo der Bach Bos in den nördlichen Zipfel des Bostalsees mündet, liegt das Kunst- und Kulturzentrum Bosener Mühle. Im modernen Gebäudebereich finden regelmäßig Workshops, Seminare und Ausstellungen statt. In der ehemaligen Wassermühle stehen einige gemütliche Apartments zur Verfügung, die sich bestens als Ausgangspunkt für Wandertouren eignen.

RECHTS GEHT ES NUN über steile Serpentinen bergab in Richtung Imsbach. Seinem Verlauf folgen wir auf gewundenen Pfaden im Wald, wobei wir auf halber Höhe am

Ein hölzernes Portal weist dem Wanderer den Weg.

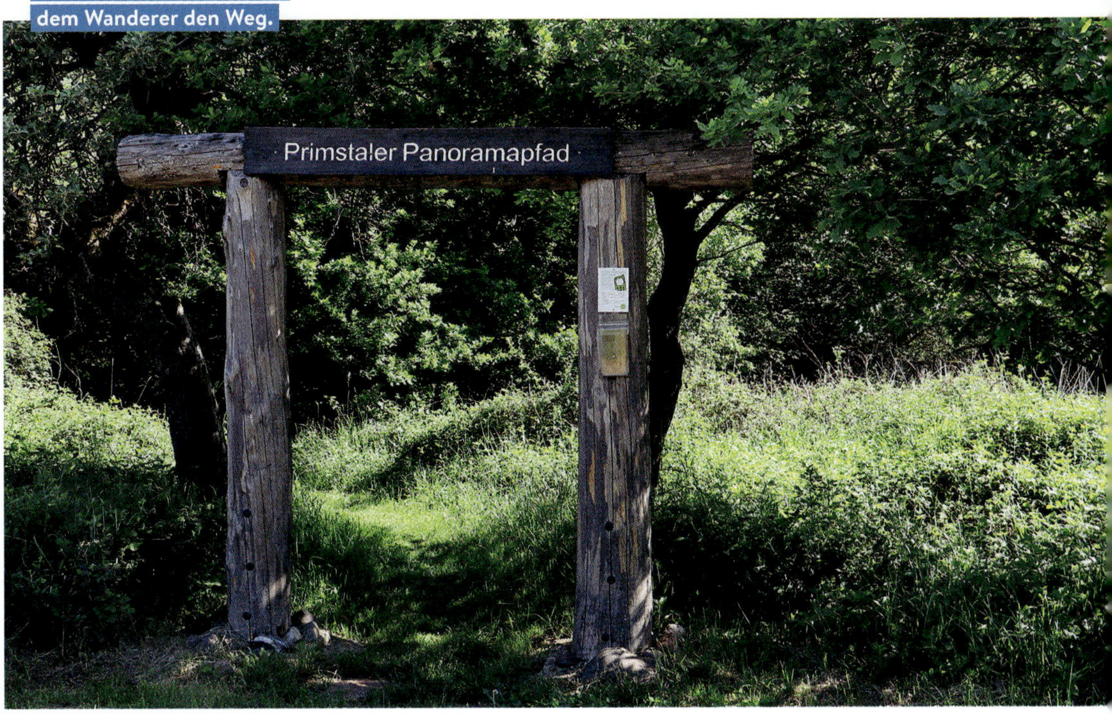

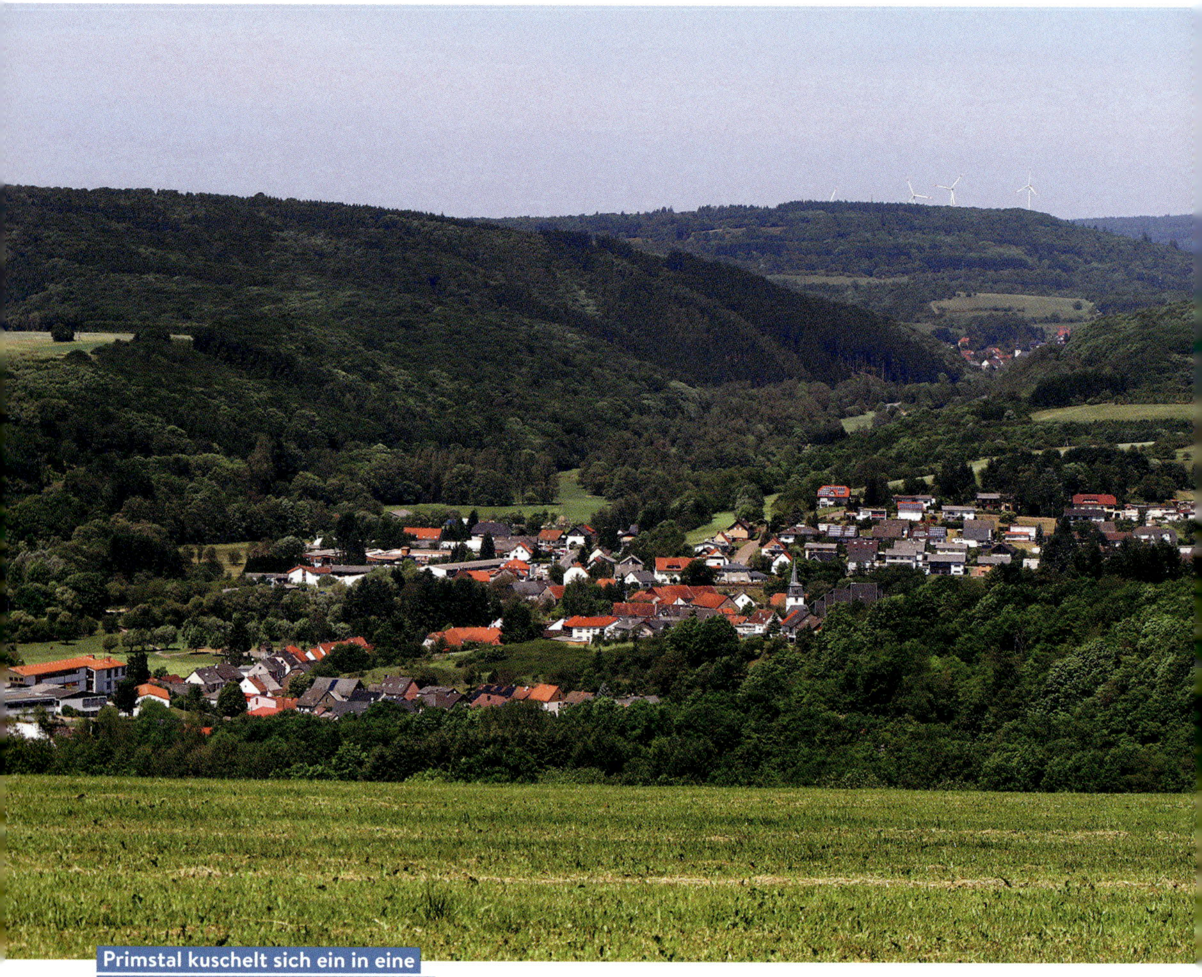

Primstal kuschelt sich ein in eine gefällige Mittelgebirgslandschaft.

Hang oberhalb des Baches bleiben. Hinter einem Forstweg führen erneut Serpentinen nun wieder steil bergauf und wir erreichen bei den Bänken am Rastplatz unter den Bäumen eine Höhe von immerhin 368 Metern. Richtung Süden kommen wir an eine Lichtung mit schöner Aussicht bis zum Schaumbergturm, dem höchsten Punkt im nördlichen Saarland. Vom Waldrand aus begleiten uns herrliche Panoramen in östlicher Richtung, bis wir wieder tief in den Forst eintauchen. Wir verlassen den breiten Weg nach links und steigen in das Sombachtal hinab. Danach geht es steil in engen Windungen bergauf bis auf die Höhe des Bitschbergs (463 Meter).

HINTER EINER LANGGEZOGENEN KURVE nach Süden erreichen wir eine weitläufige Hochfläche. Hier hat ein Amateur-Künstler den bunten Bitschberg-Thron erschaffen, einen bunt bemalten Stuhl, der eher für Kinder geeignet scheint. Ein Stück verläuft der Weg parallel zum Johannes-Kühn-Weg. Er ist dem 1934 in der Nähe von Tholey geborenen Schriftsteller gewidmet. Eine Tafel informiert zudem darüber, dass hier einst eine Römerstraße entlangführte. Wir passieren am westlichsten Punkt und an der höchsten Stelle unserer Route (496 Meter) einige Windräder zu unserer Rechten. Am Waldrand geht es nun wieder abwärts, bis uns eine Bank zu einer Verschnaufpause animiert.

EIN SCHATTENFREIER WIRTSCHAFTSWEG zwischen den Feldern hindurch bringt uns zum gegenüberliegenden Waldstück, wo uns eine Bank und ein großes Holzkreuz erwarten. Bergab wandern wir, begleitet vom Gesang der Vögel und neugierig beäugt von Reh und Fuchs, in das Tal des Wiesbaches. Wir gehen am Ufer entlang, von Osten her mündet der Belzetbach ein. Auf einem Holzsteg überqueren wir den Belzetbach und machen uns an einen nicht sehr steilen, aber langen und deshalb durchaus anstrengenden Aufstieg.

Der kurvige Pfad führt uns erneut an den Waldrand, wo uns einmal mehr ein herrlicher Blick auf Primstal empfängt. Hier liegt mit der 482 Meter hohen Hardt ein weiterer Höhepunkt unseres Wegs. Perfekt platziert befindet sich dort eine Bank für eine Rast. Nun immer die Aussicht im Blick, verlassen wir den Waldrand und legen das letzte Stück unserer Runde auf dem Asphalt der Haagstraße zurück. Auf den Wiesen und Weiden tummeln sich Schafe und Ponys, schwirren die Bienen und Schmetterlinge, bevor wir wieder in Mühlfeld eintreffen.

INFO

TOURENCHARAKTER
Abwechslungsreich, Wald- und Feldwege, viele Pfade, in Teilen sehr hügelig

AUSGANGS-/ENDPUNKT
Hölzernes Wegekreuz oberhalb von Primstal, Haagstraße/Wiesbachstraße, 66620 Nonnweiler-Primstal

GEOKOORDINATEN
N 49.530432, E 6.973184

ANFAHRT
Bahn/Bus: Zug bis Saarbrücken Hbf, RE 29547 nach St. Wendel, am ZOB St. Wendel Bus R2 bis Primstal-Haagstraße

UNTERKUNFT
Kunstzentrum Bosener Mühle, an der Bosener Mühle 1, 66625 Bosen, www.bosener-muehle.de

EINKEHR
Gemütlich, gutbürgerlich, mexikanische Gaststätte Löwenhof, Mettnicher Str.2, 66620 Primstal

KARTE
Wanderkarte Naturpark Saar-Hunsrück, LVGL Saarland, 1:50 000

INFORMATION
Tourist-Information Nonnweiler, www.nonnweiler.de

mittel	5,5 Std.	14,3 km	382 Hm

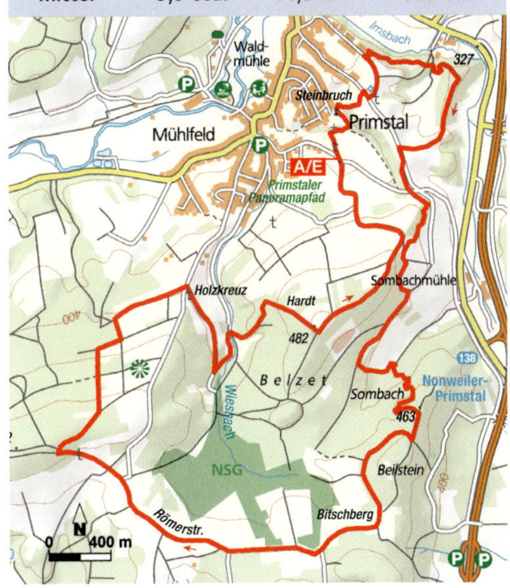

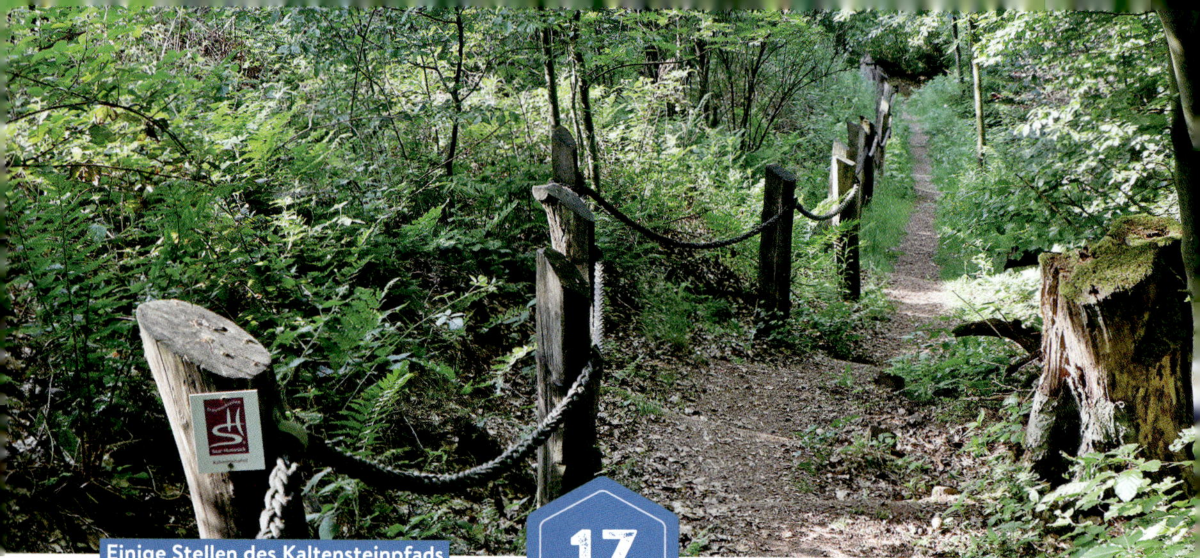

Einige Stellen des Kaltensteinpfads sind zusätzlich durch Seile gesichert.

17

Kaltensteinpfad

Auf historischen Spuren zu Köhlern, Kelten und Kieseln

Eine sagenhafte keltische Kultstätte am sehr, sehr alten Kaltensteinfelsen ist das Glanzlicht des kurzen Rundweges durch den dichten Dillinger Forst. Wie Wald sich entwickelt, wenn man ihn lässt, sehen wir im magisch anmutenden Märchenwald.

VOM PARKPLATZ am Sportzentrum Dillinger Straße in Lebach haben wir nach wenigen Metern den Einstieg zum Kaltensteinpfad erreicht und gehen links an den Tennisplätzen vorbei über einen schmalen Pfad in den Wald hinein. Die Route geht dann in einen breiten Waldweg über. Wir gelangen nach einem Abzweig nach links zu einer versteckt gelegenen, alten Kneippanlage, die durch niedrige Mäuerchen erkennbar ist. Wir folgen den Schildern mit dem stilisierten Symbol des Kaltensteinfelsens und passieren eine Reihe geschichtsträchtiger Grenzsteine. Sie stammen aus dem Jahr 1762, als das Gebiet gleichzeitig von vier Machthabern, weltlichen Herzögen und kirchlichen Äbten, regiert wurde. 1794 beendete die Französische Revolution die 180 Jahre währende Herrschaftszeit.

DER PFAD SCHWENKT nun nach rechts, wir passieren eine Lichtung und erreichen in einer kleinen Senke die historische Pferdetränke Hoxberg. Schon vor über 200 Jahren versorgte hier eine Quelle Köhler mit frischem Wasser, das zum Ablöschen der Holzkohle eingesetzt wurde. Etwas oberhalb im Wald finden sich noch wenige Überreste alter Kohlenmeiler. Der Ausbau des Quellbrunnens zur Pferdetränke erfolgte erst

1940. Die während des Zweiten Weltkriegs von der nahen Dillinger Kaserne eingesetzten Pferde bekamen hier ihre Wasserrationen. Nun gelangen wir in den Märchenwald, eine Waldfläche aus üppigem Farn und wild wucherndem Gebüsch, die ungestört wachsen und gedeihen dürfen. Auf dem feuchten Untergrund, über den ein mit Bohlen ausgelegter Pfad führt, erzeugen sie eine geheimnisvolle Atmosphäre.

Tipp

KLEIN-CHINA IM SAARLAND

Der einzige asiatische Garten im Saarland liegt am Ufer der Theel in Lebach. Das optische Zentrum des 2007 angelegten Parks bildet die achtseitige Pagode. Daneben gibt es künstliche Seen und Wasserläufe sowie reichlich asiatische Symbolik und Glaubensphilosophie.

DER HOXBERG ist mit 413 Metern der höchste Punkt der Tour. An der nachfolgenden Lichtung biegen wir links ab und folgen dem Pfad nach rechts bis zum ehemaligen Arbeitslager aus dem Dritten Reich. Einige Mauerreste des 1937 errichteten Lagers ragen aus dem Unterholz heraus. Zwangsarbeiter waren hier untergebracht, die beim Bau des Westwalls helfen mussten. Wenig später, es geht erst recht steil bergauf und dann über einen schmalen Pfad nach links, stehen wir vor dem Kaltensteinfelsen. Das Naturdenkmal krönt ein hölzernes Kreuz. Das grobe Gestein, eine Mischung aus Sandstein und Kieselsteinen, ist gut 270 Millionen Jahre alt und diente als keltische rituelle Opferstelle. Wir genießen die Aussicht auf Lebach bis hinüber zum Schaumberg, bevor wir uns auf den Rückweg durch den Wald bis zum Startpunkt begeben.

INFO

TOURENCHARAKTER
Hügeliges Terrain im Wald, Pfade und Forstwege

AUSGANGS-/ENDPUNKT
Sport- und Freizeitzentrum Dillinger Straße 71, 66822 Lebach

GEOKOORDINATEN
N 49.403567, E 6.889467

ANFAHRT
Bahn/Bus: Zug bis Saarbrücken Hbf, RB 12221 nach Lebach-Jabach, Fußweg 10 min. über Heeresstr., Jabacher Str. und Dillinger Str.

EINKEHR
Restaurant Delphi, Dillinger Straße 118, 66822 Lebach, www.facebook.com/restaurantdelphilebach/

KARTE
Wanderkarte Naturpark Saar-Hunsrück, LVGL Saarland, 1:50 000

mittel | 2,5 Std. | 7,6 km | 322 Hm

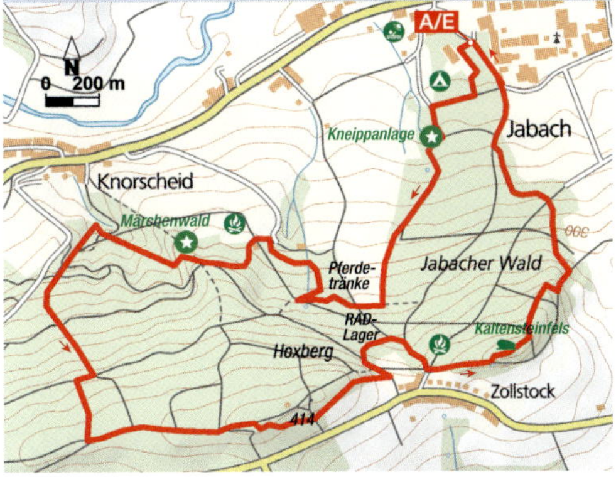

INFORMATION
Stadt Lebach, Kulturamt, Am Markt 1, 66822 Lebach, Tel. 06881 59231, www.lebach.de

Georgi-Panoramaweg

Liebreiz der Dörfer und Sanftheit der Natur

Mit wundervollen Aussichten über wogende Felder, sattgrüne Wiesen und Wälder inmitten sanft hügeliger Landschaft verwöhnt uns diese Rundwanderung, die ihren Namen dem ehemaligen saarländischen Wirtschaftsminister Dr. Hanspeter Georgi verdankt.

Heiß gelaufene Hufe brauchen eine Kühlung im Holzbach am Dörfchen Weierweiler.

18

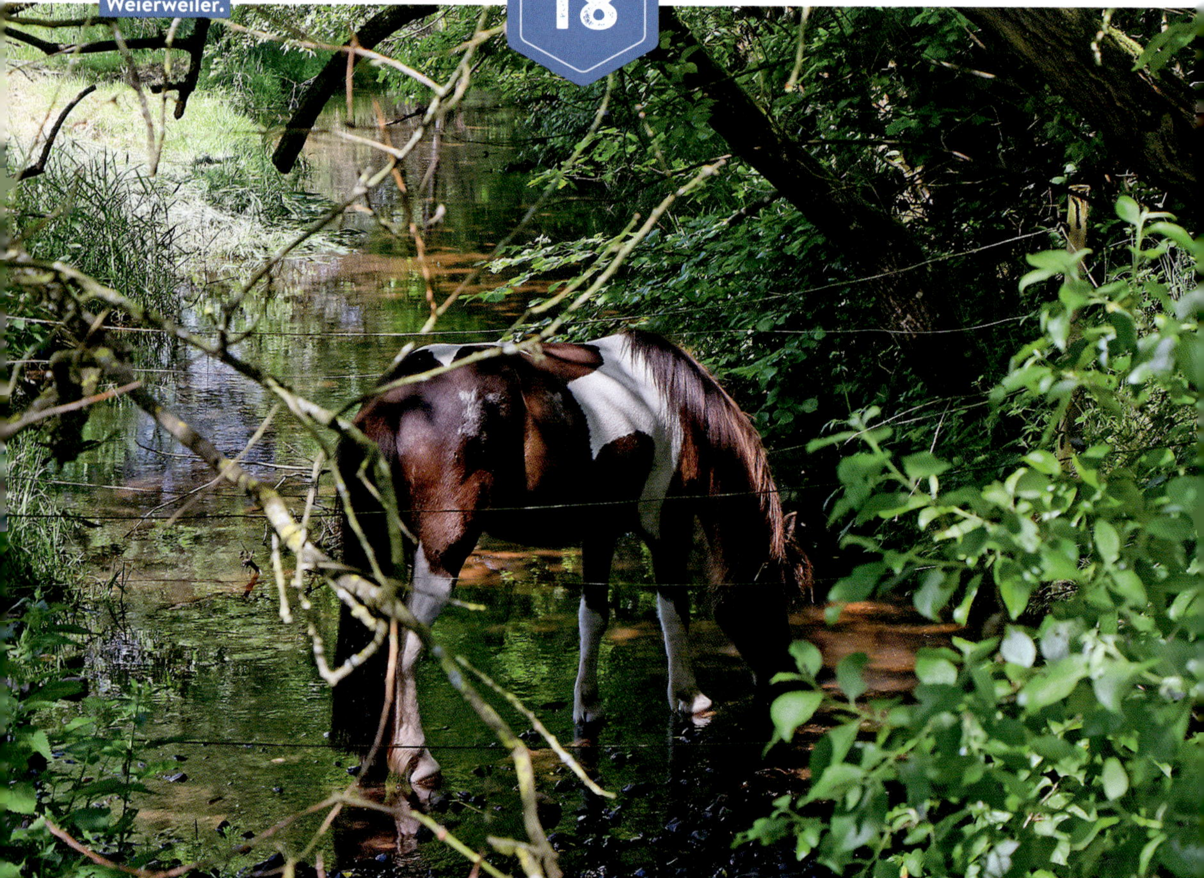

UNSERE TOUR BEGINNT am Wanderparkplatz bei der gemütlichen Rittscheidhütte, in die wir nach Ende unseres Rundwegs einkehren. Wir streben auf einen Wald zu und biegen zunächst nach rechts auf einen Forstweg am Waldrand ein. Zu unserer Rechten vergrößert sich der Auwald des Lannenbachs zu einem Sumpfgebiet. Am Bachufer ist ein Biberbau zu sehen. Natürlich lässt sich der Nager mit dem breiten Schwanz nicht blicken. Dennoch kann man erfreut zur Kenntnis nehmen, dass sich die Tiere allmählich wieder ihre angestammten Lebensräume zurückerobern.

ÜBER EINEN SCHMALEN, kurvenreichen Pfad geht es nun im Wald ordentlich bergauf, bis wir nach einer kleinen Brücke wieder an einen breiten Forstweg gelangen. Rechts neben uns leuchtet zwischen den Ästen der orangefarbene Sand der Sandgrube Oswald, der ein wenig an die Ockerberge in Südfrankreich erinnert. Weiter durch den Wald erreichen wir eine Lichtung, die einen Blick über die sanft gewellte Hügellandschaft gewährt. Weite Wiesen und Weiden prägen das Tal des Hölzbaches, den eine Reihe einzelner, freistehender Bäume flankieren. Wir überqueren das Gewässer und folgen dem

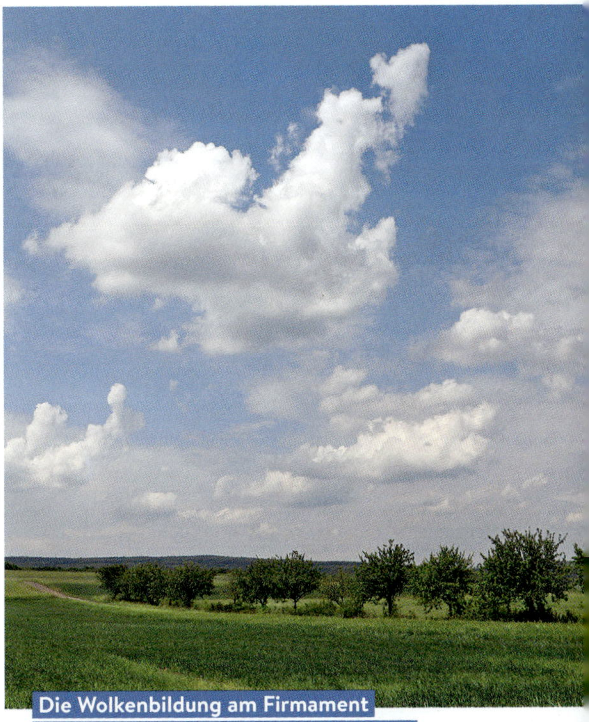

Die Wolkenbildung am Firmament bildet den beeindruckenden Abschluss landschaftlicher Kulisse.

Feldweg nach rechts. Zunächst gehen wir am Waldrand entlang, tauchen aber bald erneut tief in den Wald ein, bis wir eine weitere Lichtung erreichen. Hier eröffnet sich ein großartiger Blick.

WIR WANDERN nach links auf das Dorf Weierweiler zu und biegen dann rechts auf einen Pfad ab, der uns hinunter zum Wasserwerk führt. Ab hier folgen wir dem Ruwerbach, der an dieser Stelle in den Holzbach mündet, und passieren dabei zunächst die Landstraße. Am Bachufer leuchten gelbe Irisblüten, um die auf ihre einzigartig feenhafte Weise Libellen schwirren. Der Feldweg, auf den wir nun treffen, gehört zum Wanderweg der Drei-Seen-Route. Ihr folgen wir bis zu einem Reiterhof. Die Pferdekoppeln reichen hier bis an den Bach heran und

Tipp

CHARMANT BEI KERZENSCHEIN

Im historischen Lothringer Bauernhaus von etwa 1850 gleich hinter der Kirche von Weierweiler liegt das heimelige Café School Kättchen. Einstmals genutzt als Winterschule für die Dorfkinder, verströmt es mit seiner urigen Einrichtung Romantik und Nostalgie – insbesondere, wenn gegen Abend Kerzen, und nur Kerzen, die Gasträume erleuchten.

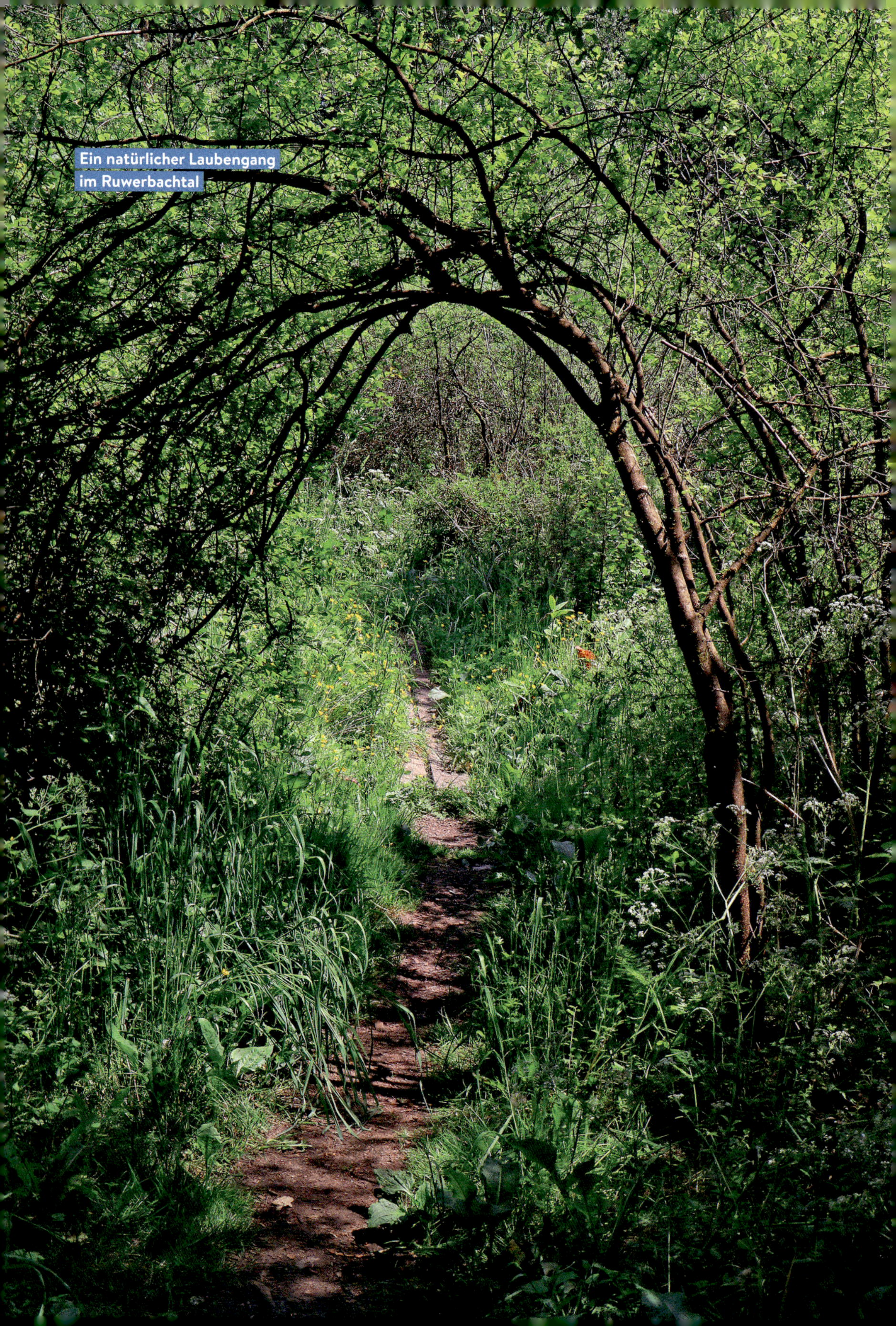

Ein natürlicher Laubengang
im Ruwerbachtal

INFO

TOURENCHARAKTER
Viele Wald- und Feldwege mit mäßigen Steigungen, kurze Straßenpassagen, überwiegend offenes Gelände

AUSGANGS-/ENDPUNKT
Wanderparkplatz an der Rittscheidhütte in 66679 Mitlosheim

GEOKOORDINATEN
N 49.525757, E 6.776645

ANFAHRT
Bahn/Bus: Zug bis Saarbrücken Hbf, RE 4123 nach Merzig, Bus R1 bis Hassler-Mitlosheim, Fußweg 8 min über Flürchen

EINKEHR
Ideal direkt am Beginn oder Ende des Weges gelegen, bietet die Rittscheidhütte kleine, gutbürgerliche Gerichte und selbst gebackenen Kuchen.

KARTE
Wanderkarte Naturpark Saar-Hunsrück, LVGL Saarland, 1:50 000

mittel | 4 Std. | 14 km | 144 Hm

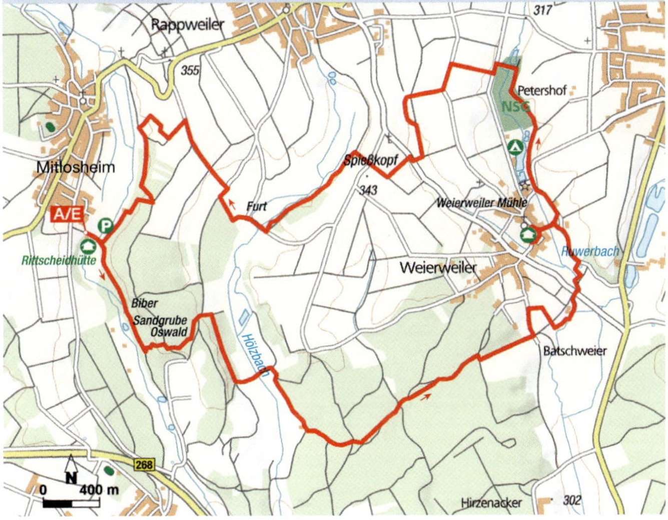

INFORMATION
Hochwald Touristik, Trierer Str. 21, 66709 Weiskirchen, Tel. 06876 709 637, www.weiskirchen.de

manch cleverer Vierbeiner kühlt sich darin die warm gelaufenen Hufe. Wir gönnen uns auch einen Abstecher nach Weierweiler für eine Erfrischung.

DAS VON LANDWIRTSCHAFT geprägte Dorf besteht aus einer Ansammlung netter kleiner Bauernhäuser rund um die Kirche. Der kleinste Teil der Gemeinde Weiskirchen bekam seinen ungewöhnlichen Namen aufgrund der vielen Seenflächen in der näheren Umgebung. Eine davon liegt nun links von uns, nachdem wir ein Stück auf der Straße gegangen sind und die Hauptstraße überquert haben. Der Weiher gehört zum Campingplatz Weierweiler Mühle. Er grenzt unmittelbar an das Naturschutzgebiet Ruwerbachtal, das wir nun durchwandern.

AUFWÄRTS FÜHRT UNSER WEG zwischen Weide- und Ackerflächen hindurch auf eine Hochebene, die uns grandiose Aussichten in die Ferne und auf die Dörfer Mitlosheim im Westen und Rappweiler im Norden liefert. Hinter der Landstraße erreichen wir am Spießkopf mit 343 Metern den höchsten Punkt der Tour. Am nächsten Feldweg links treffen wir wieder auf den Hölzbach, begleiten ihn bis zur Straße, wo wir zwischen Brücke und Furt zur Querung wählen können. Am Waldrand entlang wandern wir weiter, bis wir eine lichte, offene Fläche erreichen. Das Panorama von Mitlosheim stets im Blick, steuern wir nach links auf eine Streuobstwiese zu, hinter der wir in den Wald hineinwandern. Nun ist bald die Rittscheidhütte, unser Startpunkt, erreicht.

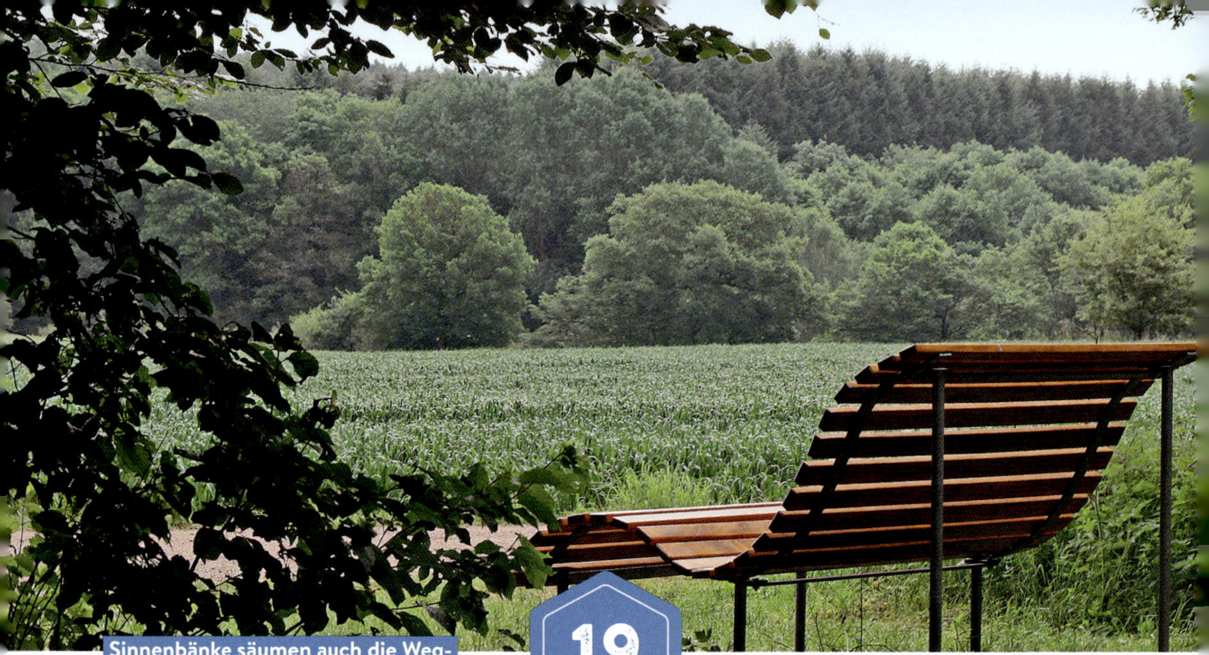

Sinnenbänke säumen auch die Wegführung rund um den Losheimer See.

19

Stausee Tafeltour

Ufer, Wälder und Alleen im saarländischen Hochwald

Die entspannte Rundwanderung führt vom populären Naherholungsgebiet am Losheimer See durch das um einiges ruhigere Terrain mit anmutigen Bachtälern und urwüchsigen Wäldern bis auf die Höhen des Naturparks Saar-Hunsrück. Sie begeistert immer wieder mit eindrucksvollen Naturerlebnissen.

AM EINGANG zum Freizeitgelände des Losheimer Stausees, direkt gegenüber der Touristeninformation, befindet sich der Einstieg zu unserer Wanderung. Sie beginnt auf dem asphaltierten Seerundweg. Zuvor lohnt natürlich auch ein Blick über den idyllisch gelegenen See, der mit zahlreichen Aktivitäten im, auf und am Wasser zur vergnüglichen Freizeitbeschäftigung reizt. Hinter dem Seehotel geht es nach rechts auf einem kleinen Pfad durch ein hübsches Waldstück mit Kiefern, die bei entsprechenden Temperaturen ein mediterranes Flair entstehen lassen – allerdings fehlt der schnarrende Gesang der Zikaden. Unterwegs gibt es immer wieder Ausblicke über die Wasserfläche.

HINTER DEM WALD treffen wir erneut auf den Seerundweg und folgen ein Stück seinem malerischen Verlauf. Wir verlassen ihn dann aber zugunsten eines Pfades, der unmittelbar am Ufer vorbeiführt. Den nordwestlichen

Zipfel des Sees markiert ein dichter Schilfbestand unter den herabhängenden Ästen der Bäume am Ufer. Hier herrscht eine fast andächtige Ruhe.

NOCH EINMAL wandern wir über den befestigten Rundweg und biegen hinter der Brücke über den Losheimer Bach nach rechts auf einen schmalen Schotterweg ab. Wir überqueren die nächste Brücke an der Mündung des Metzerbaches und stehen bald vor einer recht großen Kneippanlage, die zum Wassertreten einlädt. Nun geht es rechts stetig bergauf, begleitet vom heimeligen Rauschen des Baches, den wir schließlich an einem alten Steinbruch mitten im Wald hinter uns lassen.

IM FORSTGEBIET queren wir den Langenbruchbach und biegen bei mächtigen Baumriesen rechts ab. Durch Streuobstwiesen steuern wir auf das Dorf Scheiden zu, das wir aber nur kurz tangieren. Rechts geht es nun weiter auf einem Höhenweg. Begleitet von wunderbaren Ausblicken gelangen wir durch eine Obstbaumallee, vorbei an Wiesen und Pferdekoppeln in ein Waldgebiet. Über kurvenreiche Pfade, von hohem Gebüsch und Farnkraut gesäumt, erreichen wir auf einem hölzernen Steg wieder den Langenbruchbach und setzen unseren Weg nach links fort, am Waldrand entlang. Nach einem Schlenker in den Wald legen wir den Rest der Strecke über Felder und Weiden bis zum Parkplatz am Losheimer Stausee zurück.

INFO

TOURENCHARAKTER
Wald- und Feldwege, mäßige Steigungen, kurze Passagen auf befestigten Wegen

AUSGANGS-/ENDPUNKT
Tourist-Information am Losheimer See; Zum Stausee 198, 66679 Losheim am See

GEOKOORDINATEN
N 49.520599, E 6.739664

ANFAHRT
Bahn/Bus: Zug bis Saarbrücken Hbf, RE 4123 nach Merzig, Bus R 1 bis Losheim Bahnhof, Fußweg 20 min über Hochwaldstraße und Zum Stausee

EINKEHR
Hochwälder Brauhaus, deftige Hausmannskost mit Seeblick, Zum Stausee 190, 66679 Losheim am See, www.hochwaelder-brauhaus.de

KARTE
Wanderkarte Naturpark Saar-Hunsrück, LVGL Saarland, 1:50 000

INFORMATION
Tourist-Info am Stausee, Zum Stausee 198, 66679 Losheim am See, Tel. 06872 609 260 100, www.losheim-stausee.de

mittel	3 Std.	10,1 km	237 Hm

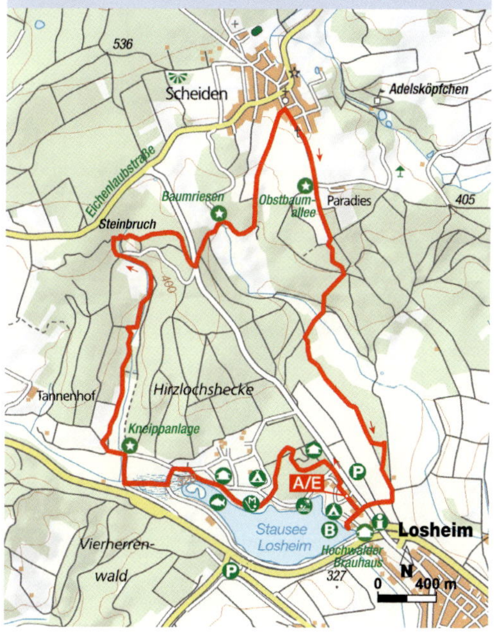

Skulpturenweg Cerda & Celtoi

Die Künstler und die Kelten

An einer der größten keltischen Ringwallanlagen Europas, dem Hunnenring, entdecken wir auf einem kurzen Rundweg historische Schätze ebenso wie Werke zeitgenössischer Bildhauerkunst. Der Hunnenring liegt unterhalb des Dollbergs, der mit 695 Metern höchste Berg des Saarlands.

WIR BEGINNEN unsere Wanderung an der Europäischen Akademie Otzenhausen. Die Begegnungsstätte widmet sich in Workshops und Seminaren ausschließlich dem europäischen Gedanken. Bereits auf dem Gelände der Akademie finden sich vier moderne Plastiken des Skulpturenweges, der eigentlich erst auf der Straße hinter den Häusern seinen Anfang nimmt und zunächst am Wald entlangführt. Die Idee, einen Weg mit Kunstobjekten zu gestalten, wurde zwischen 2005 und 2007 unter dem Titel Cerda & Celtoi umgesetzt. Frei übersetzt bedeutet das Kunst und Kelten. Die Künstler, die alle aus Ländern mit keltischer Vergangenheit stammen, durften bei ihrer Arbeit ausschließlich Mate-

Nach dem Spaziergang auf dem steinigen Keltenwall des Hunnenrings führen Waldwege zurück zum Startpunkt in Otzenhausen.

20

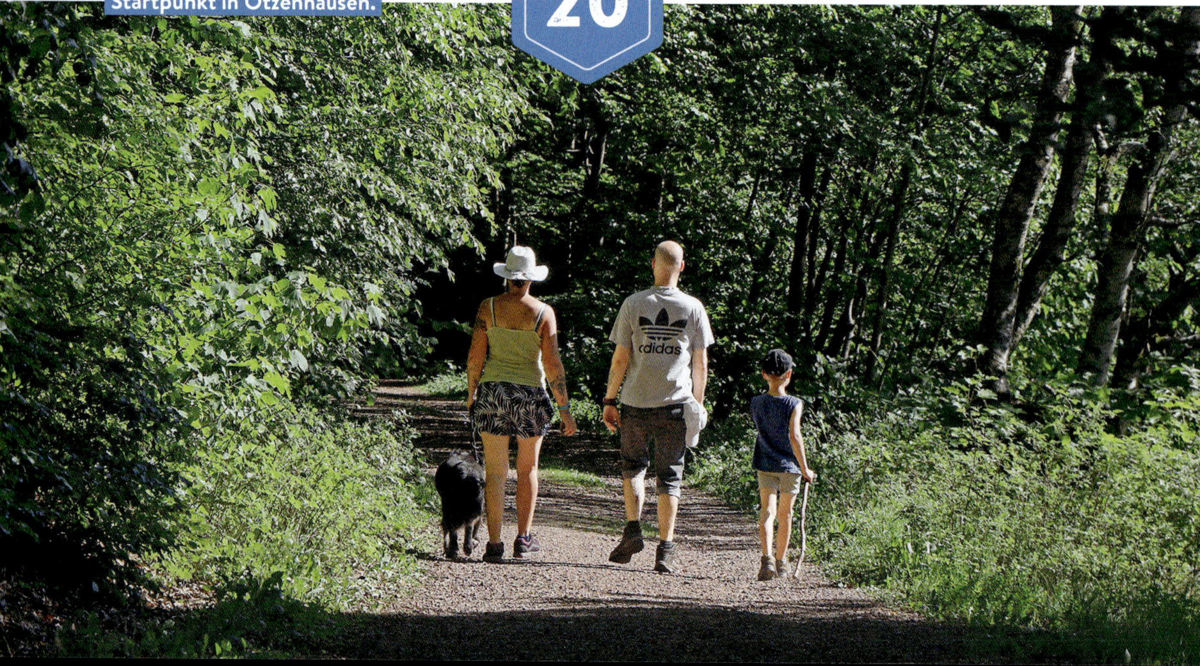

INFO

TOURENCHARAKTER
Wald- und Feldwege, kurze steile Steigungen, teilweise befestigte Wege

AUSGANGS-/ENDPUNKT
Parkplatz hinter der Europäischen Akademie Otzenhausen, Europahausstraße 35, 66620 Nonnweiler-Otzenhausen

GEOKOORDINATEN
N 49.607400, E 6.987970

ANFAHRT
Bahn/Bus: Zug bis Saarbrücken Hbf, RE 29519 nach Türkismühle, Bus R 200 bis Europäische Akademie

UNTERKUNFT
Bosener Mühle, Ferienapartments, An der Bosener Mühle 1, 66625 Nohfelden

EINKEHR
Ländlich-deftige Gerichte im Restaurant Meyershof in Otzenhausen, www.restaurant-meyershof.de

INFORMATION
Tourist-Information Nonnweiler, www.nonnweiler.de

mittel | 3 Std. | 6,9 km | 186 Hm

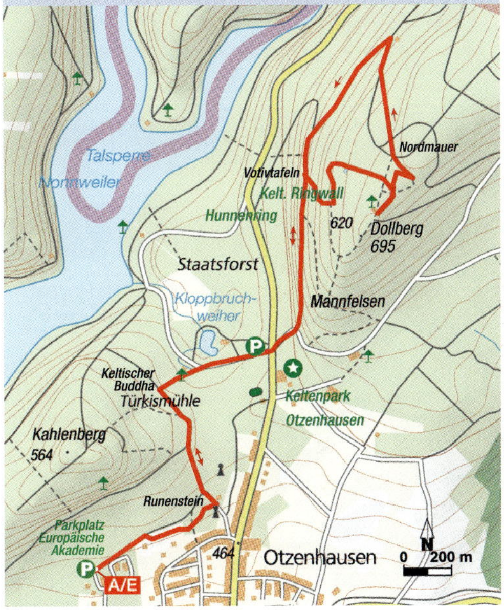

rialien verwenden, die auch den Kelten bekannt waren: Sandstein, Holz und Eisen.

AN EINEM MODERNEN RUNENSTEIN biegen wir links in den Wald ab und treffen in regelmäßigen Abständen auf die Bildhauerarbeiten. So begrüßen uns ein keltischer Buddha, ein keltisches Herz und das skurrile Lebacher Ei, ein versteinertes Drachenei mit keltischen Mustern nahe des Kloppbruchweihers. Wir überqueren den Parkplatz sowie die Landstraße L 147 und statten dem Keltenpark einen kurzen Besuch ab. Kernstück des Freilichtmuseums ist ein rekonstruiertes keltisches Dorf. Nach links wandern wir einen Waldweg langsam bergan. Zu unserer Linken hängen wie Christbaumschmuck Votivtafeln im Astwerk eines Baumes.

HIER GEHT ES rechts auf einem Pfad steil zwischen mächtigen Quarzit-Felsen aufwärts, bis wir den Wall des Hunnenrings erreichen, der ein baumbestandenes Plateau umgibt. Neben Bänken und Picknickplatz finden sich weitere Objekte des Kunstweges sowie Tafeln zur Geschichte der Wallanlage. Der eindrucksvollste Bereich ist die noch erhaltene 40 Meter breite und über 10 Meter hohe Nordmauer. Wir überqueren sie auf einer Treppe, die in die scheinbar lose Konstruktion aus unzähligen kleinen Steinen, eine Art Schuttberg, hineingebaut wurde. Vom höchsten Punkt aus bietet sich ein Rundblick. Ein Pfad führt hinab durch den Wald und in einer Spitzkehre nach links wieder zurück. Von den Votivtafeln aus kehren wir auf dem gleichen Weg zurück zum Ausgangspunkt.

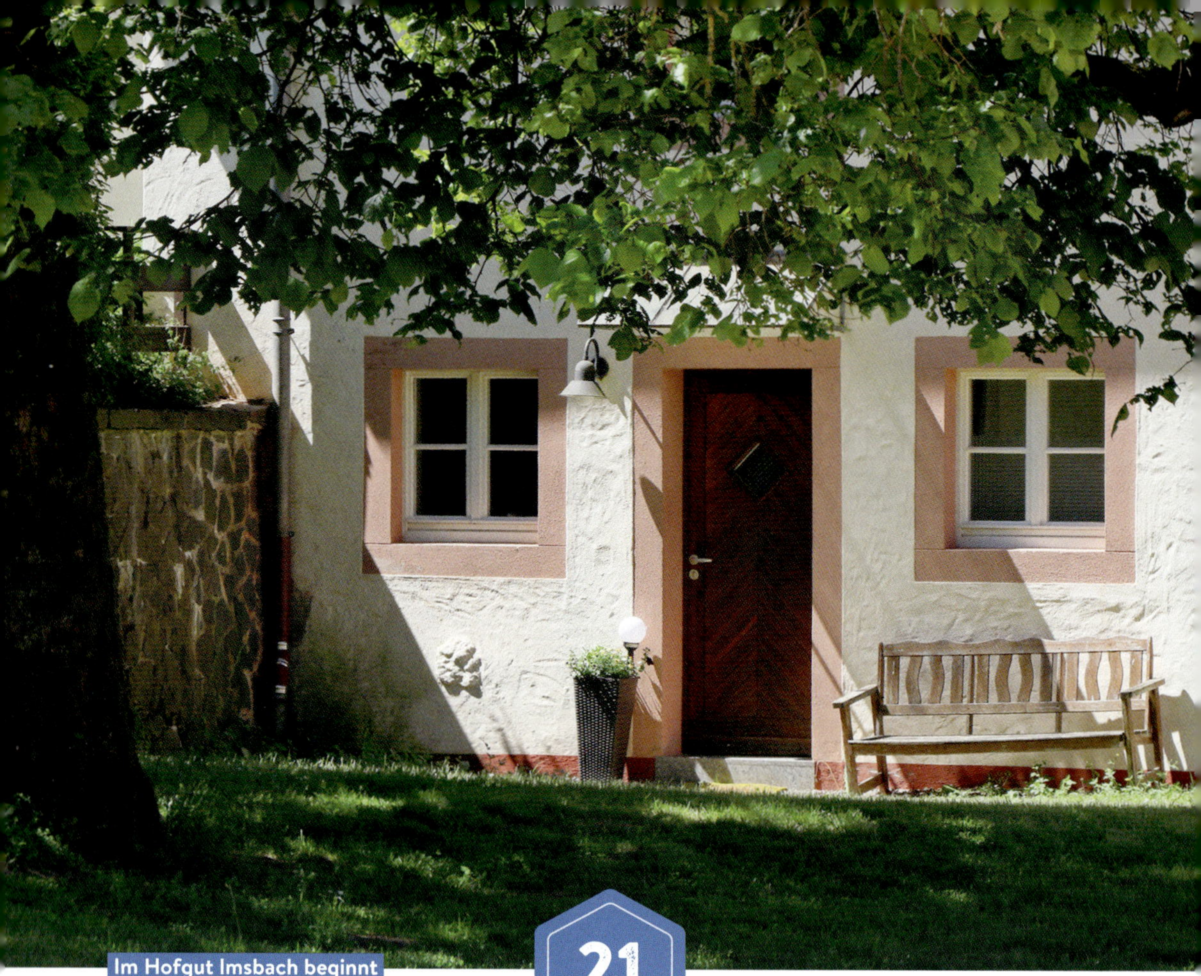

Im Hofgut Imsbach beginnt unsere Wanderung.

21

Offizierspfad Imsbach

Panoramen über Schloss und Mühle

Entlang der ehemaligen Grenze zwischen Saargebiet und Deutschem Reich führt uns der abwechslungsreiche Rundweg zu wunderschönen Aussichten über das hügelige Schaumberger Land. So manch kulturhistorisches Kleinod liegt am Wegesrand.

DAS EHRWÜRDIGE HOFGUT IMSBACH ist der Ausgangspunkt unserer Wanderung und gleich eine nähere Betrachtung wert. Die Geschichte des nun denkmalgeschützten Gebäude-Ensembles reicht zurück ins Mittelalter. Das heutige Gutshaus wurde 1715 errichtet und knapp 100 Jahre später von Kaiser Napoleon an seinen verdienten Reiteroberst Charles Louis Narcisse Lapointe übereignet. Dieser erweiterte es und machte aus dem Gutshaus fast ein kleines Schloss. Den aristokratischen Charakter betont der kleine künstlich angelegte Teich, auf den wir am Ende unserer Tour treffen werden. Das Hofgut selbst ist heute ein beliebtes Ausflugsziel mit Hotel und Restaurant. Außerdem ist die Verwaltung der saarländischen Natur-Management-Betriebe ansässig, die vor Ort ökologische Weidewirtschaft mit alten, bedrohten Nutztierrassen betreibt.

Tipp

LIEBLINGSPLATZ

Auf einer Anhöhe gegenüber dem Hofgut befindet sich seit 1904 die Gutskapelle Imsbach. Hier liegen die Gebeine des Reiteroberst und einstigen Hofgutbesitzers Lapointe. In den 1950er-Jahren zeitweise als Gefängniskirche genutzt, wurde der Sakralbau bis 2007 umfassend saniert und dient nun als populäre Außenstelle des Standesamtes.

UNSER WEG, der seinen Namen im Übrigen diesem Offizier Napoleons verdankt, führt zunächst durch die Gärten des Hofguts vorbei an einer kleinen Streuobstwiese und über den Mandelbach, der zu unserer Linken zu einem idyllischen Weiher aufgestaut ist. Wir folgen dem Verlauf des kleinen Gewässers bachaufwärts auf schmalem Pfad im dichten, duftenden Kiefernwald. Ein Hinweisschild macht darauf aufmerksam, dass wir uns nun in einem sogenannten Röteldistrikt befinden. Rötel, das auch als roter Ocker bezeichnet wird, ist ein recht seltenes Mineral, aus dem früher Farbe für Schutzanstriche gewonnen wurde. In der Mitte des 19. Jahrhunderts erlebte die Region eine Blütezeit des Rötelabbaus.

EINIGE VERWITTERTE, alte Grenzsteine säumen den Weg; ihre Vergangenheit erläutern kleine Schautafeln. Von 1919 bis 1935 lag hier die Grenze zwischen Saargebiet und Deutschem Reich, worauf die eingeritzten Buchstaben S und D hinweisen. Am Waldrand liegen nun rechts von uns offene Felder. Im nächsten dichteren Waldstück erreichen wir den Bruderborn. Hier entspringen die beiden Quellarme des Imsbaches, der bei Primstal in die Prims fließt. Weiter geht es am Waldrand Richtung Norden auf das Dorf Selbach zu. Über der hügeligen Landschaft mit einem Flickenteppich aus Wiesen, Weiden, Feldern und Wäldern ragt in der Ferne der markante Turm auf dem Schaumberg oberhalb von Tholey in die Höhe.

Hölzerne Brückchen führen immer wieder über den Imsbach.

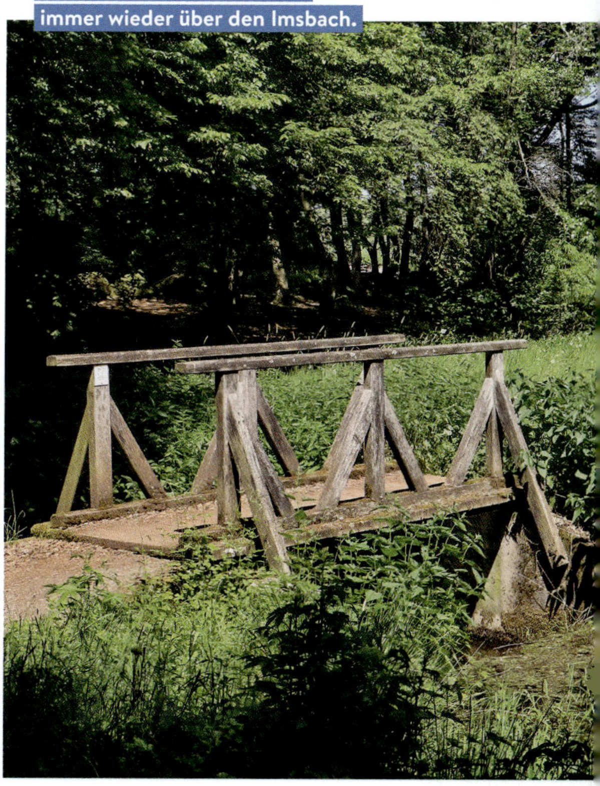

Tipp

ES KLAPPERT DIE MÜHLE

Das Kreismühlenmuseum in den Gebäuden der Johann-Adams-Mühle vermittelt anschaulich und authentisch das Leben der Müllerfamilien vor gut 300 Jahren. Eine Dauerausstellung zeigt, wie aus Flachs Leinen wird. Regionale Künstler präsentieren ihre Arbeiten in einer Galerie, die ursprünglich einmal als Stall für die kleinen Tiere des Mühlenhofs diente.

IN SELBACH machen wir kehrt und wandern auf der anderen, ebenfalls im Wortsinn aussichtsreichen Seite des hier schmalen Waldstücks wieder in südliche Richtung. In der angenehmen Kühle des Waldes passieren wir die Reste eines alten Holzkohlenmeilers. Ein Grenzstein markiert den Übergang von der Gemeinde Mettnich zum Anwesen des Imsbacher Hofguts. Wir haben einen Höhenrücken erreicht, den wir auf einem Pfad wieder abwärts gehen, um zu den offenen Weideflächen des Imsbachtals zu gelangen. Der als Allee angelegte Feldweg führt in einem weiten Bogen vorbei an genuss- und geräuschvoll grasenden Rindern bis zur Brücke über den Imsbach. Wir überqueren sie und steuern, begleitet von Schmetterlingen und bunten Wiesenblumen, wieder auf einen Wald zu.

RECHTS VON UNS liegt gleich ein kleiner Angelweiher, an dem eine Bank zur Rast lädt. Der Pfad schlängelt sich durch den

↓ Die Eiche Napoleons am Imsbach
↘ Schlossparkidyll am Hofgut Imsbach

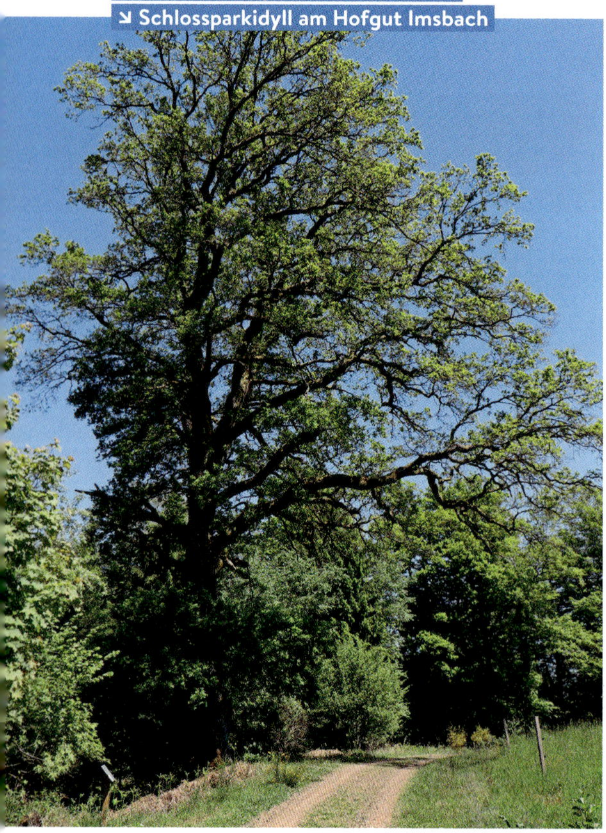

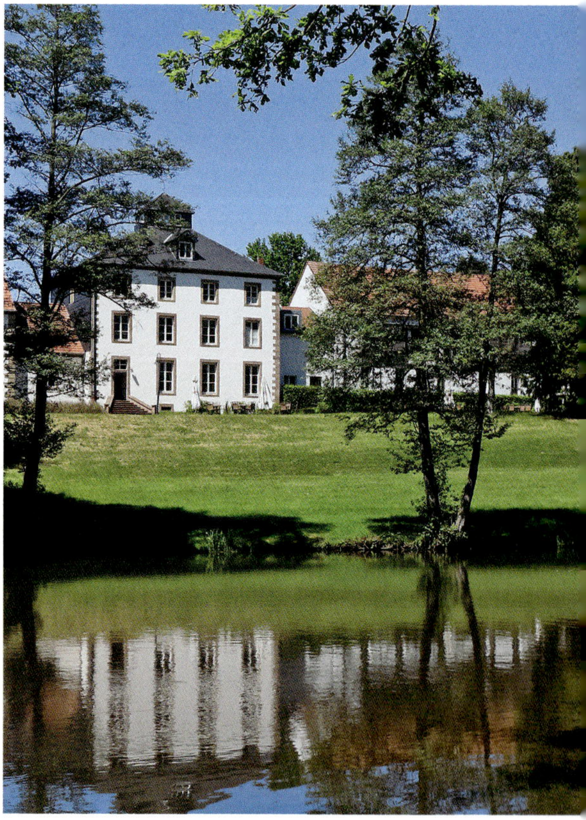

INFO

TOURENCHARAKTER
Wald- und Feldwege, wenige befestigte Straßen, viele Pfade im Wald in hügeligem Gelände

AUSGANGS-/ENDPUNKT
Parkplatz Selbach am Hofgut Imsbach, Imsbach 1, 66636 Tholey-Theley

GEOKOORDINATEN
N 49.533815, E 7.029898

ANFAHRT
Bahn/Bus: Zug bis Saarbrücken Hbf, RE 29519 nach St. Wendel, Bus 610 bis Am Weiher in Tholey und Bus 619 bis Johann-Adams-Mühle, Theley

EINKEHR
Johann-Adams-Mühle, gute Hausmannskost, Biergarten, Johann-Adams-Mühle 1, 66636 Tholey-Theley, www.landgasthof-johann-adams-muehle.de

KARTE
Wanderkarte Süd, Sankt Wendeler Land, LVGL Saarland, 1:25 000

INFORMATION
Gemeinde Tholey, Im Kloster 1, 66636 Tholey, Tel. 06853 5080, www.tholey.de

mittel | 4 Std. | 11,1 km | 160 Hm

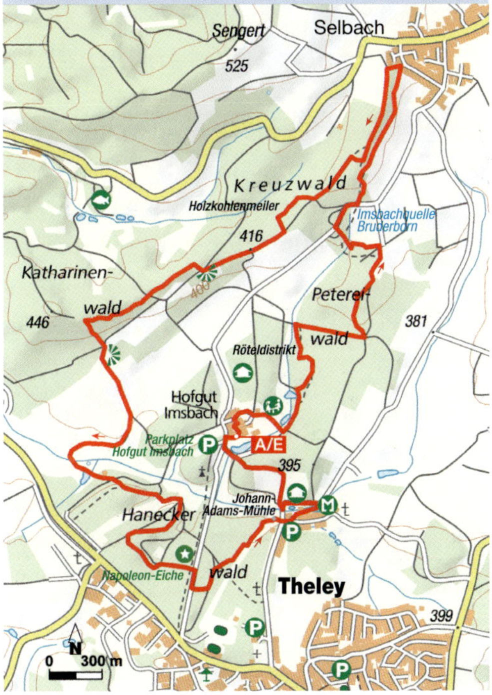

Forst und erreicht eine Lichtung, wo uns eine weitere Tafel auf die Napoleon-Eiche hinweist. Die Stieleiche wurde einst als Grenzmarkierung des Imsbacher Hofguts vor über 300 Jahren gepflanzt, allerdings nicht – wie der Name vermuten lässt – vom Kaiser persönlich. Kurvenreich und stetig auf und ab wandern wir durch den Wald, überqueren die Straße Zum Imsbach und erreichen den nördlichen Ortsrand von Theley. Am Ufer des Imsbaches liegt die kulturhistorisch bedeutsame Johann-Adams-Mühle, eine Wassermühle, die schon 1589 urkundliche Erwähnung fand.

DAS HEUTIGE REETGEDECKTE Mühlenhaus mit der einzig verbliebenen restaurierten mittelalterlichen Mahlstube im Saarland und die Nebengebäude stammen von 1735. Das wieder klappernde Mühlrad bekommt das Wasser zum Antrieb über eine zwölf Meter lange Holzbrücke. Das alte Mahlwerk mit den mächtigen Mühlsteinen ist ebenso betriebsbereit wie der 200 Jahre alte Backofen. Im ehemaligen Wirtschaftsgebäude findet sich eine populäre Landgaststätte. Hinter der Mühle rauscht der Imsbach heran, der von einem Mühlengraben gebändigt wird. Auf der anderen Bachseite wandern wir hinauf in ein Waldstück. Bald erreichen wir den lauschigen Teich mit dem romantischen Blick hinüber zum Hofgut, das sich im ruhigen Wasser spiegelt, und sind am Ausgangspunkt angelangt.

Schaumberg Tafeltour

Hinauf auf den beliebten Hausberg des Saarlands

Kelten und Römer suchten auf dem Schaumberggipfel Zuflucht und Übersicht. Uns bietet er auf unserer Tour eine komplette Rundumsicht bis weit nach Frankreich hinüber. Ausblicke über die hübschen Hügellandschaften bestimmen auch weiter den abwechslungsreichen Wanderweg.

22

Kunst unterhalb des Schaumbergturms

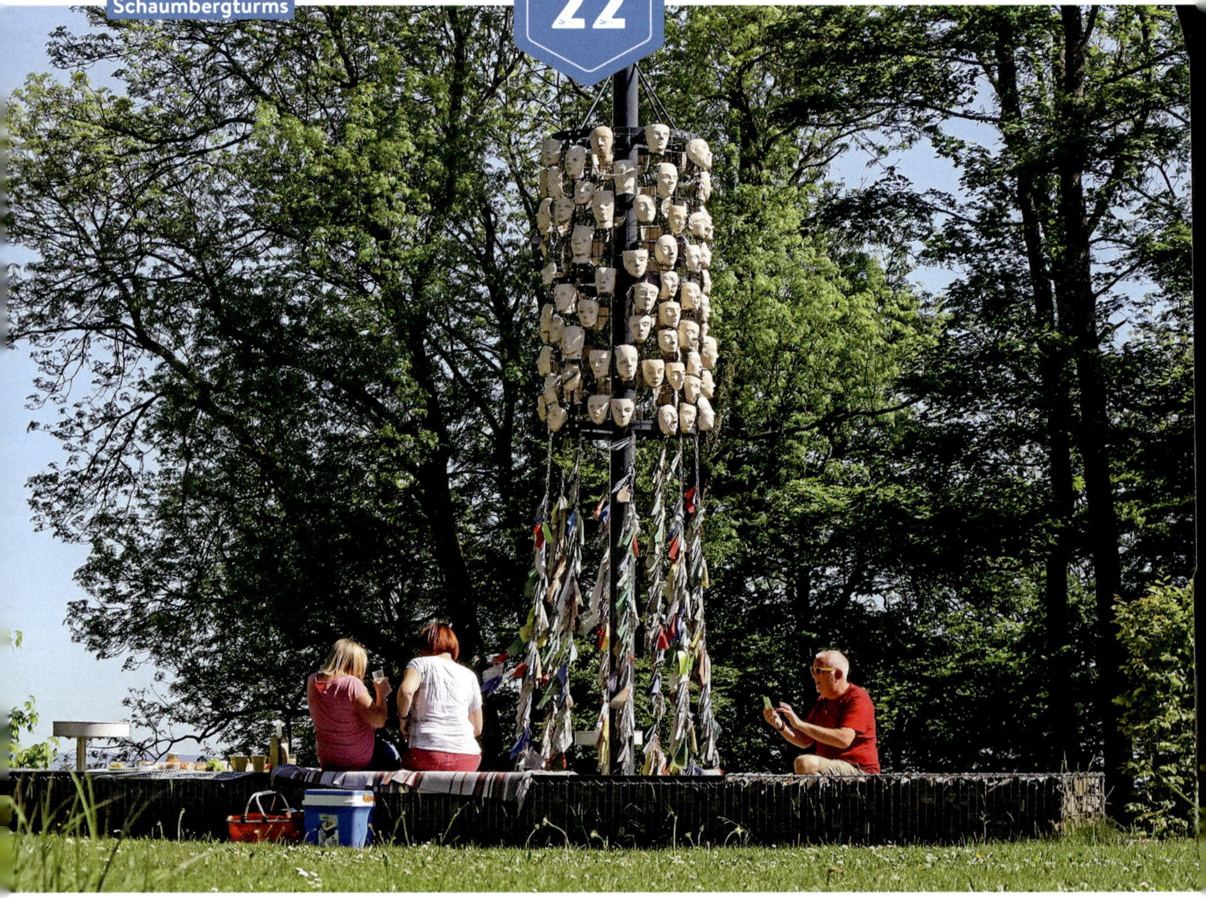

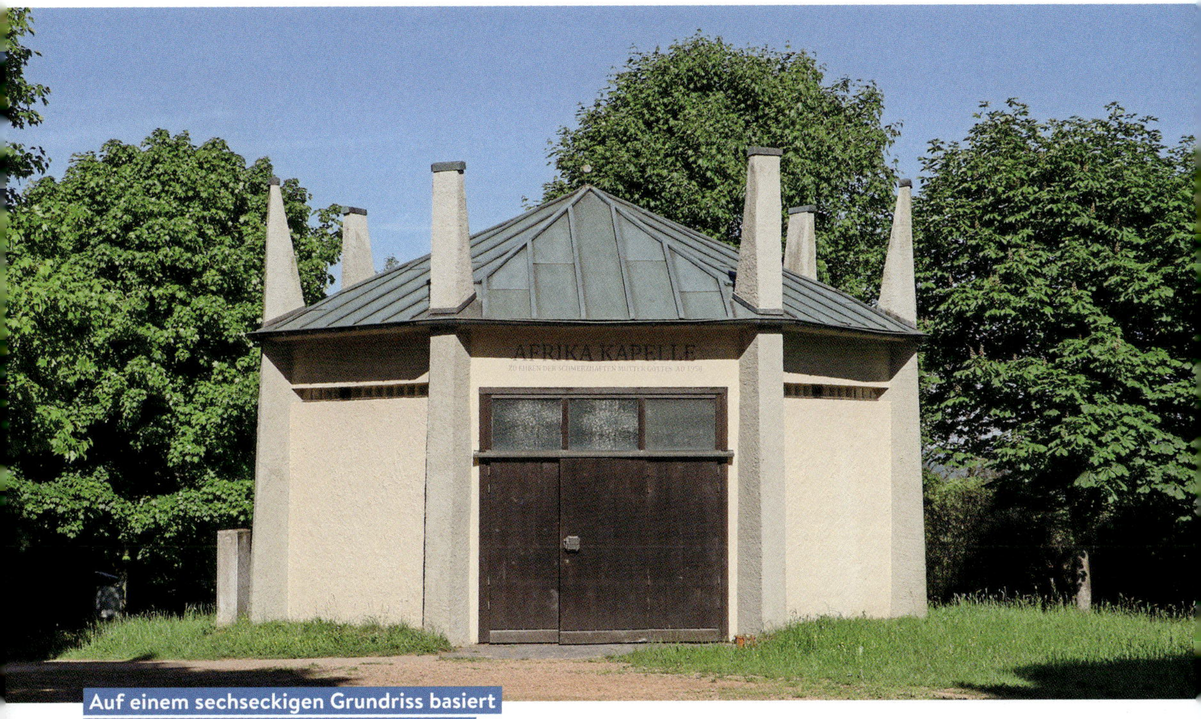

Auf einem sechseckigen Grundriss basiert die Afrika-Kapelle oberhalb von Tholey.

AM RATHAUS im Zentrum von Tholey starten wir unsere Rundwanderung an der Infotafel, die uns eine Übersicht über die Wegstrecke vermittelt. Gleich zu Beginn treffen wir an der Sporstraße, Ecke Römerallee unter einem Pavillondach auf Relikte aus der Römerzeit. Vor 2000 Jahren verlief auf dem freigelegten Pflaster eine römische Handelsstraße. Wir biegen nach links auf die Straße Im Steggarten, überqueren die Trierer Straße und nehmen die kurze Gasse Am Schanzgraben, hinter der es im Wald sogleich recht steil aufwärts geht. Der Forstweg nach links führt uns auf einem Zick-Zack-Kurs bergan, bis wir kurz unterhalb des Schaumbergturms auf den markanten Klapperstorchstein stoßen. Um den keltischen Opferstein spinnt sich eine spätmittelalterliche Legende. Eltern, die sich mehr als ein Kind wünschten, ließen ihr Erstgeborenes mehrmals singend und um ein Geschwisterchen bittend um den Stein herumlaufen. Welchen Erfolg diese Maßnahme hatte, ist nicht überliefert ...

DEN 569 METER hohen Gipfel des Schaumbergs, den die Saarländer gern als ihren Hausberg bezeichnen, nutzten schon die Kelten als natürliche Fluchtburg. Um 100 n. Chr. errichteten die Römer dort eine strategisch bedeutsame Höhenfestung, bot der Standort doch perfekte Übersicht in alle Himmelsrichtungen. Die neben einigen Münzen entdeckten Mauerreste bezeugen die seltene architektonische Konstruktion einer Reihenbogenmauer, deren Bögen sich nach außen statt wie sonst üblich nach innen öffneten. Im Mittelalter bauten die Bliesgauer Grafen ihre Schauenburg, die jedoch dem Dreißigjährigen Krieg gänzlich zum Opfer fiel. 1976 erfolgte die Einweihung des neuen 37 Meter hohen Schaumbergturms,

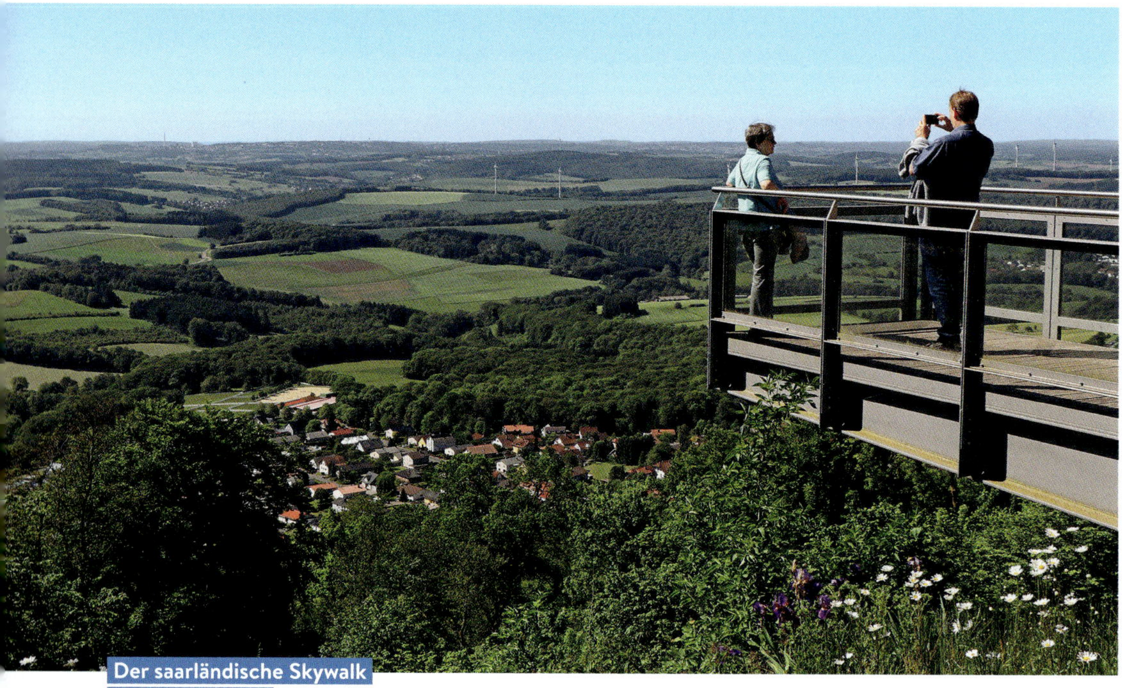

Der saarländische Skywalk am Schaumberg

der dem Gipfel eine augenfällige Krone aufsetzte und für noch bessere Aussichten bis weit in die Vogesen hinein sorgte. Der Turm ersetzte einen backsteinernen Vorläufer, dessen Bau 1912 zu Ehren Kaiser Wilhelms begonnen, doch zunächst nicht vollendet wurde. Dies war erst 1930 der Fall. 1972 erfolgte der teilweise Abriss aufgrund von Baufälligkeit. Im Sockelgewölbe befindet sich seit 2013 eine Kapelle mit einem offenen Altar zum Gedenken an Gefallene der beiden Weltkriege.

WIR VERLASSEN DEN GIPFEL des Schaumbergs über kurvenreiche Waldpfade, allerdings nicht ohne zuvor einmal auf dem Skywalk, einer schwindelerregenden, freitragenden Plattform, die Aussicht auf uns wirken zu lassen. Wir folgen ein Stück dem Verlauf des Herzweges. Am Waldrand entlang wandern wir auf das idyllisch gelegene Therapiezentrum Schaumberger Hof zu, biegen aber links ab, bevor wir es erreichen. Nun befinden wir uns auf einem Höhenweg, der uns mit seinen fantastischen Aussichten das nordwestliche Saarland und den Hunsrück quasi zu Füßen legt. Hinter dem Wald kommen wir zur kleinen Siedlung Blasiusberg

Tipp

ABTEI AUF DEM RÖMERBAD

Etwa im 7. Jahrhundert soll die erste Abtei Tholey auf den Grundmauern eines römischen Bades gegründet worden sein. Die heutige Klosterkirche St. Mauritius stammt z. T. aus dem 13. Jahrhundert. 1794 verließen die Benediktiner die Abtei, die kurz danach von einem Privatmann gekauft wurde. Er überließ sie der Gemeinde Tholey zur Nutzung als Pfarrkirche.

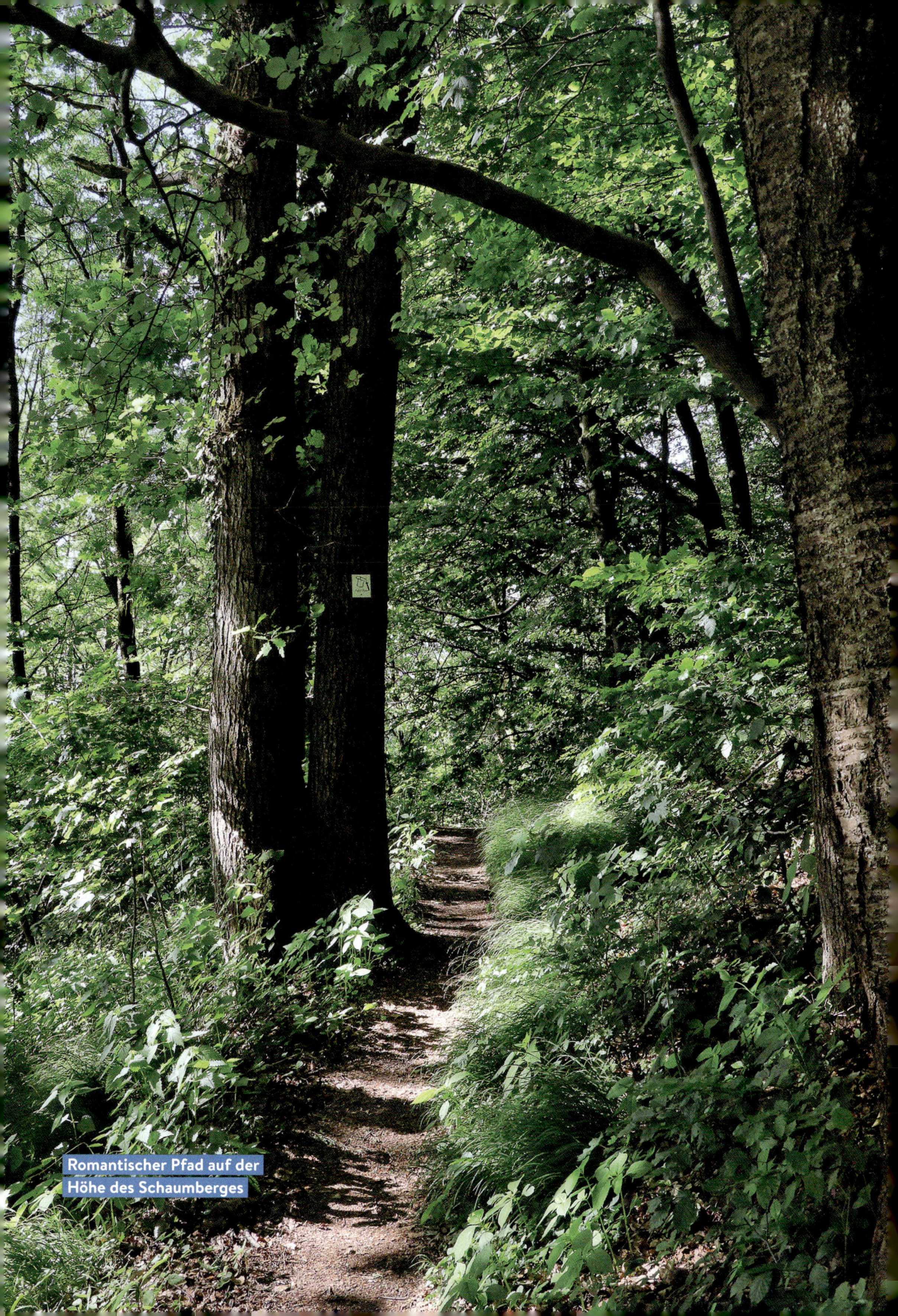

Romantischer Pfad auf der Höhe des Schaumberges

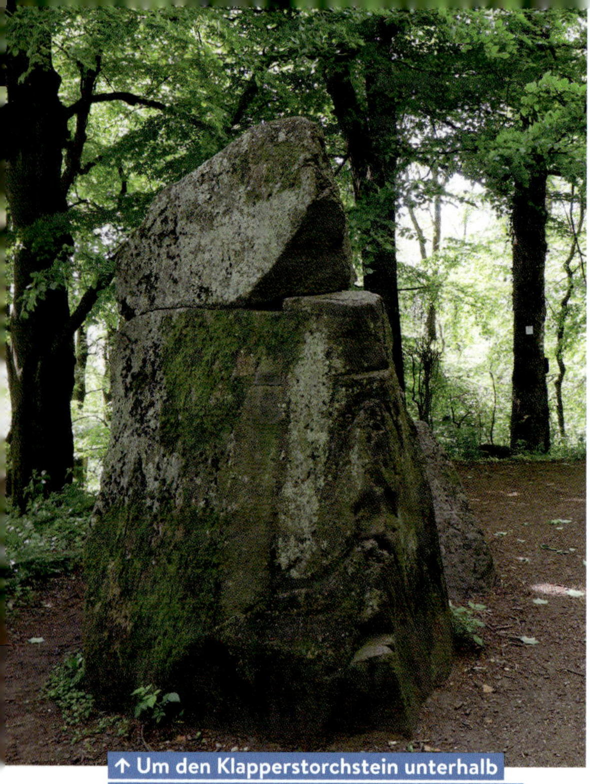

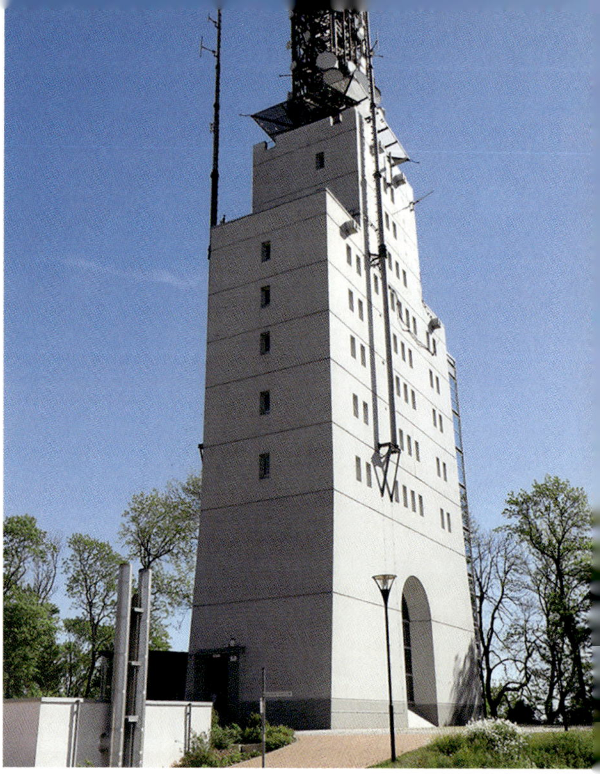

↑ Um den Klapperstorchstein unterhalb des Schaumbergturms ranken sich diverse fruchtbare Mythen. ↗ Die markante Silhouette des Schaumbergturms ist von den umliegenden Höhen stets gut zu sehen.

mit der hübsch gelegenen Kapelle, deren Ursprünge bis ins 13. Jahrhundert zurückreichen. Wir umrunden das Dörfchen auf der einzigen Straße und tauchen dann nach rechts wieder in ein dichtes Waldgebiet ein.

AUF SCHMALEN PFADEN steuern wir hinunter in das Tal der Theel. An der Brücke über den Bach liegt die Mündung des von rechts heranrauschenden Hostenbaches. Wir begleiten nun seinen Verlauf durch den Wald und wechseln dabei gleich mehrfach die Uferseite. Nach der dritten Brücke biegen wir links ab. An einer schmalen Waldpassage lassen wir das Bächlein hinter uns und überqueren an einem Hochstand einen Feldweg. Dieser bringt uns auf die andere Talseite und weiter auf einen Pfad bergaufwärts durch einen Wald. Wir passieren einen alten Steinbruch zu unserer Rechten. Die nachfolgende Lichtung überqueren wir und sehen wieder den Schaumbergturm vor uns liegen. Über zwei langgezogene Kehren bergauf queren wir noch einmal den Herzweg. Regionale Künstler schufen 2017 im Rahmen des Projektes »Gipfelkunst am Schaumberg« Installationen im Einklang mit der Natur, von denen wir einige passieren.

Tipp

KLEINOD DER ENTSPANNUNG

Zwischen Benediktinerabtei, Rathaus und unterhalb des Schaumberges liegt in Tholey mit dem Gästehaus St. Lioba ein stilvolles Domizil mit entspannter Atmosphäre. Es bietet Ausblicke auf Saarlands Hausberg wie auf den romantischen, liebevoll gepflegten, barocken Klostergarten mit kleinem Teehaus, Imkerei und Gewächshaus.
www.gaestehaus-sanktlioba.com

UNSER WEG geht ein Stück bergauf in Richtung des leuchtend weißen Windrades. Direkt unterhalb davon steht die sechseckige Afrika-Kapelle. In ihrem nüchtern gehaltenen Innenraum ist eine Pieta zu sehen, die deutsche Kriegsgefangene während des Zweiten Weltkrieges in einem nordafrikanischen Lager schnitzten. Auf dem Herzweg wandern wir auf flacher Strecke weiter um den Schaumberg herum und erfreuen uns dabei immer wieder an den schönen Panoramen. Am Schlagbaum zum Wanderparkplatz nahe des Schaumberg-Badelandes und Erlebnisparks befindet sich mit dem überdachten Bücherturm eines der oben genannten Gipfelkunstwerke. Auf einem Waldweg wandern wir in engen und weiten Kurven bergab und erreichen bald den Abzweig, der uns wieder zurück in die Stadt zum Rathaus führt. Bleibt noch Zeit, lohnt ein Blick ins Theulegium am Rathaus, das kulturhistorische Museum des Schaumberger Landes.

INFO

mittel | 4,5 Std. | 10,5 km | 470 Hm

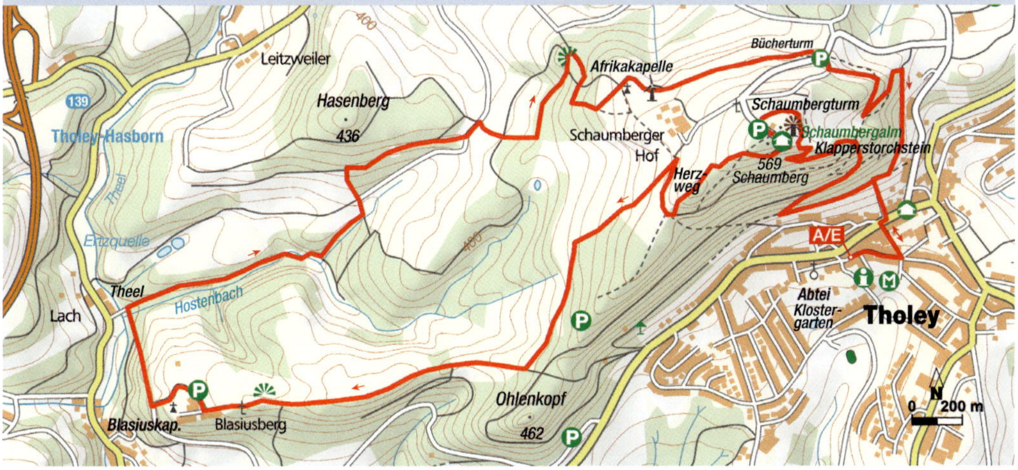

TOURENCHARAKTER

Wald- und Feldwege, wenige befestigte Straßen, viele Pfade im Wald, einige steilere Passagen

AUSGANGS-/ENDPUNKT

Parkplatz Rathausplatz, 66636 Tholey

GEOKOORDINATEN

N 49.481975, E 7.033433

ANFAHRT

Bahn/Bus: Zug bis Saarbrücken Hbf, RE 29519 nach St. Wendel, Bus 601 oder R 4 bis Tholey-Rathausplatz

EINKEHR

Biergarten auf der Schaumberg Alm in 569 m Höhe, Terrasse mit Aussicht, Zum Schaumbergturm 2, 66636 Tholey
Restaurant Gasthof zum Haab, bodenständige Küche am Fuße des Schaumbergs, Trierer Str. 44, 66636 Tholey
Vorzüglich dinieren lässt es sich bei Spitzenkoch Josef Hubertus im Restaurant Palazzo des Hotels Hubertus in Tholey. www.hotellerie-hubertus.de

KARTE

Wanderkarte Nord, Sankt Wendeler Land, LVGL Saarland, 1:25 000

INFORMATION

Gemeinde Tholey, Im Kloster 1, 66636 Tholey, Tel. 06853 5080, www.tholey.de

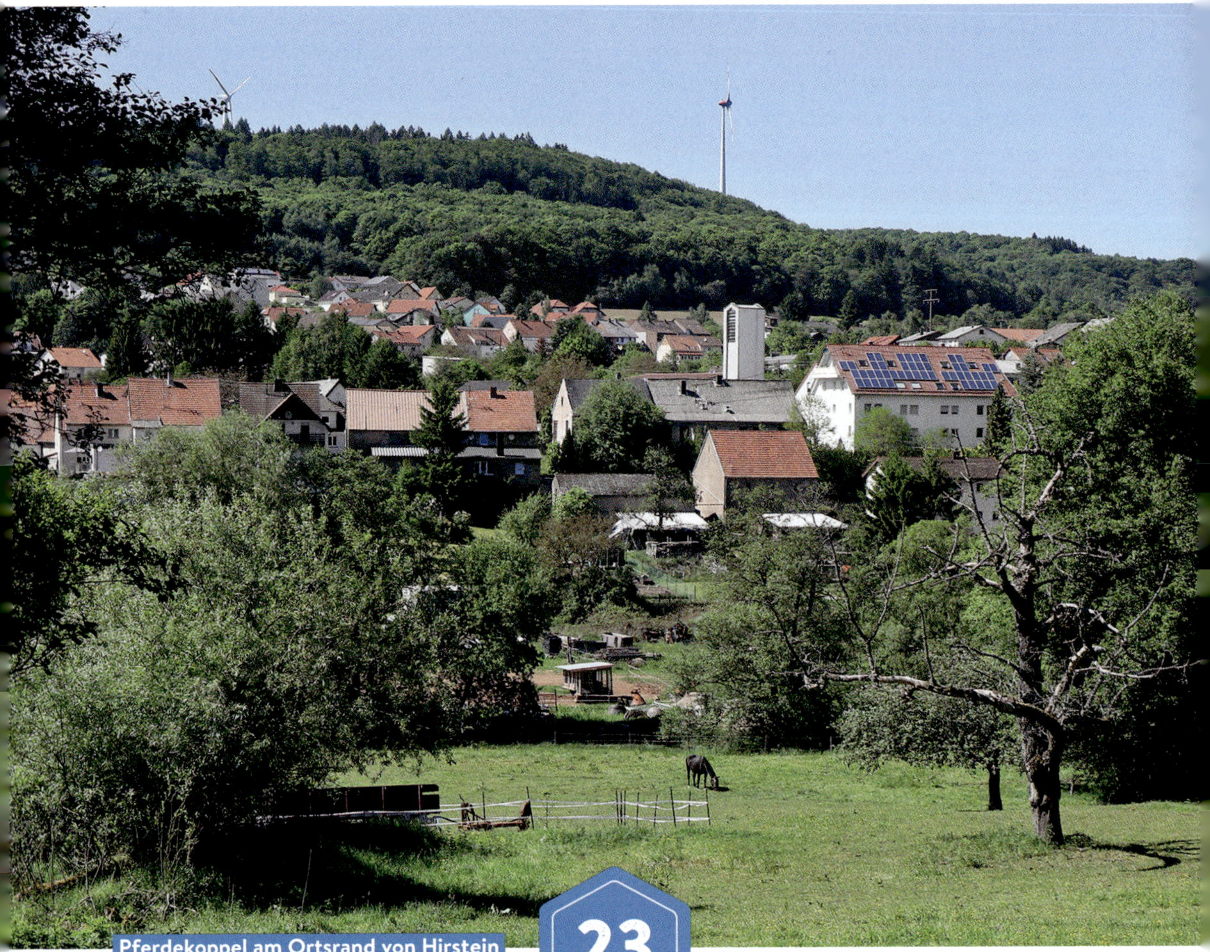

Pferdekoppel am Ortsrand von Hirstein

23

Schmuggler-Pfad

Über Grenzen gehen

Auf den Spuren saarländischer Historie wandeln wir über Pfade, auf denen Schmuggler heimlich die Grenzlinien überwanden, die es hier über die Jahrhunderte in erstaunlicher Vielfalt gab. Die Zeugen der Vergangenheit wechseln sich ab mit tollen Aussichten.

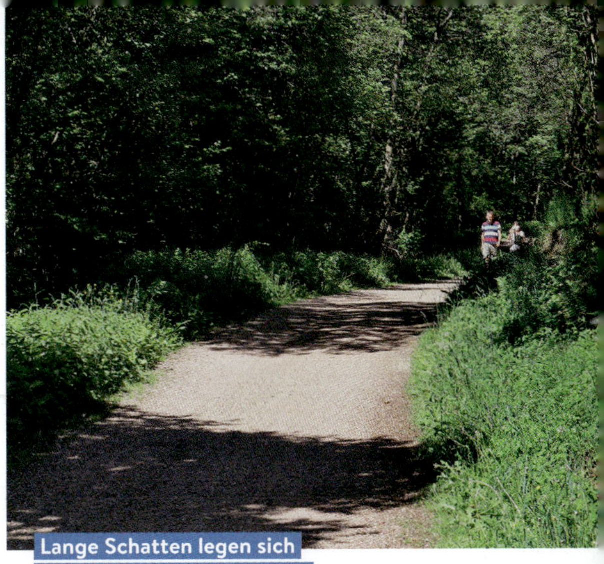

Lange Schatten legen sich über den Schmuggler-Pfad.

UNSER RUNDWEG nimmt seinen Anfang am kleinen Parkplatz am Hofelder Schützenhaus. Wir folgen dabei einem witzigen Symbolbild, das einen weißen Mann mit Sack auf dem Rücken zwischen Bäumen schleichend zeigt – eine Gangart, die wir uns nicht zu eigen machen werden. Wir marschieren aufrecht und zwar zunächst über einen Kiesweg durch das breite, von Wiesen und Weiden gesäumte Tal des Eichersbaches. Am Brückchen über den Bachlauf biegen wir nach rechts auf einen schmalen Pfad ab. Zu unserer Rechten weiden Pferde auf einer Koppel zwischen alten Obstbäumen, zur Linken sehen wir die ersten Häuser des Dorfes Pinsweiler.

VOR EINEM REITERHOF gehen wir nach rechts über ein Stück Straße und erreichen über einen Pfad an einer ausgedehnten Streuobstwiese vorbei ein kleines Waldstück. Das dortige Kerbtal, in das wir hinabwandern, durchfließt der kleine Wellwiesbach. Er markierte früher (bis 1918) die Grenzlinie zwischen dem Großherzogtum Oldenburg und dem Königreich Preußen. Hier findet sich auch der erste von vielen Grenzsteinen, die uns auf dem weiteren Weg begegnen werden. Eine Tafel erklärt die historischen Hintergründe der nach der Reformation entstandenen konfessionellen und letztlich feindlichen Aufteilung in evangelisches und katholisches Gebiet.

Tipp

DER JUNGE BERGFRIED

Schon 1220 fand die Liebenburg auf dem Schlossberg von Hofeld urkundliche Erwähnung. Mitte des 17. Jahrhunderts weitgehend geschleift, legte man die Reste der Burganlage erst um 1970 frei und baute den Bergfried 1976 wieder auf. Der Turm als neues Wahrzeichen besitzt neben einer Aussichtsplattform auch ein Trauzimmer.

WIR ÜBERQUEREN die Landstraße sowie den Eichersbach und wandern aufwärts an der Gehweilermühle vorbei. Der Mühlenbetrieb ist schon lange eingestellt. Aber der Ort ist trotzdem interessant, gilt er doch als Ausgangspunkt der Besiedlung des Tales. Hügelgräber der Kelten und Brandgräber der Römer in der Umgebung weisen darauf hin. Es geht nun auf schmalen Wegen aufwärts durch die Felder. In einem kleinen Waldstück findet sich zwischen den Bäumen ein solches keltisches Hügelgrab aus der Zeit um etwa 400 v. Chr. Nicht weit davon entfernt liegt der 460 Meter hohe Homerskopf am nördlichsten Punkt unserer Wanderung, der nicht mit schönen Aussichten geizt.

DURCH WALD und über offene Flächen führt unser Weg wieder abwärts. Wir passieren den Gehweiler Bach und treffen begleitet von wunderschönen Aussichten auf den Hunsrück immer wieder auf alte Grenzsteine. Infotafeln erzählen ihre faszinierenden Geschichten; aus der Zeit der Französi-

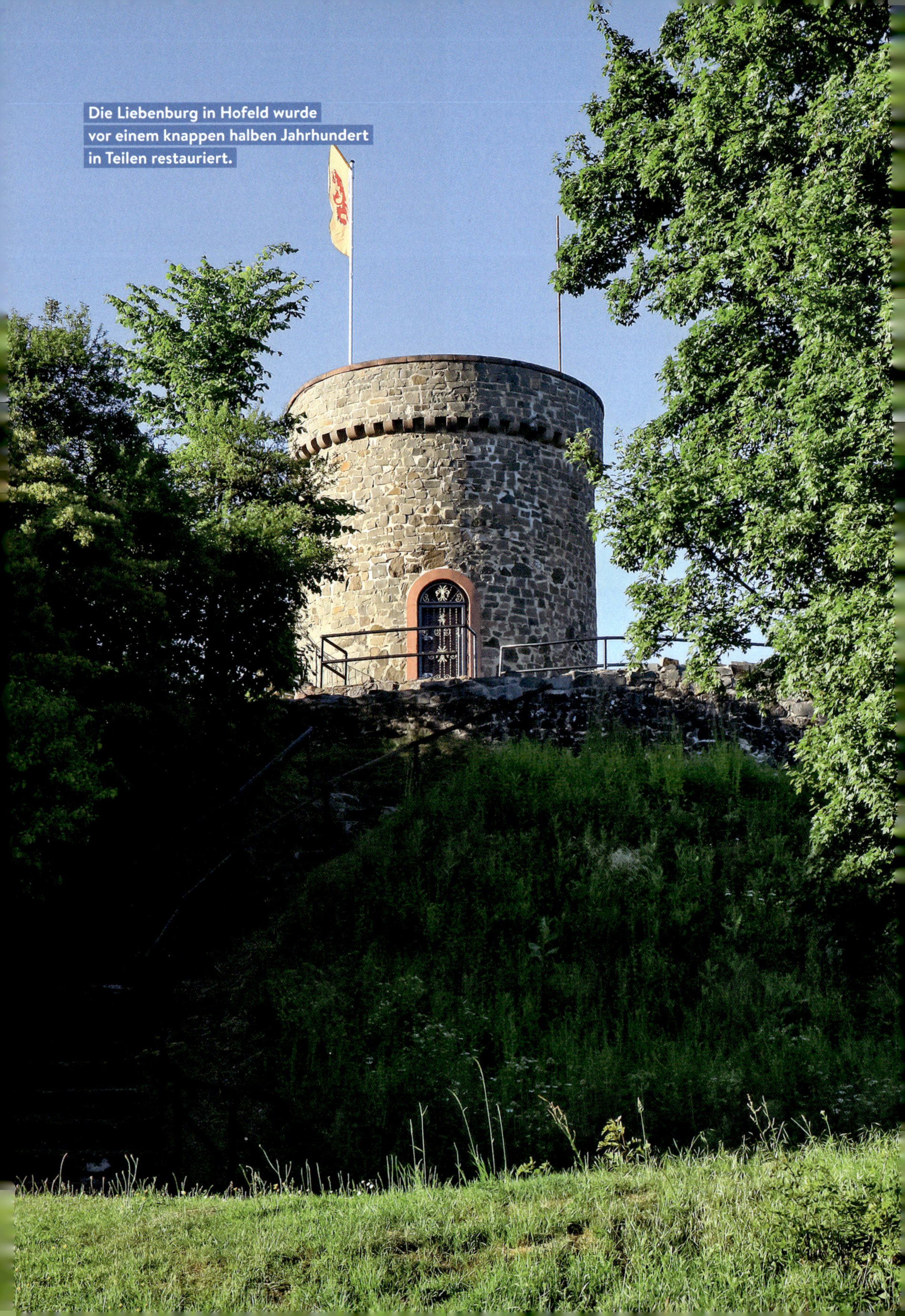

Die Liebenburg in Hofeld wurde vor einem knappen halben Jahrhundert in Teilen restauriert.

INFO

TOURENCHARAKTER
Wald- und Feldwege, viele Pfade im Wald, teilweise querfeldein, hügeliges Gelände

AUSGANGS-/ENDPUNKT
Schützenhaus Furschweilerstraße, 66640 Namborn-Hofeld

GEOKOORDINATEN
N 49.514097, E 7.159570

ANFAHRT
Bahn/Bus: Zug bis Saarbrücken Hbf, RE 29525 nach St. Wendel, Bus 602 bis Namborn-Eisweiler Allerburg

UNTERKUNFT
Ur Laub's Hof St. Wendel, Ferienwohnungen, Urweilerhof, 66606 St. Wendel-Urweiler, www.urlaubshof-saarland.de

EINKEHR
Eine Mischung aus deutscher und thailändischer Küche gibt es im Restaurant Burgschänke in Eisweiler nahe der Liebenburg, www.burgschaenke-thai-market.jimdosite.com/

mittel	4,5 Std.	12,7 km	328 Hm

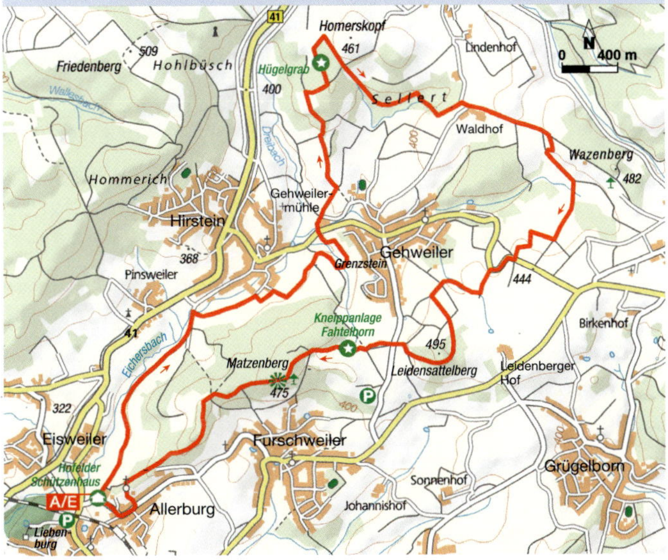

KARTE
Wanderkarte Nord, Sankt Wendeler Land, LVGL Saarland, 1:25 000

INFORMATION
Landkreis St. Wendel, Mommstr. 21–31, 66606 St. Wendel, Tel. 06851 8010, www.landkreis-st-wendel.de

schen Revolution ebenso wie aus der von Deutschem Reich und Saargebiet, wofür die eingeritzten Buchstaben D oder S stehen. Gerade in der Zeit zwischen 1920 und 1935 gehörte die organisierte Schmuggelei zum gefahrvollen und unsicheren Alltag.

AM BAUERNHOF Waldhof vorbei führt uns der weiße Schmuggler weiter durch die hügelige Landschaft, an Waldrändern entlang und zu tollen Blicken auf die umliegenden Dörfer. Nach einem längeren Anstieg kommen wir an den 495 Meter hohen Leidensattelberg. Wir umrunden ihn und wandern danach talwärts. In einem kleinen Wäldchen sorgt die Kneippanlage Fahtelborn für eine erfrischende Abkühlung der Füße. Die ist auch notwendig, denn nun wandern wir ordentlich aufwärts durch den Wald in Richtung des 475 Meter hohen Matzenberges, den wir auf gewundenen Pfaden erreichen.

AUF DER HÖHE belohnt uns ein feiner Picknickplatz mit Bänken und Tisch sowie einem hinreißenden Panorama über die sanfte Mittelgebirgslandschaft des nördlichen Saarlands für die Anstrengung. Im Süden liegt unmittelbar vor uns nun das Dorf Furschweiler. Ein serpentinenreicher Pfad führt durch dichten Wald allmählich abwärts, bis wir unseren Ausgangspunkt am Hofelder Schützenhaus wieder erreichen.

Der Tiefenbach-Pfad

Im Reich des Heiligen Wendelin

Der abwechslungsreiche Rundwanderweg bietet uns tolle Panoramen des nördlichen Saarlands und führt uns zu einigen geheimnisvollen Plätzen. Zu der Magie der Tour trägt auch der alte Baumbestand der heimeligen Wälder vor den Toren St. Wendels bei.

Feldränder und Bäume bilden in der Landschaft oberhalb von St. Wendel eine ganz eigenständige Kunstform.

24

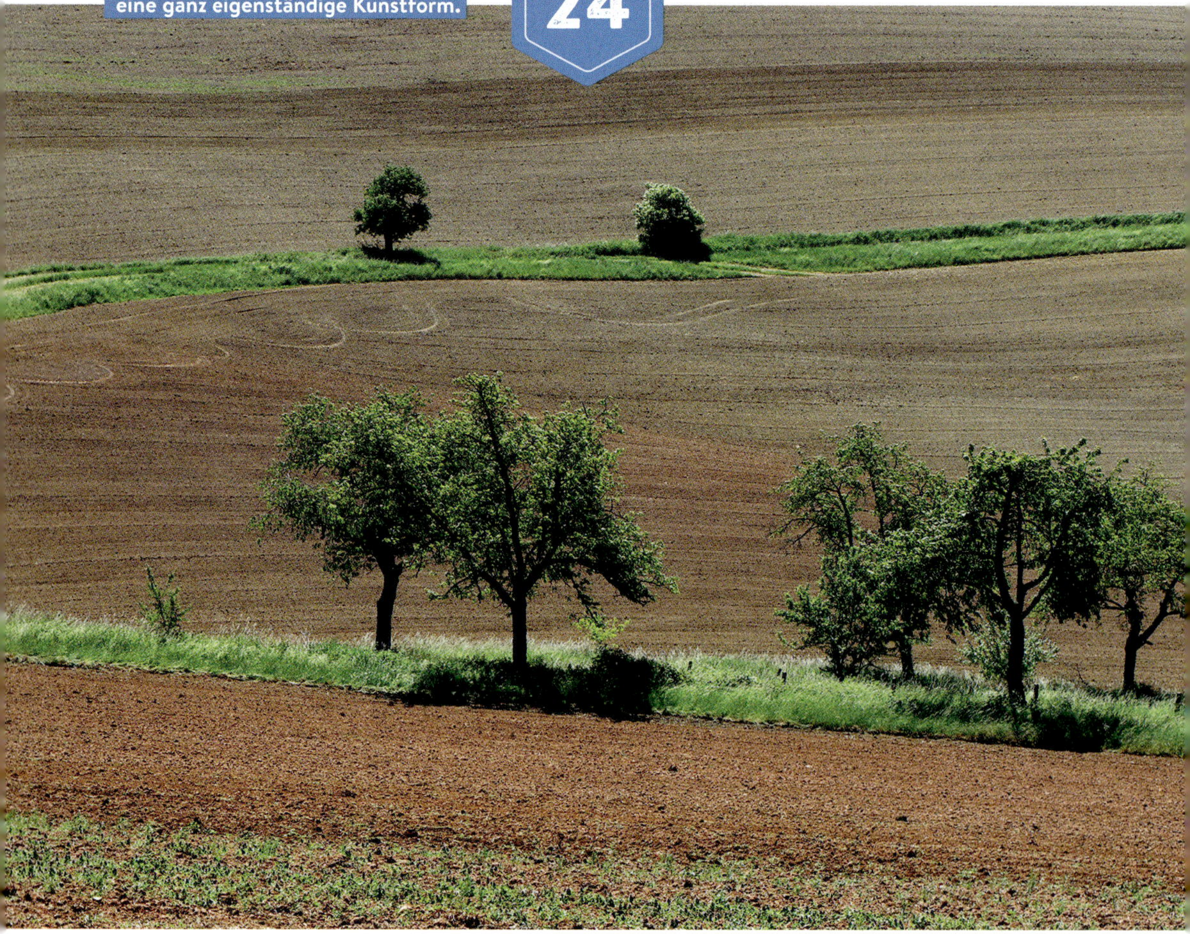

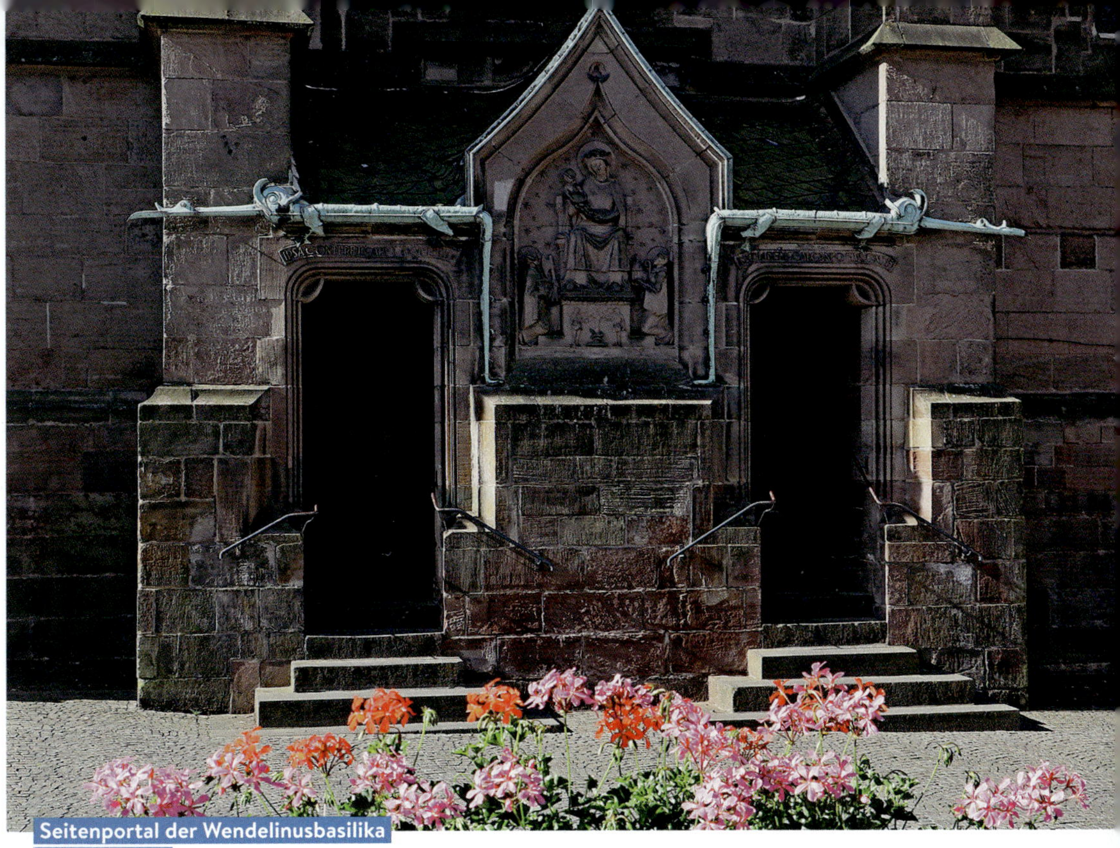

Seitenportal der Wendelinusbasilika in St. Wendel

WIR STARTEN unsere Tour östlich der hübschen Kreisstadt St. Wendel am Wanderparkplatz an der Ostertalstraße. Gleich gegenüber liegt der Wendelinushof, eine ehemalige Begegnungsstätte der Missionare von St. Wendel. Heute ist er Therapiezentrum für behinderte Menschen sowie ökologischer Viehzuchtbetrieb mit Gastronomie und Hofladen. Wir biegen gleich links in den Wald ein, der um den 485 Meter hohen Bosenberg, den Hausberg von St. Wendel, herumführt und uns mit seinem kühlenden Schatten empfängt. Der Weg leitet uns an eine Lichtung mit einer Bank für eine erste Rast. Über Wiesen blicken wir hinüber auf die malerisch am Berg gelegenen Klosteranlagen der Wendelinusabtei, die seit 1899 als Ausbildungsstätte und Altersruhesitz für Ordensmissionare dient.

Tipp

FRANKREICH EN MINIATURE

Das 26 000-Einwohner-Städtchen St. Wendel präsentiert sich dem Besucher als eine französisch-deutsche Melange aus lebhaften Straßencafés und Restaurants mit hübschen historischen Fassaden. Mitten in der pittoresken Altstadt sollte man auch einen Blick in die spätgotische Hallenkirche werfen, die Wendelinusbasilika.

AM WALDRAND entlang passieren wir die Kurklinik. Zu unserer Linken eröffnen sich im Verlauf des Weges in nördlicher Richtung immer wieder nette Aussichten über die Stadt bis weit hinaus in die Landschaft. Wir erreichen den Rumbach, der sich redlich um eine ordentliche Geräuschkulisse bemüht, und folgen seinem Verlauf über schmale

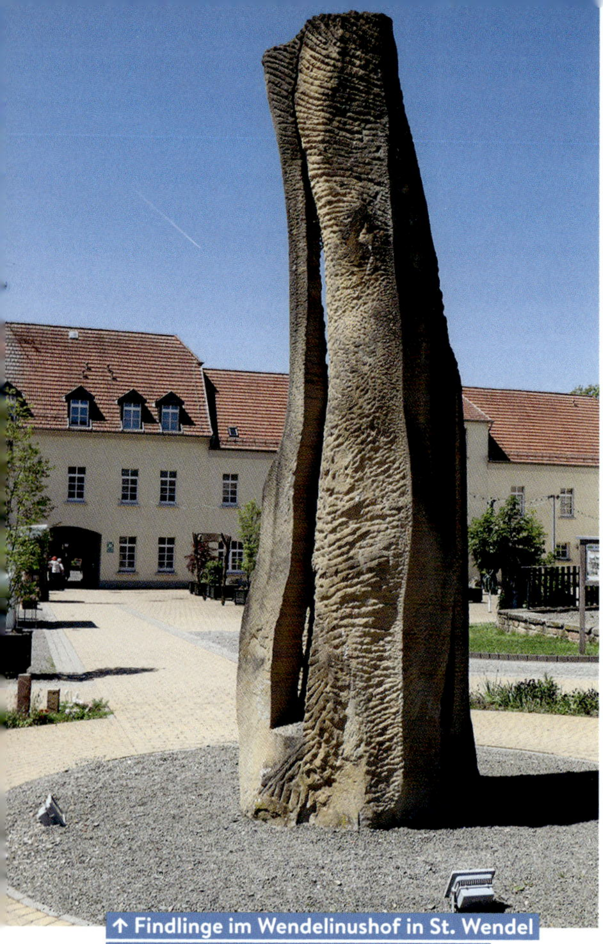

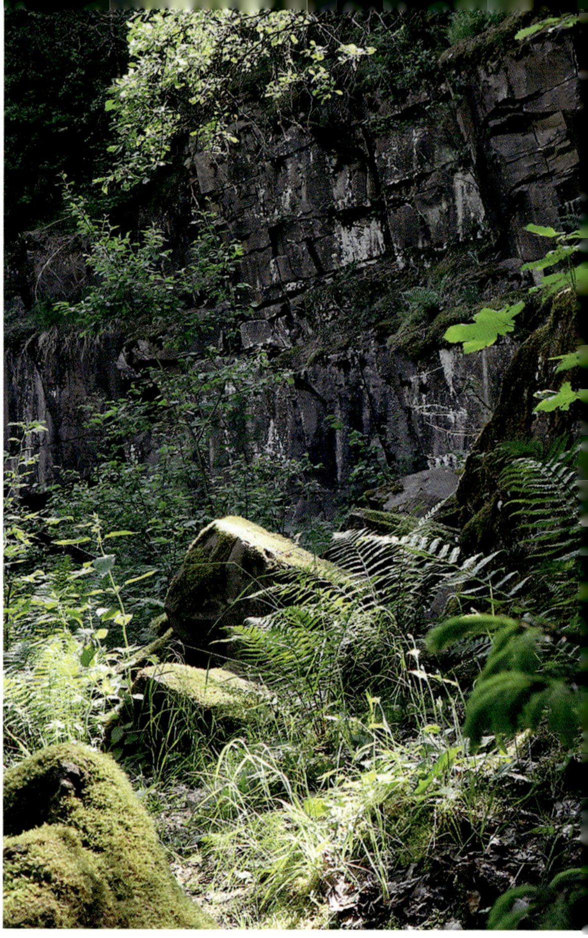

↑ **Findlinge im Wendelinushof in St. Wendel**
↗ **Urwaldartig präsentiert sich der wild bewachsene Steinbruch St. Wendel und Leitersweiler.**

Pfade, enge Kerbtäler, rustikale Stiegen und hölzerne Brückchen. Es geht nun in einem Bogen recht steil bergauf bis zu einer Jagdhütte. Hier nimmt der Wald einen bald urwaldähnlichen Charakter an. Und die Mystik dieses Ortes verstärkt sich noch, wenn wir den Ende der 1950er-Jahre aufgegebenen Steinbruch erreichen. Die Natur erobert sich das Gelände zwischen Steinen und Felsen allmählich zurück. Moose und Farne wuchern überall, seltene Amphibien haben ein neues Zuhause gefunden.

HINTER DEM WALD durchqueren wir einige von Büschen und Bäumen gesäumte Felder und gelangen wieder an ein Waldstück. Hier treffen wir auf das Naturdenkmal Leitersweiler Buchen. Ausgestattet mit skurrilknorriger Statur, recken sich die Stämme mehr als 300 Jahre alter Buchenbäume in die Höhe. Von der Straße aus überblicken wir das Dorf Leitersweiler und die dahinterliegenden Höhenzüge des Hunsrücks im Nachbarbundesland Rheinland-Pfalz. Rechts ab geht es nun wieder am Waldrand entlang und dann nochmals rechts in den Fichtenwald hinein. Talwärts wandern wir zum Lauf des Mühlenwaldgrabens, der beim Bergmannsbrunnen in den Tiefenbach mündet, den Namensgeber unseres Wanderweges. Auf ihrem Weg zur Arbeit machten einst die Bergleute hier Rast und stärkten sich mit einem Schluck Wasser, wie es der Wanderer heute immer noch tut.

WIR BEGLEITEN den Tiefenbach am Ufer auf seinem weiteren Weg. Er schlängelt sich behende und anmutig durch den magisch dunklen Nadelwald und erweitert sich später zu kleinen idyllischen Weihern. Wir queren die Ostertalstraße und gehen bergauf zur Anhöhe am gut 410 Meter hohen Fledermauskopf, der uns mit fantastischen Ausblicken verwöhnt. Von hier aus könnte man zurück zum Wendelinushof abkürzen, doch wir wandern stattdessen weiter in den Wald und stoßen auf ein weiteres wildromantisches Kerbtal, in dem der Werschweiler Lautenbach heimisch ist und sich ungestüm seinen Weg bahnt. Er bleibt unser treuer Gefährte, bis wir an einer Lichtung nach rechts abbiegen und nun dem Verlauf des Seitersbaches folgen.

EINE LICHTUNG zu unserer Rechten, tauchen wir erneut in den geheimnisvoll dichten Wald ein und durchqueren das vom Seitersbach geschaffene Kerbtal. Am Waldrand schauen wir über Felder und Ackerflächen – eine Landschaft wie ein von Künstlerhand geschaffenes Gemälde. Schließlich gehen wir über ein Feld und biegen am Kriegsgräberfriedhof rechts ab. Durch Obstwiesen spazierend, sind wir schließlich bald zurück am Wendelinushof.

INFO

TOURENCHARAKTER

Pfade im Wald, Wald- und Feldwege, querfeldein über hügeliges, offenes Terrain

AUSGANGS-/ENDPUNKT

Wanderparkplatz an der Ostertalstraße beim Wendelinushof, 66606 St. Wendel

GEOKOORDINATEN

N 49.470583, E 7.205318

ANFAHRT

Bahn/Bus: Zug bis Saarbrücken Hbf, RE 29525 nach St. Wendel, Bus 621 bis Wendelinushof

EINKEHR

Wendelinushof, regionale Bio-Hausmannskost aus der Hofküche, 66606 St. Wendel

EINKEHR

In Bruder Jakob's Burger Bar in St. Wendel versprechen die Burgerkreationen echte Gaumenfreuden nach einer Wanderung, www.bruderjakobwnd.de.

KARTE

Wanderkarte Nord, Sankt Wendeler Land, LVGL Saarland, 1:25 000

INFORMATION

Kreisstadt St. Wendel, Rathausplatz 1, 66606 St. Wendel, Tel. 06851 8090, tourismus.sankt-wendel.de

mittel	5,5 Std.	15,8 km	366 Hm

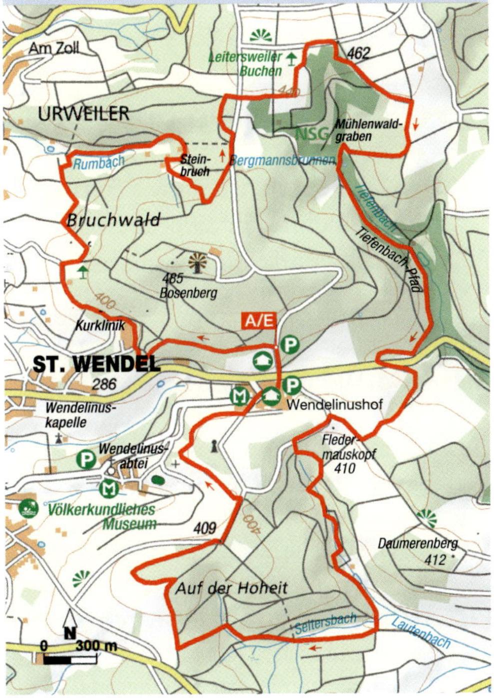

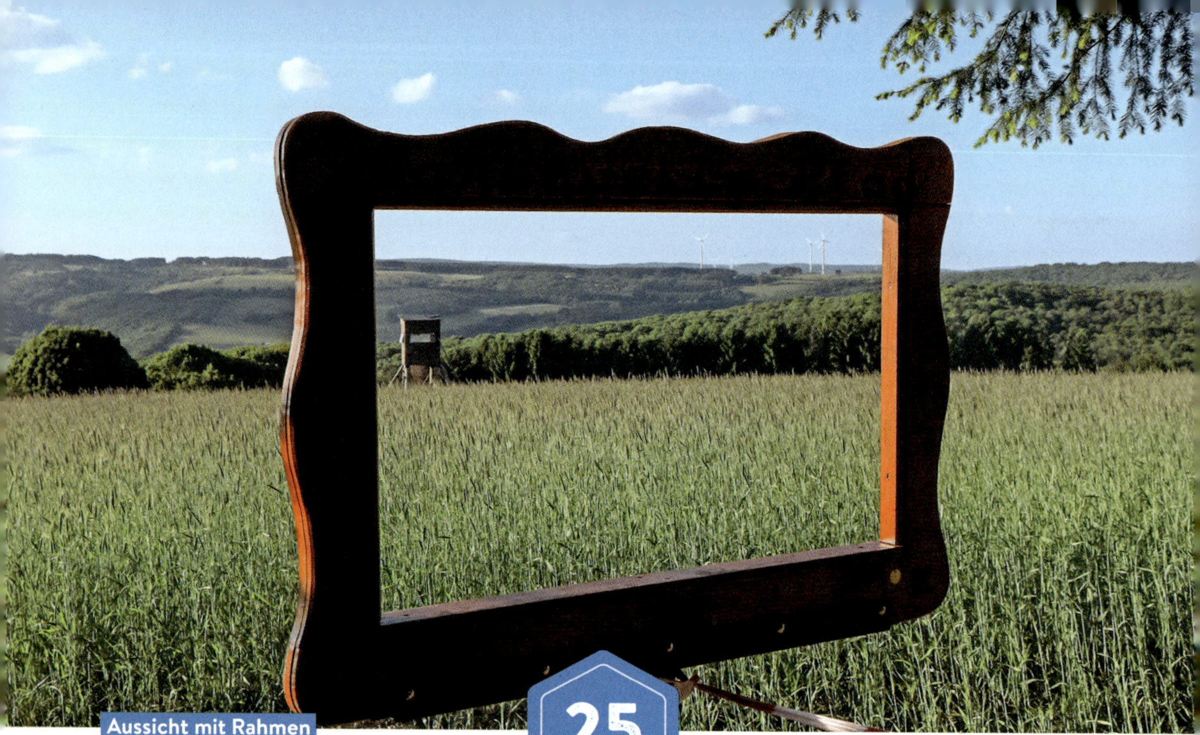

Aussicht mit Rahmen am Petersberg

25

Der Nahequelle-Pfad

Natur, Spiel und Spaß nahe der Nahe

Dieser leichte, kurze Rundweg ist besonders familienfreundlich, zeichnet er sich doch aus durch eine erstaunliche Vielfalt an Rast- und Spielmöglichkeiten in Verbindung mit einem abwechslungsreichen Natur- und Landschaftserlebnis.

UNSERE TOUR nimmt ihren Ausgang am Wanderparkplatz unweit der Nahequelle. Unter den Bäumen befinden sich eine kleine Grillhütte und ein Veranstaltungsplatz, ein beliebter Treffpunkt der Dorfbewohner von Selbach. Die Quelle der Nahe, die sich 125 Kilometer später in Bingen mit Vater Rhein vereint, sprudelt schon wenige Meter nach unserem Einstieg aus einer mit Feldsteinen gemauerten Einfassung heraus. Von hier aus begibt sie sich plätschernd auf ihren langen Weg, den man an dieser Stelle so kaum erwarten würde. Gleich nebenan locken hölzerne Spielgeräte zu turnerischen Aktivitäten.

WIR WANDERN allmählich bergan über einen erdigen, kurvenreichen Waldpfad. Dabei begleitet uns manch skurril geformter Baum, der an Sagengestalten, an Trolle oder Fabelwesen erinnert. Baumpilze sprießen geheimnisvoll aus der dunklen Rinde. Derart inspiriert versuchen sich kleine Künstler an Baumstümpfen und verpassen ihnen groteske Gesichter aus – leider – mancherorts herumliegendem Abfall. Das Symbol von zwei stilisierten blauen Wanderern an einem Bachlauf gibt uns die Richtung vor und führt uns abwärts aus dem Wald. Wir kommen an eine offene Fläche mit Feldern und Weiden. Vom nächsten Rastplatz aus genießen wir die tolle Aussicht hinüber nach Selbach und in die Weite.

ÜBER FELDWEGE, vorbei an einer der charakteristischen Sinnenbänke, riesige wellenförmige Liegestühle, geht es nun wieder bergan bis zu einem kleinen Waldstück. Im Wald halten wir uns rechts und gehen kurz darauf wieder nach rechts. Am Aussichtspunkt Petersberg in knapp 520 Metern Höhe erwarten uns weitere Spielgeräte in Form eines hölzernen Zeltes und ein leerer Bilderrahmen, durch den wir uns unser liebstes Panorama selbst aussuchen können. Zunächst am Waldrand entlanggehend, tauchen wir bald wieder in den Forst ein und beschreiben einen langgezogenen Bogen hindurch. Wir passieren das Selbacher Wildfreigehege und gelangen bald an eine Lichtung, von der aus wir über Wiesen und Obstbäume wieder auf Selbach schauen können. Nun wandern wir hinab bis an die noch schmale Nahe. Am Ufer entlang erreichen wir die offene Seite des Wildgeheges und erfreuen uns am friedlich äsenden Rotwild. Mit etwas Glück schlagen auch die Pfauen einmal ein Rad. An der mit Literatur gefüllten Skulptur des Bücherbaums und dem Spielplatz vorbei sind wir zurück am Ausgangspunkt.

INFO

TOURENCHARAKTER
Waldpfade, Feldwege, leicht hügeliges Gelände, für Kinder geeignet, aber nicht für Kinderwagen

AUSGANGS-/ENDPUNKT
Wanderparkplatz an der Nahequelle, 66625 Nohfelden-Selbach

GEOKOORDINATEN
N 49.539977, E 7.026776

ANFAHRT
Bahn/Bus: Saarbrücken Hbf, RE 29517 nach St. Wendel, Bus R2 bis Am Sengert, Selbach, von da 10 min Fußweg

UNTERKUNFT
Bosener Mühle, An der Bosener Mühle 1, 66625 Nohfelden, www.bosener-muehle.de

EINKEHR
Ganz frische Milch direkt aus dem Automaten gibt es an Knapp's Milchtankstelle in der Birkenfelder Straße in Selbach.

leicht	2 Std.	5,3 km	82 Hm

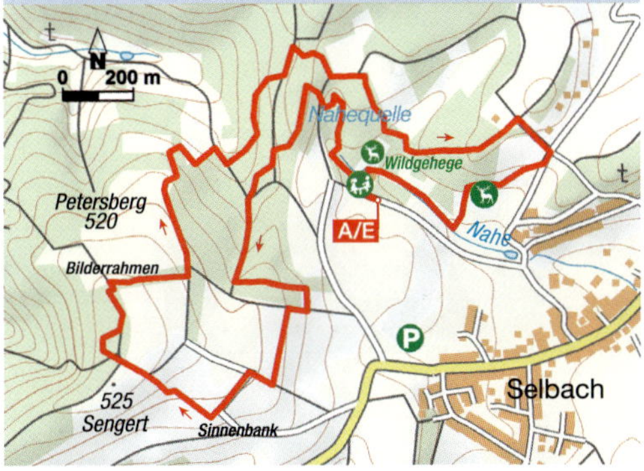

KARTE
Wanderkarte Nord, Sankt Wendeler Land, LVGL Saarland, 1:25 000

INFORMATION
Gemeinde Nohfelden, An der Burg, 66625 Bosen, Tel. 06852 8850, www.nohfelden.de

Traumschleifchen Villa Borg Trail

Die spinnen nicht, die Saarländer!

Glanzlicht dieser leichten Wanderung durch den Wald und die Felder des westlichen Saarlandes ist das spannende Erbe aus der Römerzeit, dem wir in den eindrucksvollen Räumlichkeiten der seit 1999 öffentlich zugänglichen Villa Borg begegnen.

UNSERE TOUR BEGINNT auf dem Wanderparkplatz, der rechts am Weg zur römischen Villa Borg eingerichtet ist. Zunächst wandern wir auf einem »Römischen Erlebnispfad« am Waldrand entlang bis zur Villa. An verschiedenen Stationen wird auf Tafeln anschaulich Wissenswertes zur Zeit der Römer erklärt. So erfahren wir, dass die Funktion der Villa mit der einer heutigen Autobahnraststätte zu vergleichen ist, da sie Durchreisenden zahlreiche Dienstleistungen offerierte. An anderen Stellen geht es um römische Baumaterialien oder die Pflanzen- und Tierwelt vor gut 2000 Jahren. Derart mit Kenntnissen ausgestattet, sind wir bestens vorbereitet für einen Besuch des beeindruckenden Gebäudekomplexes am Ende unserer kurzen Rundwanderung.

VOR DEM HAUPTEINGANG zur Villa biegen wir rechts ab und folgen ein Stück dem Verlauf des Fernwanderwegs Saar-Huns-

26

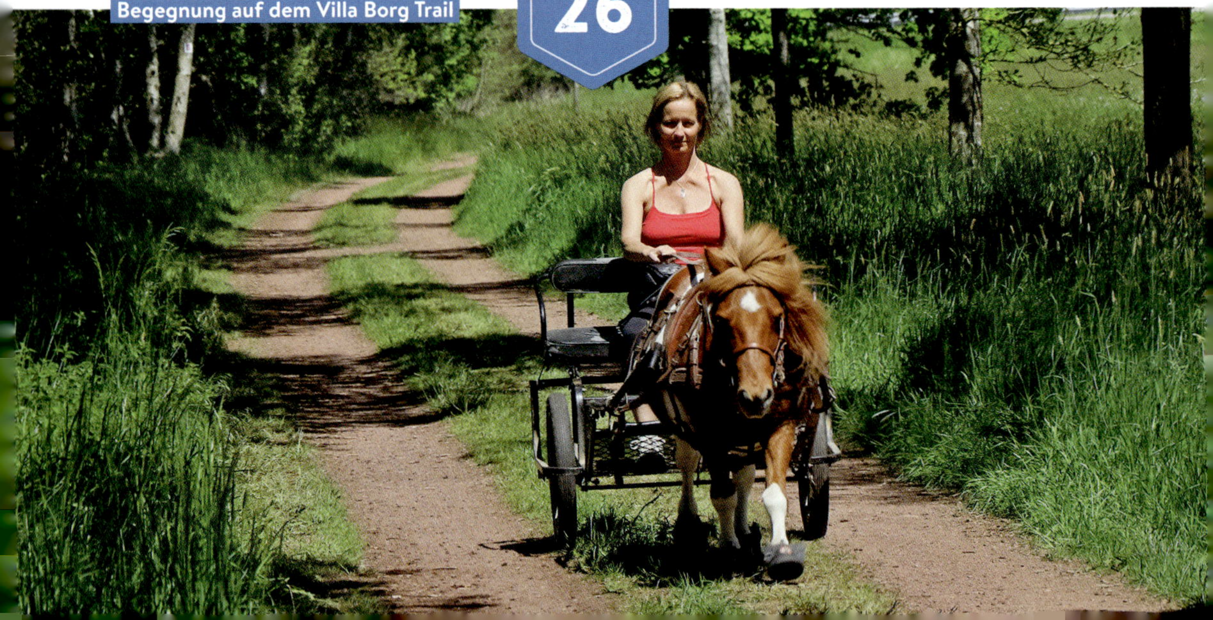

Begegnung auf dem Villa Borg Trail

INFO

TOURENCHARAKTER

Waldpfade, Feldwege, gut für Familien mit Kindern geeignet

AUSGANGS-/ENDPUNKT

Wanderparkplatz an der Zuwegung zur Villa Borg, 66706 Perl-Borg

GEOKOORDINATEN

N 49.501493, E 6.452540

ANFAHRT

Bahn/Bus: Zug bis Saarbrücken Hbf, RB 33722 nach Merzig, Bus 210 bis Borg-Abzweig, von hier 3 min Fußweg bis zum Villa Borg Trail

UNTERKUNFT

Struppshof, gemütlich, direkt am Weg gelegen, Struppshof 1, 66706 Perl

EINKEHR

In der Taverne der Villa Borg sorgen vor allem rustikale römische Gerichte für lukullische Kurzweil. www.taverne-borg.de

KARTE

Topographische Karte Saar-Obermosel, LVGL Saarland, 1:25 000

leicht | 2 Std. | 7,2 km | 41 Hm

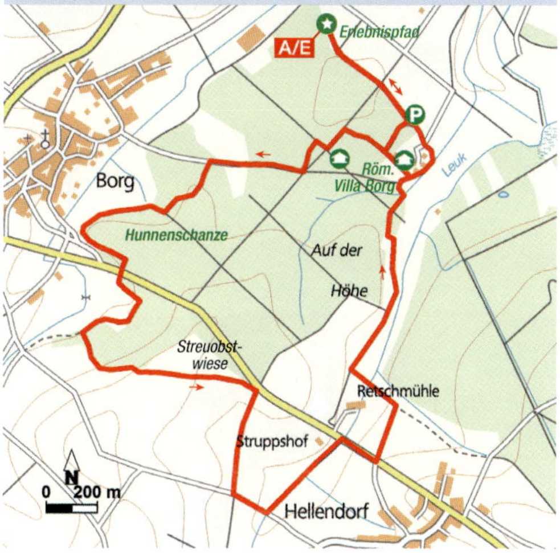

INFORMATION

Gemeinde Perl, Trierer Str. 28, 66706 Perl, Tel. 06867 660, www.perl-mosel.de

rück-Steig, der sich in gewundenen Pfaden und auf Forstwegen durch den Wald schlängelt. Wir passieren eine Lichtung und tauchen wieder in ein lauschiges Mischwaldgebiet ein. Bald ist der nördliche Waldrand erreicht, an dem wir entlangwandern und dabei das Dorf Borg vor uns liegen sehen. Wir überqueren die Landstraße, bleiben danach weiterhin am Rand des Waldes und überblicken die leicht hügelige Kulturlandschaft. Im langen Bogen gehen wir nach links und befinden uns nun zwischen den Feldern. Unter den großen alten Bäumen einer Streuobstwiese zu unserer Linken suchen einige Pferde kühlenden Schatten.

AM ABZWEIG unmittelbar an der Landstraße geht es für uns wieder nach rechts durch die Felder. Wir gelangen an einen Querweg, an dem wir nach links und dann gleich noch einmal nach links wandern. Dieser von einzelnen Bäumen beschattete Weg führt auf den Struppshof zu. Der alte lothringische Bauernhof dient seit der letzten Jahrtausendwende als Hotel und Restaurant. Wir queren nochmals die Landstraße und gehen auf einen Wald zu, schwenken hier nach links und am nächsten Feldweg wieder nach rechts. Hinter dem Wald liegt das Areal der Villa Borg, die wir zunächst umrunden. Vor 100 Jahren fand man Fragmente von Fundamenten einer römischen Villa. Diese führten schließlich zu einer beeindruckenden Rekonstruktion, in der sich vieles wiederfindet, was von der ursprünglichen Architektur bekannt ist, wie ein typisches Bad oder die römische Taverne. Ein Stückchen Rom mitten im Saarland! Von dort ist es nur noch eine kurze Strecke zurück zum Startpunkt.

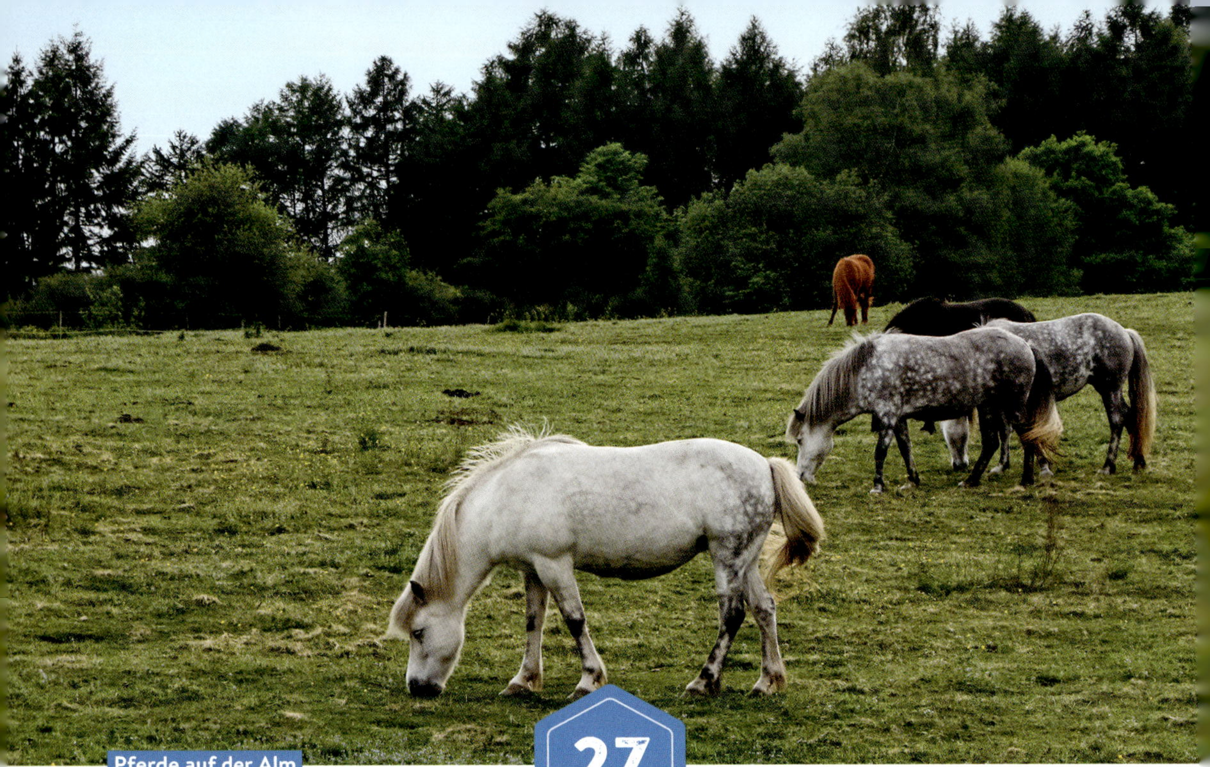

Pferde auf der Alm am Fallenseifenberg

27

Traumschleife Almglück

Saarland fast alpin

An der Grenze zwischen Saarland und Rheinland-Pfalz führt uns dieser recht kurze Rundweg von der einzigen Alm im Saarland in romantische Bachtäler. Das vielfältige Naturerlebnis rundet ein Besuch der mittelalterlichen Grimburg ab.

WIR STARTEN unsere Tour um den 499 Meter hohen Fallenseifenberg an der rustikalen Wandergaststätte Hochwaldalm. Ein schmaler Feldweg führt hinauf und dabei seitlich an einer großen Almwiese vorbei, auf der sich einige Pferde tummeln. Landwirte aus der Umgebung bringen ihre Pferde und Rinder während des Sommers auf diese weitläufige Weidefläche, wo sie sich an würzigen Kräutern und Wildblumen erfreuen – ganz so, wie man es aus den Alpenregionen kennt, allerdings ohne die Geräuschkulisse gemütlich tönender Kuhglocken.

Es geht am Waldrand entlang bis zu einem lauschigen Rastplatz mit einer Sinnenbank, ein riesiger wellenförmiger Liegestuhl. Von hier aus können wir die fantastische Aussicht genießen, die sich zu unseren Füßen ausbreitet, und vermissen so gar nicht die hohen Berge.

OBWOHL UNS DER BLICK durchaus zu fesseln vermag, kehren wir ihm nun doch den Rücken zu und wandern in den Wald hinein. Es geht zunächst auf einem Forstweg leicht aufwärts. An einer Schneise zwischen den Bäumen biegen wir links auf einen schmalen Pfad ab. Durch junge Bäume mit zartem, grünem Blattwerk wandern wir nun talwärts und kommen an den Lautenbach, der seinem Namen alle Ehre zu machen versucht. Der Wasserlauf bildet die Grenze zwischen dem Saarland und dem benachbarten Rheinland-Pfalz. Wir folgen ihm bachaufwärts und passieren dabei zu unserer Rechten das Weinfässchen, eine kleine ummauerte Quelle.

AM GRIMBURGER HOF haben wir das Wadrilltal erreicht. Der Bach Wadrill mündet hier in den Lautenbach und führt dessen Funktion als Landesgrenze fort. Der Grimburger Hof wurde 1703 errichtet und dient schon seit 1930 als Gasthaus. Ein Abstecher führt uns hinauf auf die Ruine der Grimburg, deren Geschichte bis etwa 1150 zurückdatiert. Sie überstand den Dreißigjährigen Krieg nicht und verfiel. Ende der 1990er-Jahre wurden Teile der Burganlage rekonstruiert, die heute die Kulisse für kulturelle Veranstaltungen bilden.
Wir wandern weiter am Waldrand am westlichen Ufer der Wadrill entlang und durchqueren das Tal des Hahnenbruchbachs. Nun geht es stetig bergan durch einen dichten Nadelwald, bis wir schließlich die Straße zur Alm erreichen. Nach wenigen Metern liegt die Hochwaldalm wieder vor uns und wir haben uns eine zünftige Stärkung zum Abschluss unserer schönen Wanderung redlich verdient.

INFO

TOURENCHARAKTER
Waldpfade, Feldwege, bis auf den Abstecher zur Burg gut für Familien geeignet, hügelig

AUSGANGS-/ENDPUNKT
Parkplatz an der Hochwaldalm, Zur Alm, 66681 Wadern

GEOKOORDINATEN
N 49.598939, E 6.859370

ANFAHRT
Bahn/Bus: Zug bis Saarbrücken Hbf, RB 29503 nach St. Wendel, Bus R 2 bis Busbahnhof Wadern, Bus 216 bis Wadrill-Hermreich, ca. 15 min Fußweg

EINKEHR
Gasthaus und Pension Grimburger Hof, Grimburger Hof 1, 54413 Grimburg
Eine rustikale Atmosphäre wie in den Alpen verspricht das gastronomische Angebot im Blockhaus der Hochwald-Alm, www.hochwald-alm.de

KARTE
Saar-Hunsrück-Steig 1, Publicpress, 1:25 000

leicht	2,5 Std.	7,2 km	193 Hm

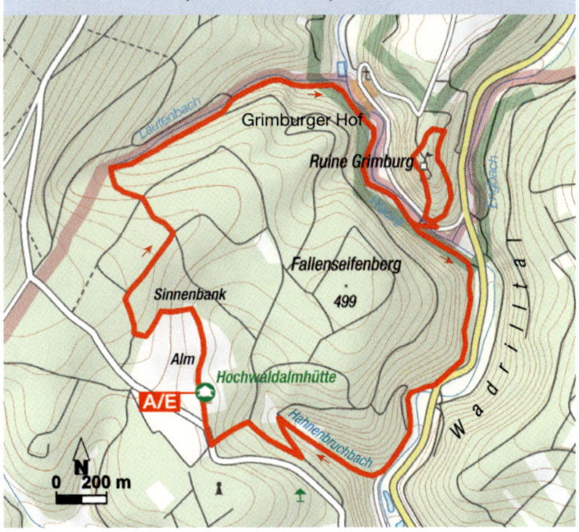

INFORMATION
Stadt Wadern, Marktplatz 13, 66687 Wadern, Tel. 06871 5070, ssl.wadern.de

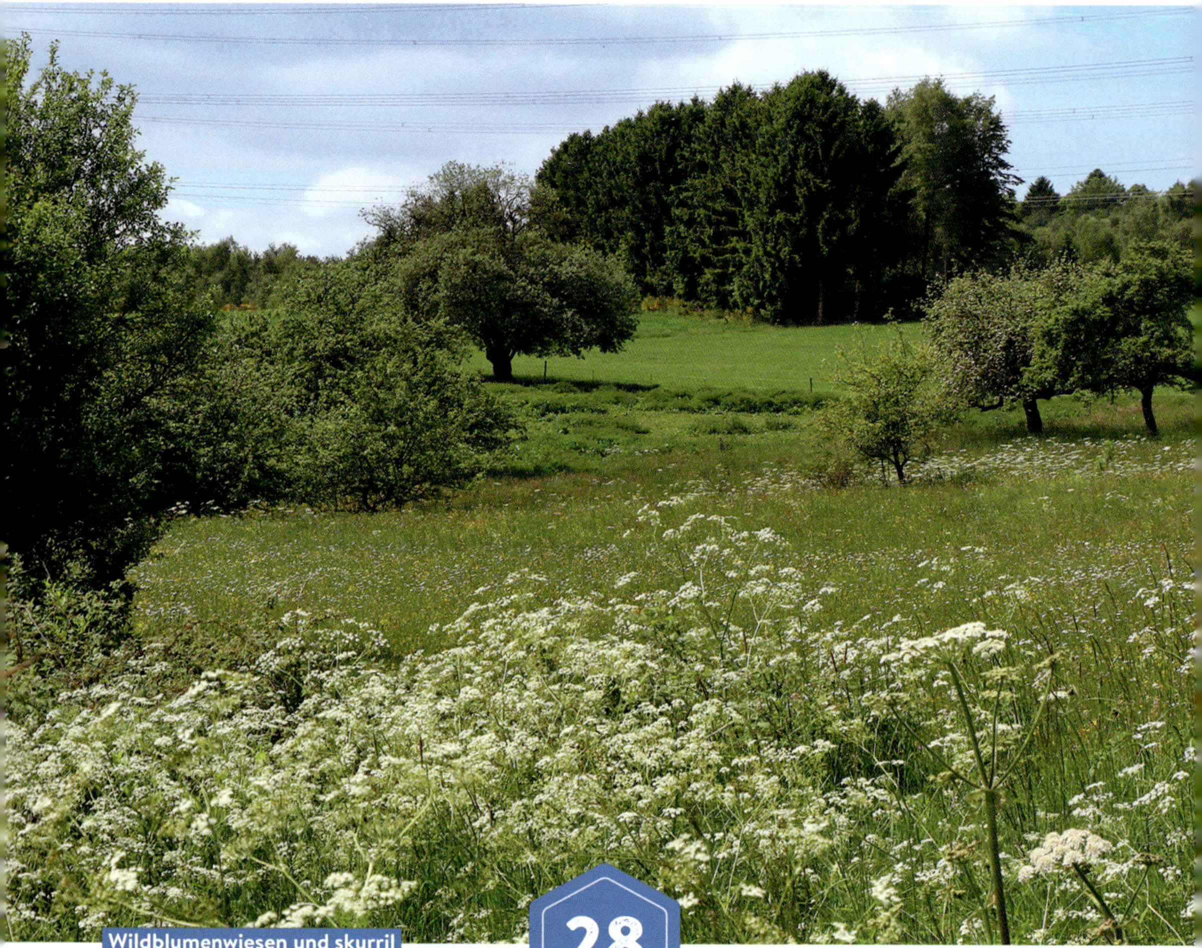

Wildblumenwiesen und skurril geformte Obstbäume begleiten den Wanderer von Sitzerath bergaufwärts.

28

Wadrill-Tafeltour

Hohe Wälder, wilde Täler

Wunderbare Landschaftseindrücke und ein abwechslungsreiches Naturerlebnis zwischen Waldidyll und lauschigen Bachtälern erwarten uns auf diesem Rundwanderweg, der uns zum Abschluss mit kulinarischen Genüssen verwöhnt.

UNSERE WANDERUNG BEGINNT am Dorfplatz in der Ortsmitte von Sitzerath, den wir in westlicher Richtung über die Prälat-Faber-Straße verlassen. Wir passieren hübsch dekorierte Vorgärten, bevor wir zu unserer Rechten zum markanten Gebäude der renommierten Jagdschule Seibt gelangen. Angehende Jäger und Falkner können hier ihre Ausbildung absolvieren. Felder und Obstwiesen flankieren unseren leicht ansteigenden Weg, der bald nach links auf einen Wanderpfad abzweigt. Rechts vor uns auf der Anhöhe liegt der 564 Meter hohe Benkelberg, umgeben von einigen Windrädern. Wir halten uns jedoch links davon in Richtung des im Wald versteckten Felsenberges (537 Meter).

BEGLEITET VON KÜHEN, Schmetterlingen und dem Duft kräftig blühenden Ginsters erreichen wir auf einem Zickzackkurs über Wirtschafts- und Wiesenwege den Waldrand. Von hier aus bieten sich beste Aussichten über Sitzerath und die sanft gewellte Landschaft des nördlichen Saarlands. Im Kiefernwald halten wir uns rechts, biegen am querenden Forstweg links ab und steuern dann gleich wieder rechts in den schönen Mischwald hinein, stets begleitet von fröhlichem Vogelgezwitscher. Der Weg ist nun für längere Zeit beinahe schnurgerade. Immer wieder eröffnen sich zu unserer Linken kleine romantische Lichtungen.

NUN GEHT ES nach rechts auf der Höhe oberhalb des Tals der Wadrill weiter. Ein schmaler, erdiger Pfad führt uns in einer ausgedehnten Kurve hinab bis an die Landesgrenze zu Rheinland-Pfalz, die für uns aber nicht zu erkennen ist. Einige bizarr geformte Felsen säumen unsere Route, groteske Überbleibsel des früheren Schieferabbaus. An der tiefsten Stelle des Weges folgen wir dem imaginären Grenzverlauf nach links

Tipp

LIEBLINGSPLATZ

Die Speisekarte des Landgasthofes Paulus direkt am Start- und Endpunkt unserer Wanderung in Sitzerath liest sich wie eine Hitliste der gepflegten Bio-Kulinarik. Über die Herkunft jedes einzelnen Produktes der kreativen Menüs wird genauestens informiert, wobei Obst, Kräuter und Gemüse zumeist aus dem eigenen Garten stammen.
www.landgasthof-paulus.de

und gelangen in das an dieser Stelle recht breite Tal des Mühlenbaches. Wir weichen ihm nun nicht mehr von der Seite, bis er in die Wadrill mündet. Das Tal verengt sich zusehends. Durch das Laubwerk der Bäume erkennen wir auf der Höhe über dem anderen Ufer die markanten Umrisse der Burgruine Grimburg, deren Gründungszeit auf die Mitte des 12. Jahrhunderts datiert wird.

NACH EINER SPITZKEHRE überqueren wir die durch das Tal führende Landstraße und kommen an die gegenüberliegende Uferseite

Die kleine Nazareth-Kapelle am nördlichen Ortsrand von Wadrill

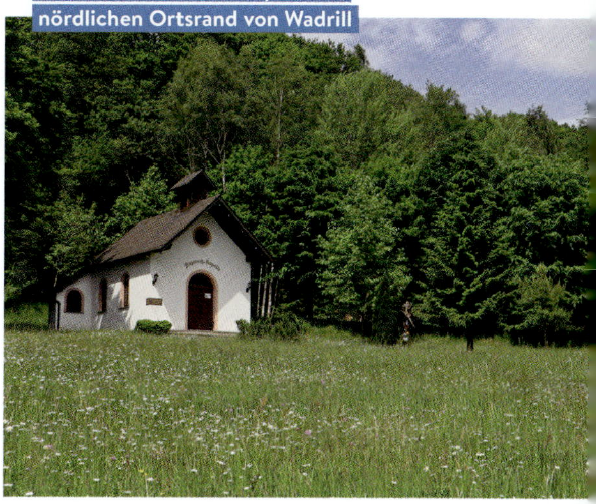

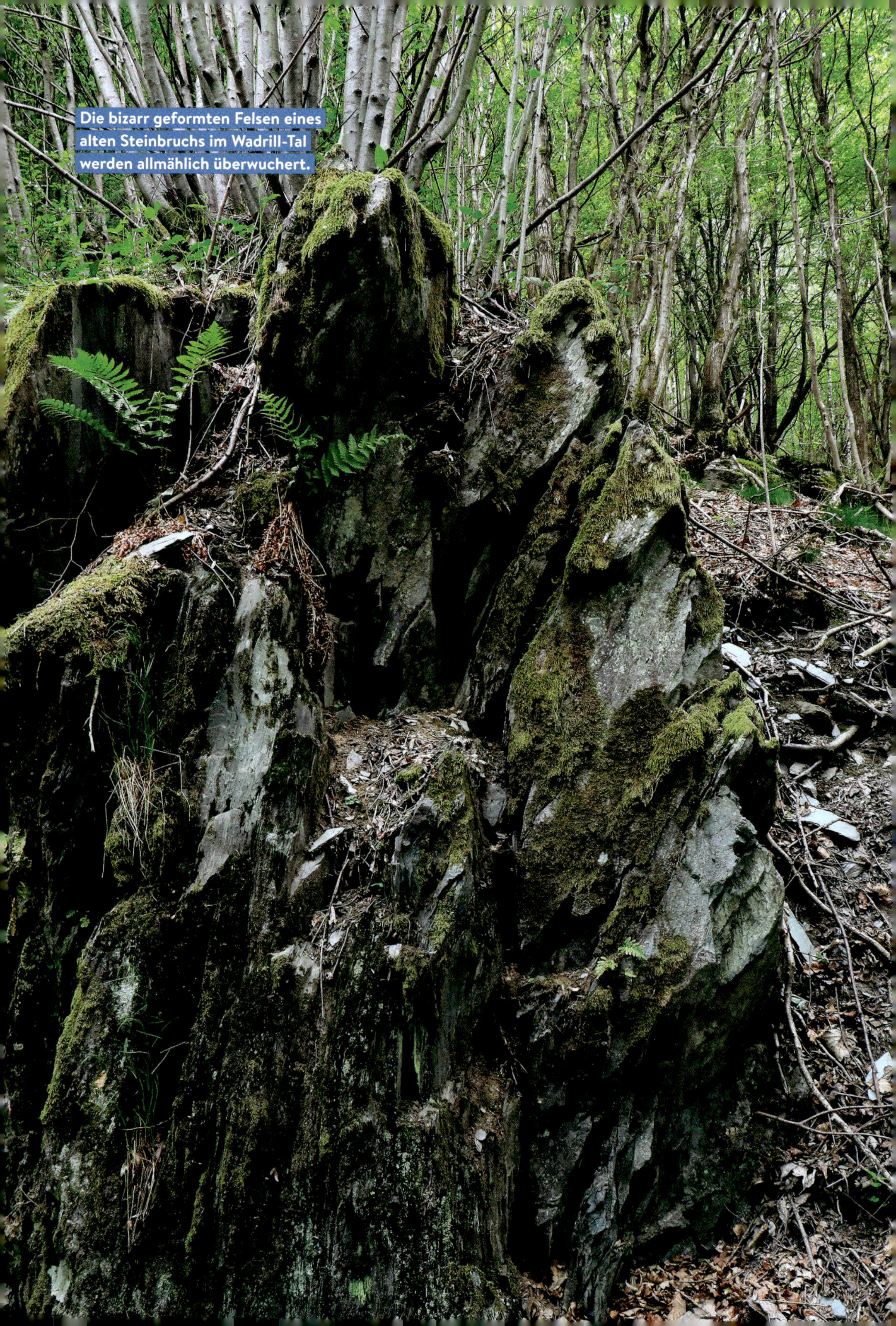

Die bizarr geformten Felsen eines alten Steinbruchs im Wadrill-Tal werden allmählich überwuchert.

der Wadrill. Hier gehen wir auf einem schmalen Pfad am Hang ein Stück parallel zur Traumschleife Almglück, die wir aber bald wieder rechts liegen lassen, um abermals Landstraße und Wadrill zu queren. Vom bewaldeten Höhenweg blicken wir durch die Bäume hindurch auf Fischteiche im Tal. Dann geht es links auf einem verwegenen Slalomkurs recht steil bergan. Über Waldwege gelangen wir dann ins enge Tal des Goth-Baches, der in der Nähe am Felsenberg entspringt.

ERNEUT WANDERN WIR bergan und kommen an einen breiten Wirtschaftsweg, dem wir bis zu einer Querstraße folgen. Dahinter liegt idyllisch die kleine Nazareth-Kapelle an einer üppigen Wildblumenwiese und schaut auf ein fantastisches Panorama. Das Innere des Sakralbaus steht ganz im Zeichen von Jesus aus Nazareth. Am Waldrand entlang passieren wir Wiesen und Weiden und legen am Lupinenfeld eine Rast bei einer Sinnenbank in Form eines gewellten Liegestuhls ein. Wir durchqueren nochmals kleinere Waldabschnitte, bevor wir an der Wadriller Straße auf die andere Seite wechseln. Vom Waldrand aus sehen wir Sitzerath vor uns liegen. Durch Obstwiesen wandernd erreichen wir den Lohbach, hinter dem wir links gehen und zügig wieder in der Ortsmitte ankommen.

INFO

TOURENCHARAKTER
Feld- und Wirtschaftswege, einige Waldpfade sowie befestigte Passagen, hügelig

AUSGANGS-/ENDPUNKT
Dorfplatz Wadriller Straße 2, 66620 Nonnweiler-Sitzerath

GEOKOORDINATEN
N 49.603620, E 6.916924

ANFAHRT
Bahn/Bus: Zug bis Saarbrücken Hbf, RB 29503 nach Türkismühle, Bus 641 bis Sitzerath-Markt

EINKEHR
Gasthaus und Pension Grimburger Hof, idyllisch gelegen, Grimburger Hof 1, 54413 Grimburg

UNTERKUNFT
Hotel Reidelbacher Hof, gemütlicher, familiengeführter Betrieb, Reidelbach 6, 66687 Wadern-Reidelbach

KARTE
Saar-Hunsrück-Steig 1, Publicpress, 1:25 000

mittel	4 Std.	12,1 km	310 Hm

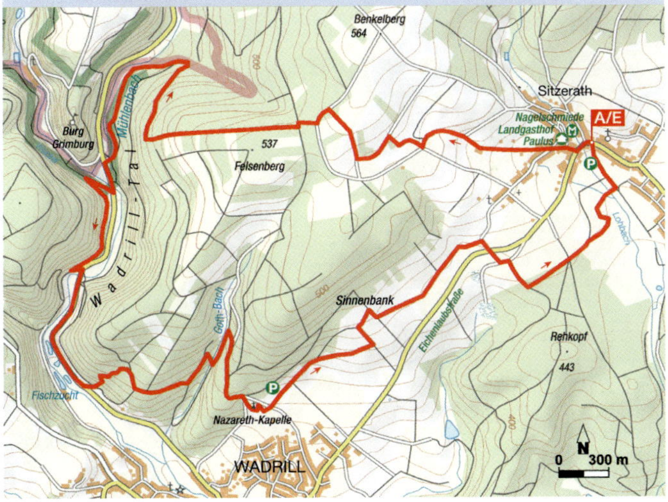

INFORMATION
Stadt Wadern, Marktplatz 13, 66687 Wadern, Tel. 06871 5070, ssl.wadern.de

Panoramapfad Perl

Blick nach Europa

Das Dreiländereck im Herzen Europas ist eine Zwischenstation dieser kurzen, aber höchst unterhaltsamen Tour. Stets haben wir die Mosel, Frankreich und Luxemburg vor Augen, entdecken Weinreben und wilde Orchideen.

Ein Meer aus Fahnen umringt das Europa-Museum am Moselufer in Schengen.

29

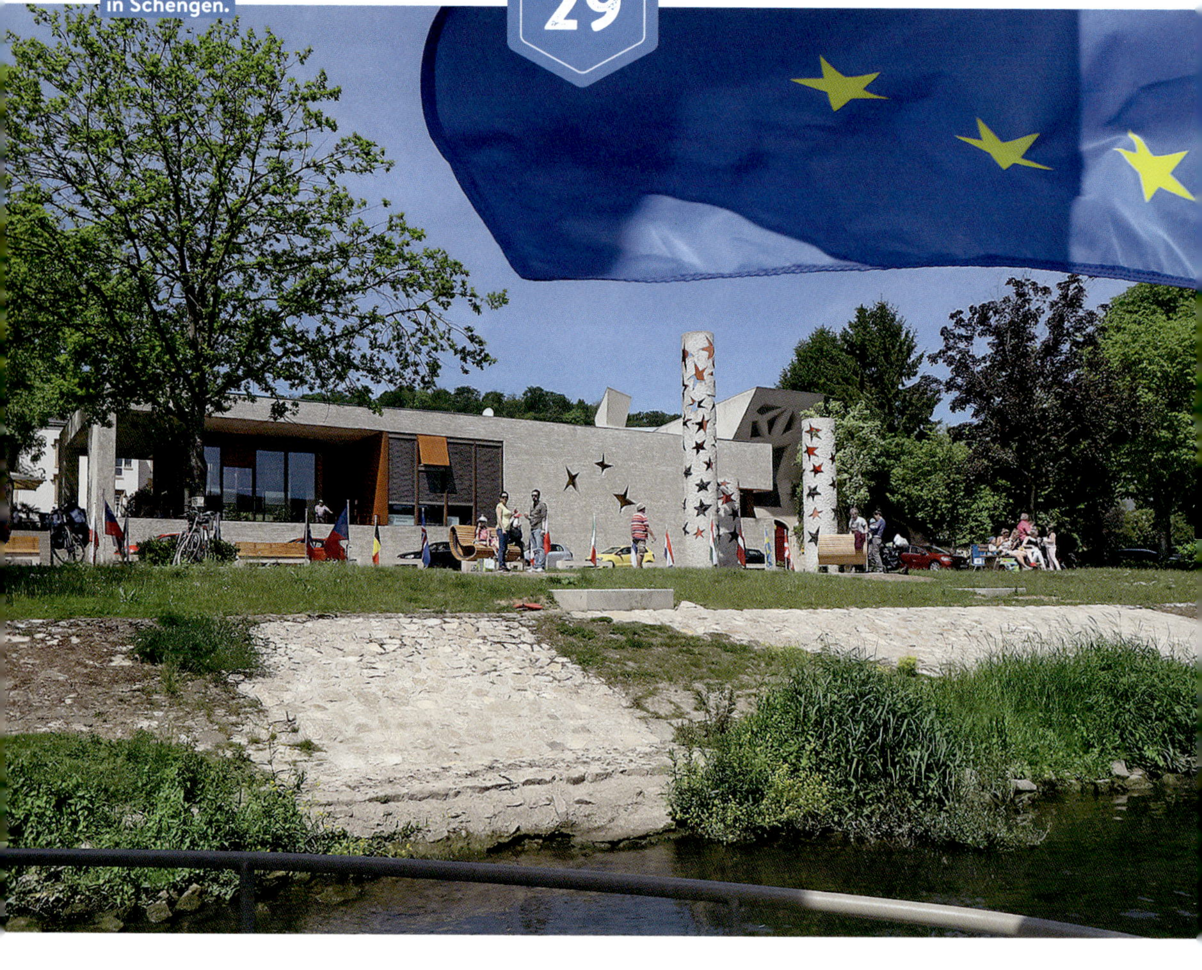

UNSERE RUNDWANDERUNG nimmt ihren Anfang am östlichen Ortsrand des zu Perl gehörenden Weilers Sehndorf, am Wanderparkplatz Rabüscheck. Dieser liegt unmittelbar am Waldrand, der gleichsam die Grenze des Naturschutzgebietes Hammelsberg bildet. Wir folgen zunächst dem hinter Häusern und Gärten gelegenen Feldweg am Wald entlang. Die Gebäude hier wurden früher als Zollhäuser genutzt. In westlicher Richtung blicken wir über das Tal der Mosel auf den südlichen Zipfel des Großherzogtums Luxemburg. Die Route führt zunächst durch den Wald, der uns mit angenehmer Kühle umgibt. Wir treffen auf einen Forstweg, der kurz danach rechts in die Straße Zur Kopp in Oberperl übergeht. Hinter dem dritten Haus zu unserer Linken biegen wir zwischen den Gärten links ab auf einen schmalen Pfad, gesäumt von jungen Bäumen und Gebüsch.

RECHTS VOR UNS liegt das Dorf Oberperl, dahinter erstrecken sich das Moseltal und der Nordosten Lothringens. Die Landschaft erscheint ungewöhnlich hell aufgrund der geologischen Beschaffenheit des Bodens, der hier überwiegend aus Muschelkalk besteht. An der asphaltierten Bergstraße geht es nach

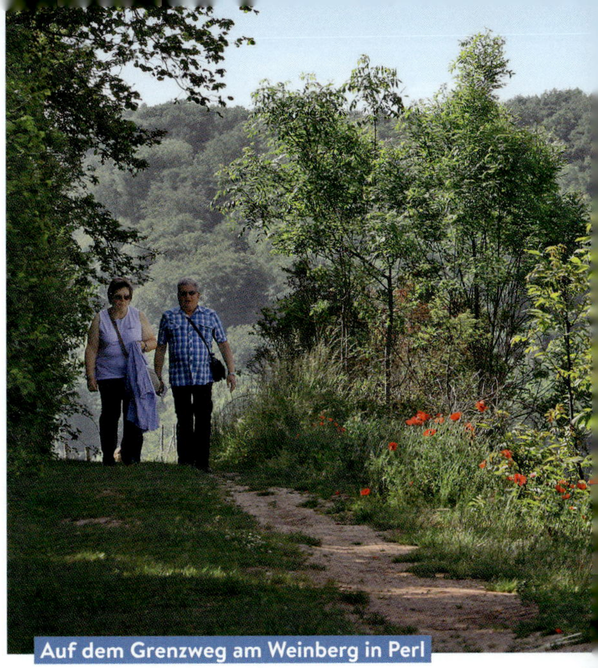

Auf dem Grenzweg am Weinberg in Perl

rechts ein Stück abwärts in Richtung des Ortes. Wir nehmen den nächsten Abzweig nach links und wandern, flankiert von Weiden und Obstbäumen, wieder auf den Wald zu. Er markiert auf einem leichten Höhenrücken das Grenzgebiet zwischen Deutschland und Frankreich. Dort angekommen, gehen wir nach rechts und gleich wieder links einen steilen Pfad bergauf. Der Wald nimmt hier fast dschungelähnliche Züge an.

WIR ERREICHEN eine Schutzhütte, die uns mit ihrem überwältigenden Panorama zur Rast einlädt. Links und gerade vor uns liegt Frankreich, weiter rechts schließt sich Luxemburg an, durchflossen von der Mosel. Der Störfaktor in dem wunderbaren Bild ist das Kernkraftwerk Cattenom. Dicke weiße Wolken quellen unablässig aus den Kühltürmen hervor und bilden ein eigentümliches Himmelsszenario. Wir wandern auf einem schmalen Grat weiter in Richtung Moseltal. Unbemerkt befinden wir uns dabei exakt auf dem deutsch-französischen Grenzverlauf. In kurzen Serpentinen geht es nun zwischen niedrigen Bäumen abwärts. Wir kommen an

Tipp

RÖMISCHES GEDULDSSPIEL

Am Ortsrand des Örtchens Nennig im Moseltal befindet sich ein Kleinod aus der Römerzeit. 1852 entdeckte man zufällig die Fundamente eines stattlichen römischen Gutshofes, dessen Atrium mit dem größten römischen Mosaik jenseits der Alpen ausgelegt ist. Es zeigt in beeindruckender Manier Szenen aus einem Gladiatorenkampf. www.kulturbesitz.de

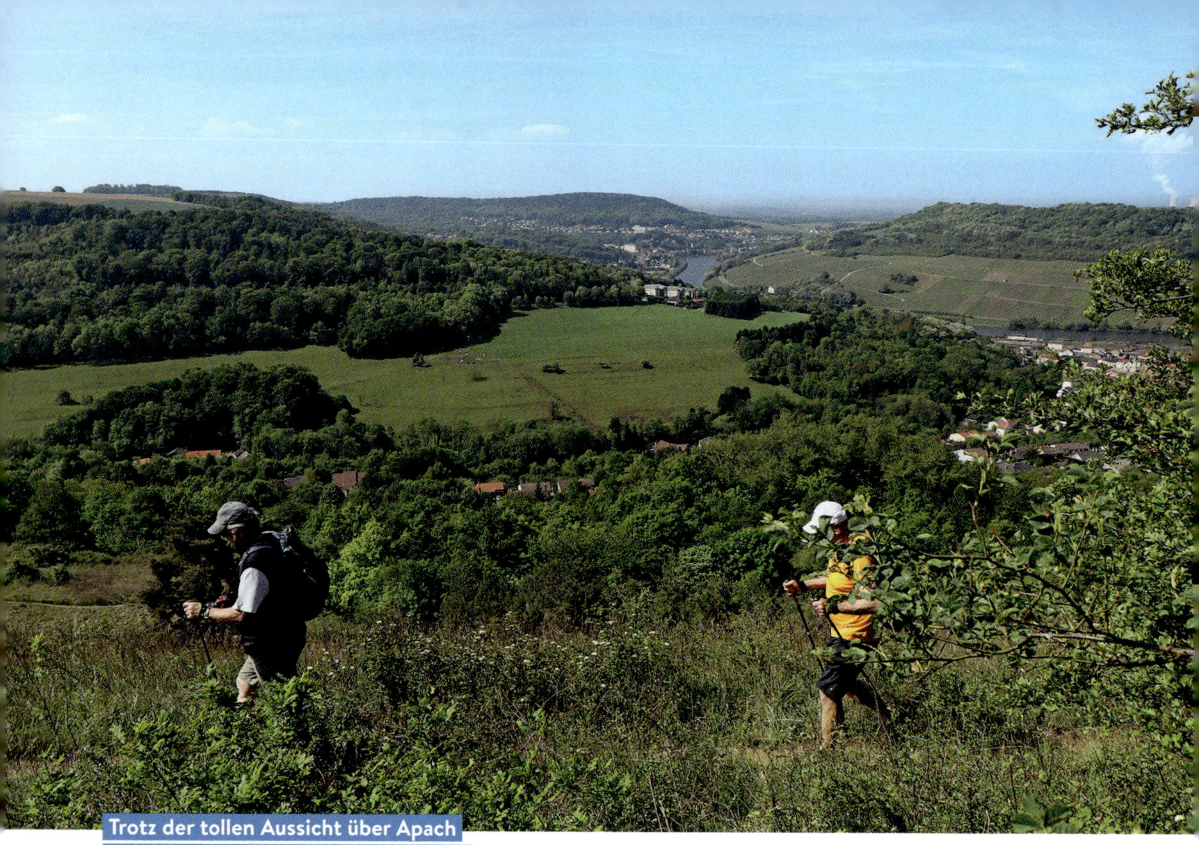

Trotz der tollen Aussicht über Apach hinüber ins Lothringer Moseltal sollte man den Blick für den Weg nicht verlieren.

eine Wegkreuzung und nehmen dort die Route nach links. Flache Weinberge reichen hier auf französischer Seite unmittelbar an den Waldrand heran.

Tipp

LIEBLINGSPLATZ

Das im 15. Jahrhundert auf den Höhen über der Mosel errichtete Château de Malbrouck in Manderen gilt als das älteste vollständig erhaltene Bauwerk seiner Art in Lothringen. Das seit 1930 denkmalgeschützte Schloss vermittelt einen authentischen Eindruck vom Leben während seiner Entstehungszeit und ist Standort für kulturelle Veranstaltungen. www.chateau-malbrouck.com

DIREKT VOR UNS liegt der Luxemburger Grenzort Schengen am Scheitelpunkt dreier Länder und irgendwie auch mitten im Herzen Europas. Das auf dem Wasser der Mosel beschlossene »Schengener Abkommen« machte den Weg frei für ein Europa ohne Grenzen und ohne lästige Kontrollformalitäten. Es lohnt sich, den Ort, Sinnbild des europäischen Gedankens, vielleicht nach der Wanderung zu besuchen. Im Europa-Museum, vor dem die Fahnen der Mitgliedsstaaten im Wind flattern, lässt sich die Geschichte der Europäischen Gemeinschaft anschaulich nachvollziehen.

JETZT BEFINDEN WIR UNS in Frankreich und unterhalb des eben noch erwanderten Bergrückens in einem komplett anderen Landschaftstypus. Es handelt sich bei der eher karg wirkenden Fläche um eine weitläufige Trockenwiese, ein spezielles, wenig fruchtbares, jedoch artenreiches Vegetati-

INFO

TOURENCHARAKTER
Hauptsächlich Pfade in Wald und Wiese, einige Feldwege, kurze Straßenpassagen, hügeliges Gelände

AUSGANGS-/ENDPUNKT
Wanderparkplatz Rabüscheck, Rabüscheck 3, 66706 Perl-Oberperl

GEOKOORDINATEN
N 49.483467, E 6.399986

ANFAHRT
Bahn/Bus: Zug bis Saarbrücken Hbf, RB 33722 nach Merzig, Bus 210 bis Oberperl, von hier gut 5 min Fußweg

EINKEHR
Restaurant Hotel Hammes, stilvolles Ambiente, Hubertus-von-Nell-Str. 15, 66706 Perl, www.hotel-hammes.de
Das Restaurant im Landhotel Saarschleife in Orscholz bietet stets der Jahreszeit entsprechende Menüs an. www.hotel-saarschleife.de

UNTERKUNFT
Hotel Perler Hof, Bergstr. 2, 66706 Perl, www.perler-hof.de

KARTE
Topographische Karte Saar-Obermosel, LVGL Saarland, 1:25 000

mittel	3 Std.	8,2 km	257 Hm

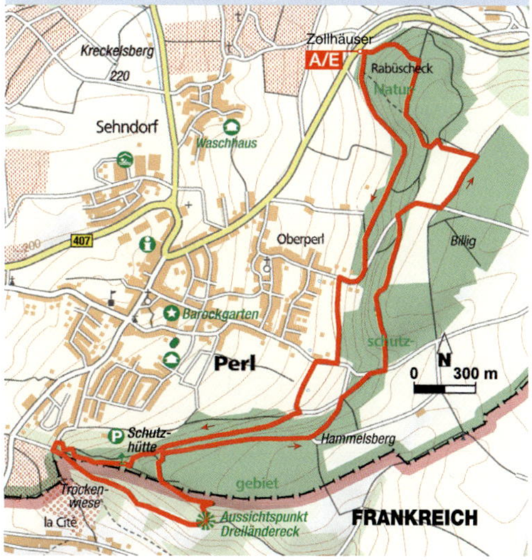

INFORMATION
Gemeinde Perl, Trierer Str. 28, 66706 Perl, Tel. 06867 660, www.perl-mosel.de

onsgebiet am Übergang verschiedener geologischer Schichten. Im Mai und Juni blüht hier eine Vielzahl wilder Orchideenarten. Freunde der hübschen Blumen können zum nahegelegenen früheren Dolomitsteinbruch abzweigen, der eine große Blütenfülle verspricht. Über einen recht steilen Anstieg, der uns über Treppen zwischen trockenen Terrassen nach oben führt, erreichen wir den Aussichtspunkt Dreiländereck (335 Meter). Mit dem Dörfchen Apach im Vordergrund schweift der Blick über die Mosel, die sich in großen Bögen mäandernd ihren Weg bahnt, bis weit nach Lothringen aber auch weit über die Luxemburger Landschaft.

DER HÖHENWEG, eine wahrlich grüne Grenze, führt uns zwischen Gebüsch und Kiefern zurück ins Saarland. Wir durchqueren ein kleines Forstgebiet und laufen am Wald auf einem Wirtschaftsweg leicht bergauf. Der weithin sichtbare, hohe Sendemast, den wir rechts liegen lassen, befindet sich unmittelbar neben dem mit knapp 354 Metern höchsten Punkt des Hammelsberges. Bei einer Bank biegen wir rechts ab auf einen schmalen Waldpfad, der sich nach einer Querstraße weiter durch den Forst windet. Noch einmal erreichen wir dort eine asphaltierte Straße, auf der wir eine Lichtung überqueren. Weiter geht es am Saum des Waldes entlang. Am Rastplatz kehren wir über die Lichtung wieder in den gegenüberliegenden Wald zurück und erreichen schließlich schon bald den Endpunkt unserer Wanderung, den Wanderparkplatz Rabüscheck.

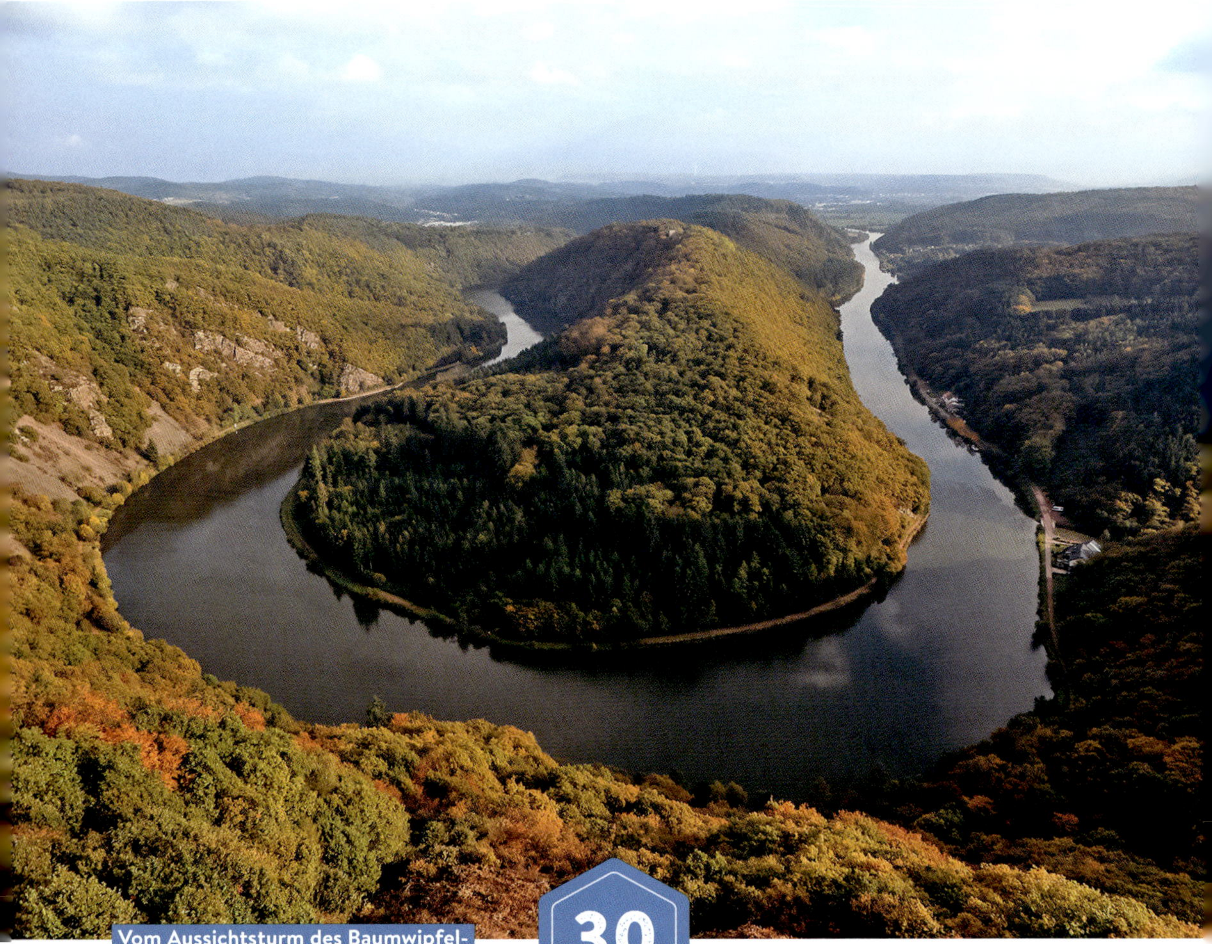

Vom Aussichtsturm des Baumwipfelpfades wirkt die Saarschleife noch eindrucksvoller.

30

Rund um die Saarschleife

Das Markenzeichen des Saarlandes

Malerisch windet sich die Saar im engen Bogen durch die Mittelgebirgslandschaft, die wir auf einer abwechslungsreichen Route mit sensationellen Aussichten durchqueren. Dabei lernen wir eine Burg und eine Abtei kennen.

DIE IMPOSANTE PFARRKIRCHE St. Lutwinus von Mettlach ist der Startpunkt unserer Wanderung. Der neoromanische Sakralbau, den die Bürger der Stadt gern als Mettlacher Dom bezeichnen, wurde 1905 geweiht. Bereits im 8. Jahrhundert gab es an dieser Stelle eine erste Wallfahrtskirche, Ziel der über viele Jahrhunderte währenden Lutwinuswallfahrt. Diese Tradition findet seit einigen Jahren wieder zwischen Christi Himmelfahrt und Pfingstsamstag statt. Wir gehen links am Portal der Kirche vorbei und links den Prälat-Koll-Weg hinauf. Die Wegmarkierung mit der Kochmütze leitet uns links am Friedhof vorbei bergan in den Wald. Dort wandern wir nach rechts auf einen Forstweg, der uns einen guten Blick über die Stadt gewährt.

STETIG BERGAUF GEHEND, erreichen wir den dicht bewaldeten Höhenrücken zwischen den Ufern der Saar, die wir vom Weg aus jedoch nicht zu sehen bekommen. Stattdessen genießen wir die Kühle des Mischwaldes, das Zwitschern der Vögel und das sanfte Rascheln der Blätter im Wind. Längs des Weges finden sich einige Informationstafeln, an denen wir teilweise spielerisch wichtige Dinge über den Lebensraum Wald erfahren. Bald erreichen wir die von hohen Bäumen umgebene Burg Montclair.

SIE WURDE im 12. Jahrhundert an der exponierten Stelle oberhalb der Saar errichtet, ein Standort, den zuvor die Kelten schon für sich entdeckt hatten. Die Burg war bald Zankapfel der anliegenden Fürstentümer, ihre Lage versprach nämlich hohe Zollein-

Tipp

DAS HOTEL IN DER KURVE

1935 beginnt die Geschichte des Landhotels Saarschleife in Orscholz, das zunächst ein Gasthaus war und mittlerweile zu den schönsten und beliebtesten Hotels in der Region zählt. Das Haus verfügt über einen großen Wellnessbereich und eine ausgezeichnete, kreative Küche auf ökologischer Grundlage. Der Aussichtspunkt Cloef über der Saarschleife ist nur zehn Minuten entfernt.

Auf dem Orscholzer Baumwipfelpfad sind die Wanderer stets auf dem Holzweg.

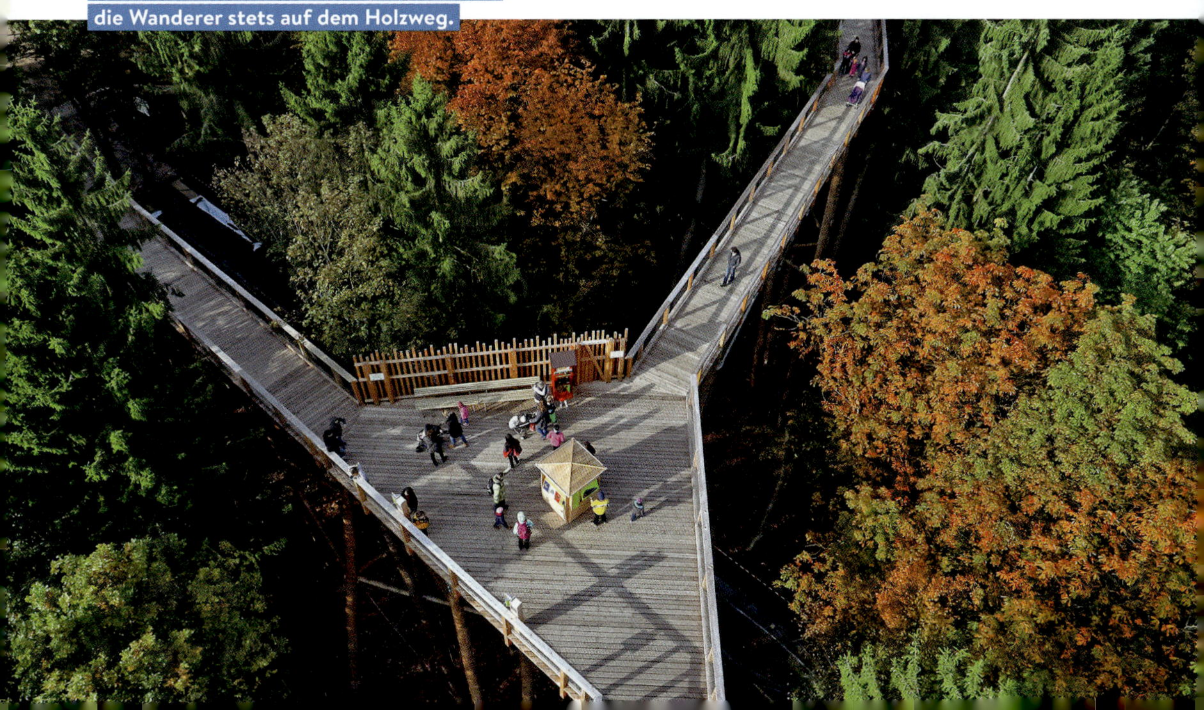

Tipp

FEIERN UND TAGEN

Das Cloef-Atrium nimmt architektonisch den charakteristischen engen Bogen der nur zehn Minuten entfernten Saarschleife auf und setzt ihn um in eine lichtdurchflutete Konstruktion aus Holz und Glas. Im halbrunden Gebäude befinden sich das Besucherzentrum des Kurortes Orscholz, Ausstellungs- und Tagungsflächen, einige Shops, Bistro und Restaurant.

nahmen. 200 Jahre später erstmals geschleift, erfolgte der Wiederaufbau 1439. Sie blieb aber nur für kurze Zeit bewohnt und verfiel allmählich. Erst 1833 weckte der preußische Kronprinz Friedrich Wilhelm IV. die Burg aus ihrem Dornröschenschlaf und ließ sie umfassend restaurieren. Während des Zweiten Weltkrieges erneut teilweise zerstört, erfolgte in den 1990er-Jahren die neuerliche Sanierung und die Burg war wieder für Publikumsverkehr zugänglich. Ein kleines Burgmuseum berichtet heute über ihre Geschichte. In der Turmstube ist Gelegenheit für eine zünftige Brotzeit.

Von der Burg Montclair auf dem Bergrücken in der Saarschleife geht es abwärts bis hinunter ans Ufer der Saar.

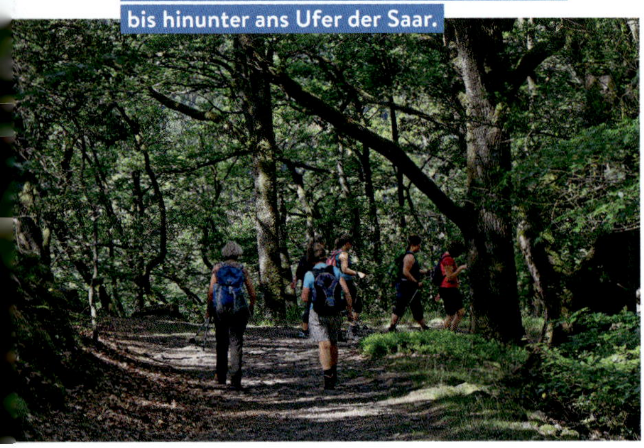

MIT EINER HÖHE von fast 300 Metern liegt die Burg am höchsten Punkt des Bergkamms, den wir nun über einen schmalen Pfad abwärts wieder verlassen. In Serpentinen geht es nach unten. Hier treffen wir auf einen Feldweg unmittelbar am Ufer der Saar. Wir wandern nach links am Ufer entlang, bis wir zum Anleger der winzigen Saarfähre »Welles« kommen. Sollte das Boot gerade auf der anderen Seite sein, müssen wir eine Glocke läuten und damit den Fährmann zu uns hinüberbitten. Dieser weiß so manche Anekdote von der Saarschleife zu berichten, sodass uns die nur wenige Minuten dauernde Fährpassage nach Steinbach viel zu kurz vorkommt. Zwischen April und Oktober ist das kleine Schiff, die einzige Fähre auf der Saar, täglich außer montags von 10 bis 17.45 Uhr unterwegs. Im März und November verkehrt die Fähre lediglich am Wochenende, von Dezember bis Februar gar nicht.

UNS STEHT NUN ein steiler Aufstieg durch das wildromantische Naturschutzgebiet Steinbachtal bevor. Durch die tief eingeschnittene Schlucht des kräftig rauschenden Steinbachs führen Stiegen und hölzerne Brücken, mitunter sogar Treppenstufen in Serpentinen nach oben in Richtung des Cloef, des populären Aussichtspunktes oberhalb der Saarschleife. Hinter der steilen Passage wenden wir uns bei einer Schutzhütte nach links und wandern weiter aufwärts über einen Forstweg durch den Wald. Zu unserer Rechten sehen wir nun kleine Weideflächen, auf denen erstaunlicherweise Strauße die Sonne genießen. Nach einer weiteren Holzbrücke sind wir endlich am Cloef angelangt. Der Name hat einen keltischen Ursprung und bedeutet soviel wie Klippe.

DIESE KLIPPE gehört zu Recht zu den bedeutendsten Attraktionen des Saarlandes. Der Ausblick über den engen Bogen, den der

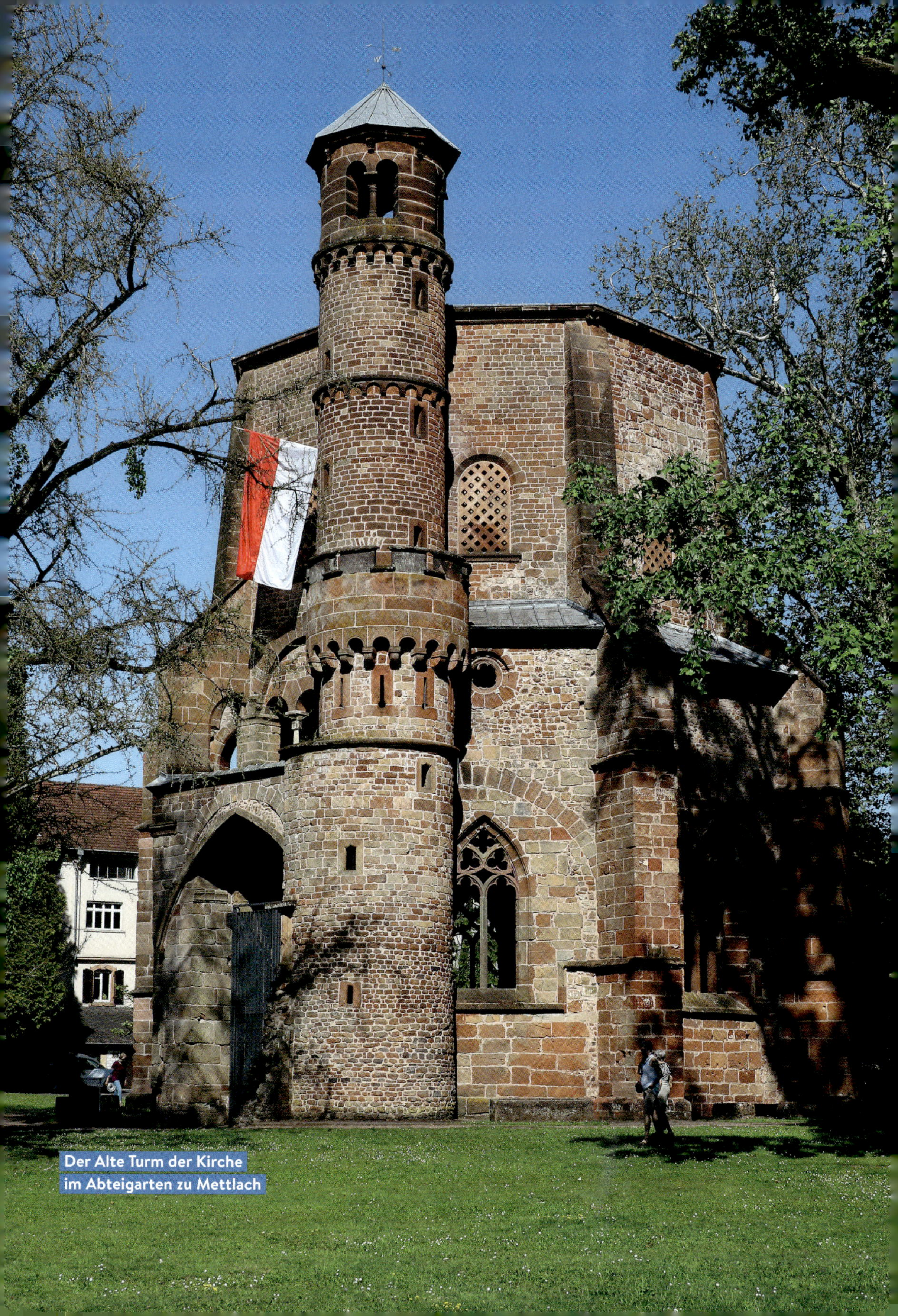

Der Alte Turm der Kirche
im Abteigarten zu Mettlach

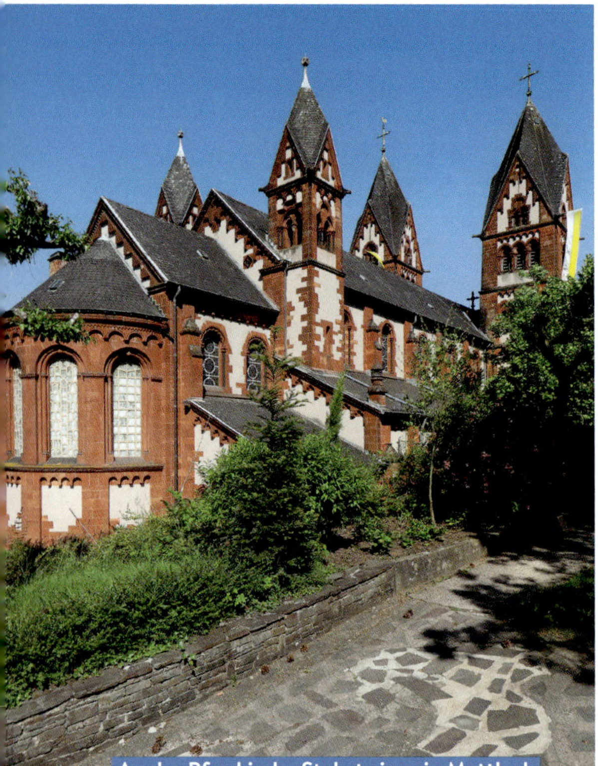

An der Pfarrkirche St. Lutwinus in Mettlach beginnt der Wanderweg um die Saarschleife.

Flusslauf der Saar hier malerisch aus dem Gestein herausgearbeitet hat, ist schlicht atemberaubend und sicher eine der meistfotografierten Szenerien in der Region. Erst 2016 wurde hier ein spannender Baumwipfelpfad mit Aussichtsturm angelegt, der das Panorama nochmals um 42 Meter in die Höhe verlegt. Auf der Klippe des Cloef gibt es weitere Sinnenbänke in Form wellenartiger Liegestühle, einen Kiosk und viele Bänke zur Rast. Unter dem Eindruck der fantastischen Aussicht fällt es dann doch etwas schwer, sich schließlich wieder auf den Weg zu machen.

SO WANDERN WIR wieder in den Wald hinein und erreichen mit der Kleinen Cloef erneut einen netten, nicht ganz so spektakulären, dafür aber auch nicht so stark frequentierten Aussichtspunkt. Es geht hinab in die Schlucht des Weselbaches und gleich wieder hinauf.
Den Charakter der Route prägen nun schmale, von Felsen flankierte Pfade, die uns hin und wieder auch den Blick auf das Tal der Saar eröffnen. In der nächsten Schlucht fließt der Wellesbach zu Tal. Vorsicht, der Weg besteht hier in einigen Passagen überwiegend aus Geröll. Bald haben wir die ersten Häuser von Mettlach erreicht und befinden uns oberhalb der Saarschleuse. Aus dem Waldweg wird eine schmale Straße. Sie führt uns hinab zur Saarbrücke, von der wir den Ort überblicken können.

DIE GESCHICHTE Mettlachs reicht zurück bis ins Jahr 676, als Herzog Lutwinus an den Ufern der Saar eine Abtei gründete. Im 18. Jahrhundert wurde eine neue Abtei errichtet, in der nun die bekannte traditionsreiche Keramikfabrik Villeroy & Boch ihren Sitz hat. Deren markante Fassade dominiert die Uferpromenade Mettlachs. In dem historischen Gebäude gibt es ein sehr interessantes Museum, das die Firmengeschichte mit zahlreichen Exponaten dokumentiert. Beim Besuch des Museums sollte man nicht den

Tipp

LIEBLINGSPLATZ

In 23 Metern luftiger Höhe kann man auf dem Orscholzer Baumwipfelpfad den Bäumen ins Blattwerk schauen und die Natur des Waldes aus einem ungewöhnlichen Blickwinkel erleben. Verschiedene Erlebnisstationen entlang des 1250 Meter langen hölzernen Stegs sorgen für Information und Unterhaltung. Höhepunkt ist aber der riesige Aussichtsturm.

Milchladen versäumen. Der Gastronomiebetrieb ist über und über mit handbemalten Fliesen dekoriert und ein wahres Gesamtkunstwerk.

IM ABTEIGARTEN befindet sich mit dem Alten Turm das älteste sakrale Bauwerk des Saarlands. Das achteckige Gebäude wurde um 990 als Grabstätte für den Heiligen Lutwinus errichtet und erst kürzlich umfassend restauriert. Weiterhin ist ein Brunnen des preußischen Architekten Karl-Friedrich Schinkel zu sehen sowie der Living Planet Square, ein skulpturales Kunstobjekt, das erstmals auf der EXPO 2000 vorgestellt wurde. Es umfasst die Weltkarte des Lebens, ein keramisches Mosaik von Stefan Szczesny, und den 14 Meter hohen Erdgeist von André Heller. Nach dem Abstecher zur keramischen Kunst ist es durch die Gassen der Ortsmitte Mettlachs nicht mehr weit bis zum Ausgangspunkt unserer Wanderung.

INFO

schwer | 5–6 Std. | 15,8 km | 563 Hm

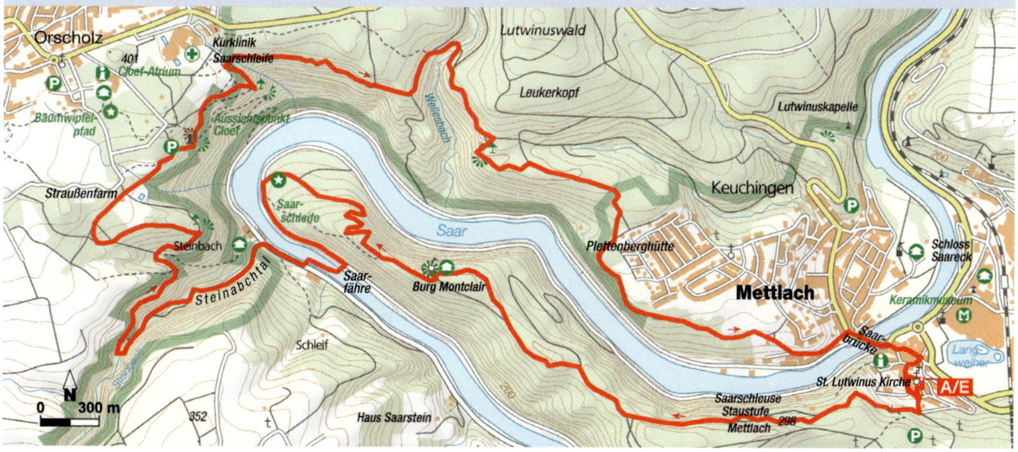

TOURENCHARAKTER
Waldpfade im teils bergigen Gelände, einige Forstwege, kurze Strecken im Ort

AUSGANGS-/ENDPUNKT
Pfarrkirche St. Lutwinus; Freiherr-vom-Stein-Straße, 66693 Mettlach

GEOKOORDINATEN
N 49. 491111, E 6.592717

ANFAHRT
Bahn/Bus: Zug bis Saarbrücken Hbf, RB 33722 nach Merzig, RE 4125 nach Mettlach, ca. 8 min Fußweg bis zur Kirche

UNTERKUNFT
Landhotel Saarschleife, Cloefstr. 44, 66693 Orscholz, www.hotel-saarschleife.de

EINKEHR
Das einzige Bio-Bier des Saarlands gibt es im Ausschank der Mettlacher Abtei-Brauerei. Deftiges steht auf der Speisekarte. www.abtei-brauerei.de

KARTE
Topographische Karte Saar-Obermosel, LVGL Saarland, 1:25 000

INFORMATION
Tourist-Information Mettlach, Freiherr-vom-Stein-Str. 22, 66693 Mettlach, Tel. 06865 91150, www.tourist-info.mettlach.de

PS: DA FÄLLT MIR NOCH WAS EIN!

KLEIN UND FEIN, so empfand ich das Saarland bei der geografischen Vorbereitung meiner Wanderungen und der Auswahl meiner Touren. Und genauso habe ich es auch erlebt, obwohl, nein, klein stimmt eigentlich nicht! Es sollte vielmehr großartig heißen! Denn was es alles zu sehen gibt, wenn man genüsslich über die Höhen wandert und begleitet vom Sonnenschein in die Ferne blinzelt, das ist schon recht beeindruckend. Da kommt oft das Gefühl von Freiheit und Weite auf.

ROMANTISCH PRÄSENTIEREN sich die Wälder. Oftmals aber machen sie auch nachdenklich, denn das Saarland war umkämpft. Wir begegnen Gedenkstätten für die Schrecken und das für uns kaum noch vorstellbare Leid des Zweiten Weltkrieges. Und flugs wandern die Gedanken zu Bildern, wie es wohl gewesen sein muss, als sich hier Menschen feindselig gegenüberstanden, um mehr als fragwürdige Ziele zu erreichen. Umso mehr erfreut es dann, dass gerade in dieser Gegend ein Kernelement der europäischen Idee Realität wurde.

ÄRGERLICH IST ES, wenn sich in der Stille von Wald und Flur plötzlich das 21. Jahrhundert lautstark bemerkbar macht und Fuchs und Reh mittels Klingelton in die Flucht schlägt. Gerade an der Grenze zu Frankreich meldet sich oft ein fremder Netzbetreiber am Mobiltelefon. Da kann ich nur raten: Wir wandern, um abzuschalten, am besten auch mal dieses Ding!

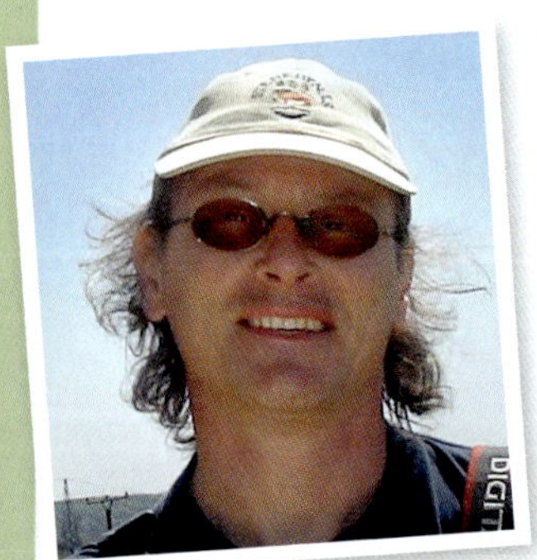

In diesem Sinne: Gut Pfad!
Ihr

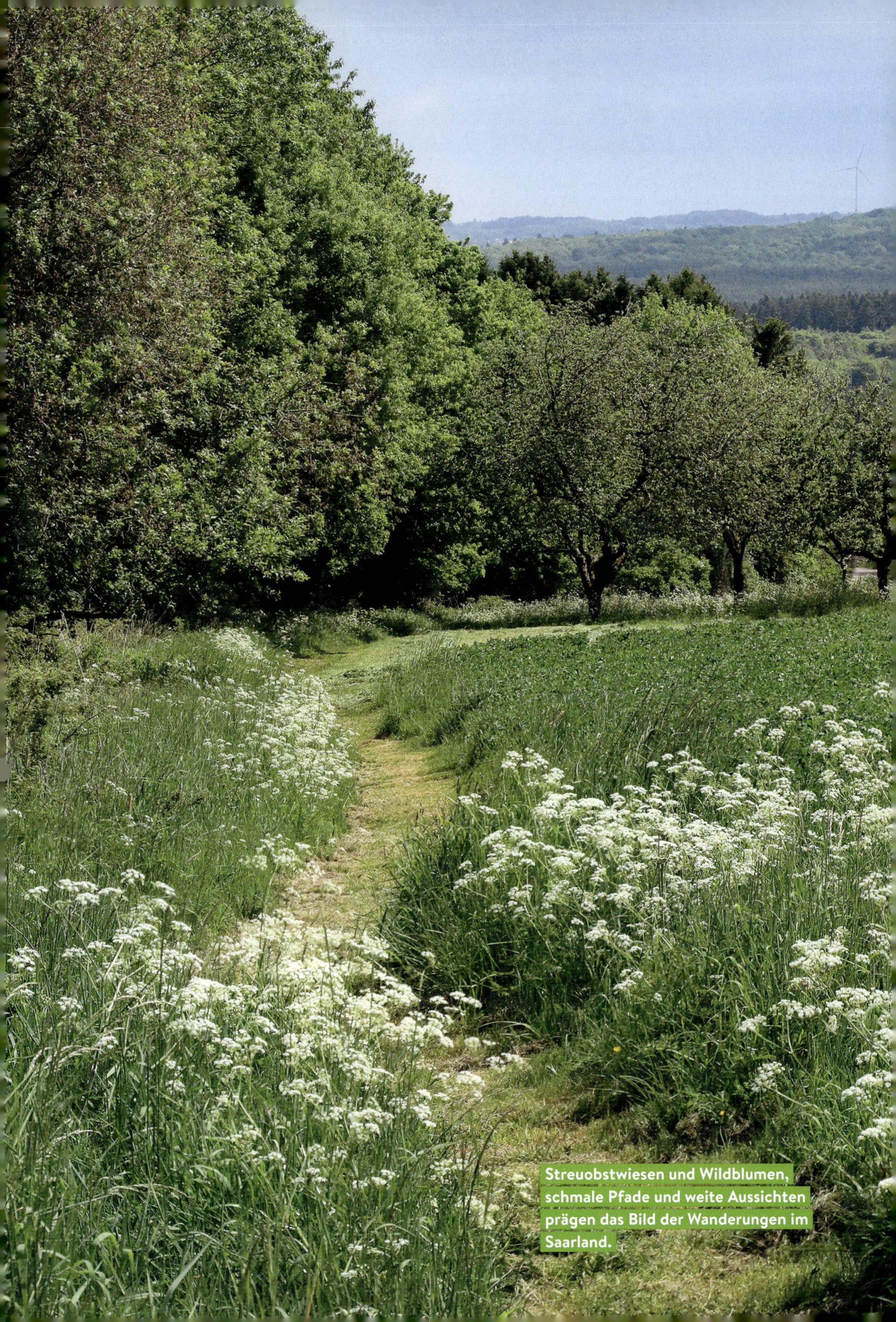

Streuobstwiesen und Wildblumen, schmale Pfade und weite Aussichten prägen das Bild der Wanderungen im Saarland.

REGISTER

Zwischen bewaldeten Bergrücken hindurch schlängelt sich die Saar in Richtung Mettlach (Tour 30).

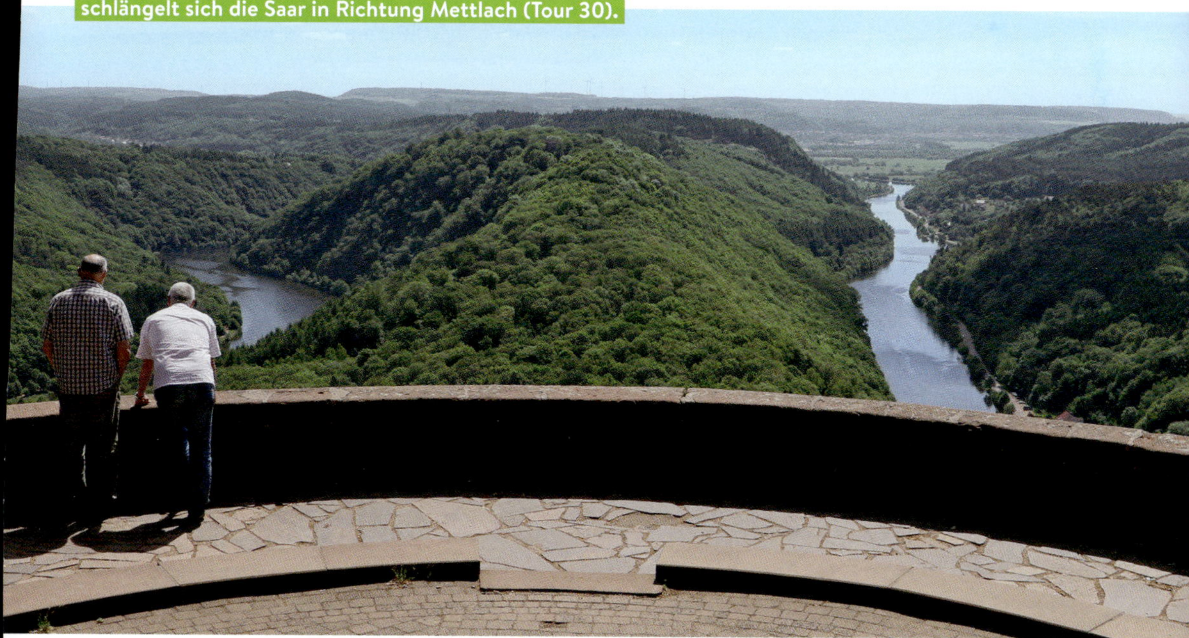

IMPRESSUM

Danksagung
Für die hervorragende Unterstützung bei der Recherche dieses Bandes danke ich der Tourismus-Zentrale Saarland, insbesondere Susanne Renk.

Verantwortlich: Stefanie Krüger
Lektorat: Martina Schnober-Sen
Redaktion: Anette Späth
Layout: Eva-Maria Klaffenböck
Repro: Cromika/LUDWIG:media
Kartografie: Heidi Schmalfuß
Herstellung: Alexander Knoll
Printed in Slovenia by Florjancic

Exklusiv für Sie als Leser:

MIT GPS-DATEN ZUM DOWNLOAD

unter: gps.bruckmann.de

★★★★★

Sind Sie mit diesem Titel zufrieden? Dann würden wir uns über Ihre Weiterempfehlung freuen.
Erzählen Sie es im Freundeskreis, berichten Sie Ihrem Buchhändler, oder bewerten Sie bei Onlinekauf. Und wenn Sie Kritik, Korrekturen, Aktualisierungen haben, freuen wir uns über Ihre Nachricht an Bruckmann Verlag, Postfach 40 02 09, D-80702 München oder per E-Mail an lektorat@verlagshaus.de.

Unser komplettes Programm finden Sie unter www.bruckmann.de

Alle Angaben dieses Werkes wurden vom Autor sorgfältig recherchiert und auf den neuesten Stand gebracht sowie vom Verlag geprüft. Für die Richtigkeit der Angaben kann jedoch keine Haftung übernommen werden, weshalb die Nutzung auf eigene Gefahr erfolgt. Insbesondere bei GPS-Daten können Abweichungen nicht ausgeschlossen werden.

Bildnachweis: Alle Aufnahmen im Innenteil und auf dem Umschlag stammen vom Autor.
Umschlagvorderseite: Blick auf die Saar bei Orscholz (Tour 30)
Umschlagrückseite: Orscholzer Baumwipfelpfad (Tour 30)

Die Deutsche Nationalbibliothek verzeichnet diese Publikation in der Deutschen Nationalbibliografie; detaillierte bibliografische Daten sind im Internet über http://dnb.d-nb.de abrufbar.

2. überarbeitete Auflage

ISBN 978-3-7343-1316-5